Essays in Biography
• 1933 •

约翰·梅纳德·凯恩斯文集

JOHN MAYNARD KEYNES

传记文集

［英］约翰·梅纳德·凯恩斯 著

李井奎 译

复旦大学出版社

中文版总序

约翰·梅纳德·凯恩斯(John Maynard Keynes, 1883—1946)是20世纪上半叶英国最杰出的经济学家和现代经济学理论的创新者,也是世界公认的20世纪最有影响的经济学家。凯恩斯因开创了现代经济学的"凯恩斯革命"而称著于世,被后人称为"宏观经济学之父"。凯恩斯不但对现代经济学理论的发展做出了许多原创性的贡献,也对二战后世界各国政府的经济政策的制定产生了巨大而深远的影响。他逝世50多年后,在1998年的美国经济学会年会上,经过150名经济学家的投票,凯恩斯被评为20世纪最有影响力的经济学家(芝加哥学派的经济学家米尔顿·弗里德曼则排名第二)。

为了在中文语境里方便人们研究凯恩斯的思想,由李井奎教授翻译了这套《约翰·梅纳德·凯恩斯文集》。作为这套《约翰·梅纳德·凯恩斯文集》中文版的总序,这里不评述凯恩斯的经济学思想和理论,而只是结合凯恩斯的生平而简略地介绍一下他的著作写作过程,随后回顾一下中文版的凯恩斯的著作和思想传播及翻译过程,最后略谈一下翻译这套《约翰·梅纳德·凯恩斯文集》的意义。

一

1883年6月5日,约翰·梅纳德·凯恩斯出生于英格兰的剑桥郡。凯恩斯的父亲约翰·内维尔·凯恩斯(John Neville Keynes, 1852—1949)是剑桥的一位经济学家,曾出版过《政治经济学的范围与方法》(1891)一书。凯恩斯的母亲佛洛伦丝·艾达·凯恩斯（Florence Ada Keynes，1861—1958）也是剑桥大学的毕业生，曾在20世纪30年代做过剑桥市的市长。1897年9月，年幼的凯恩斯以优异的成绩进入伊顿公学（Eton College），主修数学。1902年，凯恩斯从伊顿公学毕业后，获得数学及古典文学奖学金，进入剑桥大学国王学院（King's College）学习。1905年毕业后，凯恩斯获剑桥文学硕士学位。毕业后，凯恩斯又留剑桥一年，师从马歇尔和庇古学习经济学，并准备英国的文官考试。

1906年，凯恩斯以第二名的成绩通过了文官考试，入职英国政府的印度事务部。在其任职期间，凯恩斯撰写了他的第一部经济学著作《印度的通货与金融》（Indian Currency and Finance，1913）。

1908年凯恩斯辞去印度事务部的职务，回到剑桥大学任经济学讲师，至1915年。他在剑桥大学所讲授的部分课程的讲稿被保存了下来，收录于英文版的《凯恩斯全集》（The Collected Writings of John Maynard Keynes，London：Macmillan 1971—1983）第12卷。

在剑桥任教期间，1909年凯恩斯以一篇讨论概率论的论文入选剑桥大学国王学院院士，而另以一篇关于指数的论文曾获亚当·斯密奖。凯恩斯的这篇概率论的论文之后稍经补充，于1921年以《概率论》（A Treatise on Probability）为书名出版。这部著作至今仍被认为是这一领域中极具开拓性的著作。

第一次世界大战爆发不久，凯恩斯离开了剑桥，到英国财政部工作。1919年初，凯恩斯作为英国财政部的首席代表出席巴黎和会。同年6月，由于对巴黎和会要签订的《凡尔赛和约》中有关德国战败赔偿及其疆界方面的苛刻条款强烈不满，凯恩斯辞去了英国谈判代表团中首席代表的职务，重回剑桥大学任教。随后，凯恩斯撰写并出版了《和平的经济后果》（The Economic Consequences of the Peace，1919）一书。在这部著作中，凯恩斯严厉批评了《凡尔赛和约》，其中也包含一些经济学的论述，如对失业、通货膨胀和贸易失衡问题的讨论。这实际上为凯恩斯在之后研究就业、利息和货币问题埋下了伏笔。这部著作随后被翻译成多种文字,使凯恩斯本人顷刻之间成了世界名人。自此以后,"在两次世界大战之间英国出现的一些经济问题上,更确切地说,在整个西方世界面临的所有重大经济问题上,都能听到凯恩斯的声音,于是他成了一个国际性的人物"(Partinkin, 2008, p.687)。这一时期,凯恩斯在剑桥大学任教的同时,撰写了大量经济学的文章。

1923年,凯恩斯出版了《货币改革论》(*Tract on Monetary Reform*, 1923)。在这本书中,凯恩斯分析了货币价值的变化对经济社会的影响,提出在法定货币出现后,货币贬值实际上有一种政府征税的效应。凯恩斯还分析了通货膨胀和通货紧缩对投资者和社会各阶层的影响,讨论了货币购买力不稳定所造成的恶果以及政府财政紧缩所产生的社会福利影响。在这本著作中,凯恩斯还提出了他自己基于剑桥方程而修改的货币数量论,分析了一种货币的平价购买力,及其与汇率的关系,最后提出政府货币政策的目标应该是保持币值的稳定。凯恩斯还明确指出,虽然通货膨胀和通货紧缩都有不公平的效应,但在一定情况下通货紧缩比通货膨胀更坏。在这本书中,凯恩斯还明确表示反对在一战前的水平上恢复金本位制,而主张实行政府人为管理的货币,以保证稳定的国内物价水平。

1925年,凯恩斯与俄国芭蕾舞演员莉迪亚·洛波科娃(Lydia Lopokowa, 1892—1981)结婚,婚后的两人美满幸福,但没有子嗣。

《货币改革论》出版不到一年,凯恩斯就开始撰写他的两卷本的著作《货币论》(*A Treatise on Money*, 1930)。这部著作凯恩斯断断续续地写了5年多,到1930年12月才由英国的麦克米兰出版社出版。与《货币改革论》主要是关心现行政策有所不同,《货币论》则是一本纯货币理论的著作。"从传统的学术观点来看,《货币论》确实是凯恩斯最雄心勃勃和最看重的一部著作。这部著作分为'货币的纯理论'和'货币的应用理论'上下两卷,旨在使他自己能获得与他在公共事务中已经获得的声誉相匹配的学术声誉"

(Partinkin, 2008, p.689)。该书出版后,凯恩斯在1936年6月"哈里斯基金会"所做的一场题为"论失业的经济分析"讲演中,宣称"这本书就是我要向你们展示的秘密——一把科学地解释繁荣与衰退(以及其他我应该阐明的现象)的钥匙"(Keynes, 1971—1983, vol.13, p.354)。但是凯恩斯的希望落了空。这部书一出版,就受到了丹尼斯·罗伯逊(Dennis Robertson)、哈耶克(F. A. von Hayek)和冈纳·缪尔达尔(Gunnar Myrdal)等经济学家的尖锐批评。这些批评促使凯恩斯在《货币论》出版后不久就开始着手撰写另一本新书,这本书就是后来的著名的《就业、利息和货币通论》(Keynes, 1936)。

实际上,在这一时期,由于凯恩斯广泛参与了英国政府的经济政策的制定和各种公共活动,发表了多次讲演,在1931年凯恩斯出版了一部《劝说集》(*Essays in Persuasion*, 1931),其中荟集了包括著名的凯恩斯关于"丘吉尔先生政策的经济后果"(The Economic Consequence of Mr Churchill, 1923)、"自由放任的终结"(The End of Laissez-faire, 1926)等小册子、论文和讲演稿。1933年,凯恩斯出版了《通往繁荣之道》(*The Means to Prosperity*, 1933),同年还出版了一本有关几个经济学家学术生平的《传记文集》(*Essays in Biography*, 1933)。

在极其繁忙的剑桥的教学和财务管理工作、《经济学杂志》的主编工作及广泛的社会公共事务等等活动间歇,凯恩斯在1934年底完成了《就业、利息和货币通论》(《通论》)的初稿。经过反复修改和广泛征求经济学家同行们的批评意见和建议后完稿,于1936年1月由英国麦克米兰出版社出版。在《通论》中,凯恩斯创造了许多经济学的新概念,如总供给、总需求、有效需求、流动性偏好、边际消费倾向、乘数、预期收益、资本边际效率、充分就业,等等,运用这些新的概念和总量分析方法,凯恩斯阐述了在现代市场经济中收入和就业波动之间的关系。他认为,按照古典经济学的市场法则,通过供给自行创造需求来实现市场自动调节的充分就业是不可能的。因为社会的就业量决定于有效需求的大小，后者由三个基本心理因素与货币量决定。这三个基本心理因素是：消费倾向，对资本资产未来收益的预期，对货币的流动偏好（用货币形式保持自己收入或财富的心理动机）。结果，消费增长往往赶不上收入的增长，储蓄在收入中所占的比重增大，这就引起消费需求不足。对资本资产未来收益的预期决定了资本边际效率，企业家对预期的信心不足往往会造成投资不足。流动偏好和货币数量决定利息率。利息率高，会对投资产生不利影响，也自然会造成投资不足。结果，社会就业量在未达到充分就业之前就停止增加了，从而出现大量失业。凯恩斯在就业、利息和货币的一般理论分析基础上所得出的政策结论，就是应该放弃市场的自由放任原则，增加货币供给，降低利率以刺激消费，增加投资，从而保证社会有足够的有效需求，实现充分就业。这样，与古典经济学家和马歇尔的新古典经济学的理论分析有所不同，凯恩斯实际上开创了经济学的总量分析。凯恩斯本人也因之被称为"宏观经济学之父"。实际上，凯恩斯自己也更加看重这本著作。在广为引用的凯恩斯于 1935 年 1 月 1 日写给萧伯纳（George Bernard Shaw）的信中，在谈到他基本上完成了《就业、利息和货币通论》这部著作时，凯恩斯说："我相信自己正在撰写一本颇具革命性的经济理论的书，我不敢说这本书立即——但在未来 10 年中，将会在很大程度上改变全世界思考经济问题的方式。当我的崭新理论被人们所充分接受并与政治、情感和激情相结合，它对行动和事务所产生的影响的最后结果如何，我是难以预计的。但是肯定将会产生一个巨变……"（转引自 Harrod，1950，p.545）。诚如凯恩斯本人所预期到的，这本书出版后，确实引发了经济学中的一场革命，这在后来被学界广泛称为"凯恩斯革命"。正如保罗·萨缪尔森在他的著名的《经济学》（第 10 版）中所言："新古典经济学的弱点在于它缺乏一个成熟的宏观经济学来与它过分成熟的微观经济学相适应。终于随着大萧条的出现而有了新的突破，约翰·梅纳德·凯恩斯出版了《就业、利息和货币通论》（1936）。从此以后，经济学就不再是以前的经济学了。"（Samuelson，1976，p.845）

在《通论》出版之后，凯恩斯立即成为了在全世界有巨大影响的经济学家，他本人也实际上成了一位英国的杰出政治家（statesman）。1940年，凯恩斯重新回到了英国财政部，担任财政部的顾问，参与二战时期英国政府一些财政、金融和货币问题的决策。自《通论》出版后到第二次世界大战期间，凯恩斯曾做过许多讲演，这一时期的讲演和论文，汇集成了一本名为《如何筹措战费》(How to Pay for the War, 1940)的小册子。1940年2月，在凯恩斯的倡议下，英国政府开始编制国民收入统计，使国家经济政策的制定有了必要的工具。因为凯恩斯在经济学理论和英国政府经济政策制定方面的巨大贡献，加上长期担任《经济学杂志》主编和英国皇家经济学会会长，1929年他被选为英国科学院院士，并于1942年被英国国王乔治六世（George VI）晋封为勋爵。

自从1940年回到英国财政部，凯恩斯还多次作为英国政府的特使和专家代表去美国进行谈判并参加各种会议。1944年7月，凯恩斯率英国政府代表团出席布雷顿森林会议，并成为国际货币基金组织和国际复兴与开发银行（后来的世界银行）的英国理事，在1946年3月召开的这两个组织的第一次会议上，凯恩斯当选为世界银行第一任总裁。

这一时期，凯恩斯除了继续担任《经济学杂志》的主编外，还大量参与英国政府的宏观经济政策的制定和社会公共活动。极其紧张的生活和工作节奏，以及代表英国在国际上的艰苦的谈判，开始损害凯恩斯的健康。从1943年秋天开始，凯恩斯的身体健康开始走下坡路。到1945年从美国谈判回来后，凯恩斯已经疲惫不堪，处于半死不活的状态（Skidelsky, 2003, part 7）。最后，1946年4月21日，凯恩斯因心脏病突发在萨塞克斯（Sussex）家中逝世。凯恩斯逝世后，英国《泰晤士报》为凯恩斯所撰写的讣告中说："要想找到一位在影响上能与之相比的经济学家，我们必须上溯到亚当·斯密。"连长期与凯恩斯进行理论论战的学术对手哈耶克在悼念凯恩斯的文章中也写道："他是我认识的一位真正的伟人，我对他的敬仰是无止境的。这个世界没有他将变得更糟糕。"(Skidelsky，2003，p.833) 半个多世纪后，凯恩斯传记的权威作者罗伯特·斯基德尔斯基在其 1 000 多页的《凯恩斯传》最后说："思想不会很快随风飘去，只要这个世界需要，凯恩斯的思想就会一直存在下去。"(同上，p.853)

二

1929—1933 年，西方世界陷入了有史以来最为严重的经济危机。面对这场突如其来的大萧条，主要西方国家纷纷放弃了原有自由市场经济的传统政策，政府开始以各种形式干预经济运行，乃至对经济实施管制。当时，世界上出现了德国和意大利的法西斯主义统制经济和美国罗斯福新政等多种国家干预经济的形式。第二次世界大战期间，许多西方国家按照凯恩斯经济理论制定和实施了一系列国家干预的政策和措施。凯恩斯的经济理论随即在世界范围内得到广泛传播。这一时期的中国，正处在南京国民政府的统治之下。民国时期的中国经济也同样受到了世界经济大萧条的冲击。在这样的背景之下，中国的经济学家开始介绍凯恩斯的经济理论，凯恩斯的一些著作开始被翻译和介绍到中国。从目前来看，最早将凯恩斯的著作翻译成中文的是杭立武，他翻译的《自由放任的终结》(书名被翻译为《放任主义告终论》，凯恩斯也被译作"坎恩斯")，1930 年由北京一家出版社出版。凯恩斯 1940 年出版的小册子《如何筹措战费》，也很快被翻译成中文，由殷锡琪和曾鲁两位译者翻译，由中国农民银行经济研究处 1941 年出版印行。在民国时期，尽管国内有许多经济学家如杨端六、卢逢清、王烈望、刘觉民、陈国庆、李权时、陈岱孙、马寅初、巫宝三、杭立武、姚庆三、徐毓枬、滕茂桐、唐庆永、樊弘、罗蘅苏、胡代光、刘涤源和雍文远等人，都用中文介绍了凯恩斯的经济学理论，包括他的货币理论和财政理论，但由于凯恩斯的货币经济学著作极其艰涩难懂，他的主要经济学著作在民国时期并没有被翻译成中文。这一时期，凯恩斯的经济学理论也受到一些中国经济学家的批评和商榷，如哈耶克的弟子、时任北京大学经济学教授的蒋硕杰，等等。

在中文语境下，最早完成凯恩斯《通论》翻译的是徐毓枬。徐毓枬曾在剑桥大学攻读经济学博士，还听过凯恩斯的课。从剑桥回国后，徐毓枬在中国的高校中讲授过凯恩斯的经济学理论。实际上，早在1948年徐毓枬就完成了《通论》的翻译，但经过各种波折，直到1957年才由三联书店出版。后来，徐毓枬翻译的凯恩斯的《通论》中译本也被收入商务印书馆的汉译世界学术名著丛书系列（见宋智丽、邹进文，2015，第133页）。1999年，高鸿业教授重译了凯恩斯的《通论》，目前是在国内引用最多和最权威的译本。2007年南海出版公司曾出版了李欣全翻译的《通论》，但在国内并不是很流行。1962年，商务印书馆出版过由蔡受百翻译的凯恩斯的《劝说集》。凯恩斯的《货币论》到1997年才被完整地翻译为中文，上卷的译者是何瑞英（1986年出版），下卷则由蔡谦、范定九和王祖廉三位译者翻译，刘涤源先生则为之写了一个中译本序言，后来，这套中译本也被收入商务印书馆的汉译世界学术名著丛书。2008年，陕西师范大学出版社出版了凯恩斯《货币论》另一个汉译本，上卷由周辉翻译，下卷由刘志军翻译。凯恩斯的《和约的经济后果》由张军和贾晓屹两位译者翻译成中文，由华夏出版社2008年出版。凯恩斯的《印度的货币与金融》则由安佳翻译成中文，由商务印书馆2013年出版。凯恩斯的《货币改革论》这本小册子，多年一直没见到甚好的中译本，直到2000年，才由改革出版社出版了一套由李春荣和崔铁醴编辑翻译的《凯恩斯文集》上中下卷，上卷中包含凯恩斯的《货币改革论》的短篇，由王利娜、陈丽青和李晶翻译。到2013年，由中国社会科学出版社重新出版了这套《凯恩斯文集》，分为上、中、下三卷，由李春荣和崔人元主持编译。

三

尽管凯恩斯是20世纪最有影响力的经济学家，但是，由于其经济学理论尤其难懂且前后理论观点多变，英语语言又极其优美和灵活，加上各种各样的社会原因,到目前为止,英文版的30卷《凯恩斯全集》还没有被翻译成中文。鉴于这种状况,李井奎教授从2010年之后就致力于系统地翻译凯恩斯的主要著作,先后翻译出版了《劝说集》(2016)、《通往繁荣之路》(2016)、《〈凡尔赛和约〉的经济后果》(2017)、《货币改革略论》(2017)。这些译本将陆续重新收集在本套丛书中,加上李井奎教授重译的凯恩斯的《货币论》《印度的通货与金融》《就业、利息和货币通论》,以及新译的《论概率》《传记文集》等,合起来就构成这套完整的《约翰·梅纳德·凯恩斯文集》。这样,实际上凯恩斯出版过的主要著作绝大部分都将被翻译成中文。

自1978年改革开放以来,中国开启了从中央计划经济向市场经济的制度转型。到目前为止,中国已经基本形成了一个现代市场经济体制。在中国市场化改革的过程中,1993年中国的国民经济核算体系已经从苏联、东欧计划经济国家采用的物质产品平衡表体系(简称MPS)的"社会总产值",转变为西方成熟市场经济体制国家采用的国民经济统计体系,简称SNA核算,从而国内生产总值(即GDP)已成了中国国民经济核算的核心指标,也就与世界各国的国民经济核算体系接轨了。随之,中国政府的宏观经济管理包括总需求、总供给、CPI、货币、金融、财政和汇率政策,也基本上完全与现代市场经济国家接轨了。这样一来,实际上指导中国整个国家的经济运行的经济理论也不再是古典经济学理论和斯大林的计划经济理论了。

现代的经济学理论,尤其是宏观经济学理论,在很大程度上可以说是由凯恩斯所开创的经济学理论。但是,由于一些经济学流派实际上并不认同凯恩斯的经济学理论,在国际和国内仍然常常出现一些对凯恩斯经济学的商榷和批判,尤其是凯恩斯经济学所主张的政府对市场经济过程的干预(实际上世界各国政府都在这样做),为一些学派的经济学家所诟病。更为甚者,一些经济学人实际上并没有认真读过凯恩斯的经济学原著,就对凯恩斯本人及其经济学理论(与各种各样的凯恩斯主义经济学有区别,英文为"Keynesian economics")进行各种各样的批判,实际上在许多方面误读了凯恩斯原本的经济学理论和主张。在此情况下，系统地把凯恩斯的主要著作由英文翻译成中文，以给中文读者一个较为容易理解和可信的文本，对全面、系统和较精确地理解凯恩斯本人的经济学理论，乃至对未来中国的理论经济学的发展和经济改革的推进，都有着深远的理论与现实意义。

是为这套《约翰·梅纳德·凯恩斯文集》的总序。

韦 森

2020年7月5日谨识于复旦大学

参考文献

Harrod, Roy, F., 1951, *The Life of John Maynard Keynes*, London：Macmillan.

Keynes, John Maynard, 1971-1983, *The Collective Writings of John Maynard Keynes*, 30 vols., eds. by Elizabeth S. Johnson, Donald E., Moggridge for the Royal Economic Society, London：Macmillan.

Partinkin, Don, 2008, "Keynes, John Maynard", in Steven N. Durlauf & Lawrence E. Blume eds, *The New Palgrave Dictionary of Economics*, 2nd ed., London：Macmillan, vol.4, pp.687-717.

Samuelson, Paul A. 1976, *Economics*, 10th ed., New York：McGraw-Hill.

Skidelsky, Robert, 2003, *John Maynard Keynes 1883-1946*, *Economist*, *Philosopher*, *Stateman*, London：Penguin Book.

宋丽智、邹进文：《凯恩斯经济思想在近代中国的传播与影响》，《近代史研究》，2015年第1期，第126—138页。

目录

001 / 中文版总序
001 / 绪言

I 政治家速写

005 / 1919年巴黎四人委员会
026 / 劳合·乔治：一个片段
033 / 博纳尔·劳先生
037 / 牛津勋爵
042 / 埃德温·蒙塔古
045 / 温斯顿·丘吉尔
059 / 伟大的维利尔斯血统
063 / 托洛茨基论英国

II 经济学家的人生

071 / 罗伯特·马尔萨斯
109 / 阿尔弗雷德·马歇尔
186 / 弗朗西斯·伊斯德罗·埃奇沃斯
203 / F.P.拉姆齐

214 / **附录：我早年的信仰**
234 / **译者跋**

绪 言

除了两三个明显的例外,这些文章都是基于作者与传主的亲身交往而写就的。其中大部分文章的内容皆是由对所刻画人物性格的近距离观察而来。我把这些文章以这样的风貌[关于罗伯特·马尔萨斯(Robert Malthus)的那篇是个例外]呈于读者诸君面前,而不以历史的视角做那种遥远的、冷漠的记述。其中,有关劳合·乔治先生和罗伯特·马尔萨斯先生的文章此前未曾发表过。其他文章的发表出处均在本书附录中列出。[1]

诚然,我的主要目的乃在于为一些人物树碑立传,但有关历史和经济学说进展的评论,仍散见于本书的第二部分当中。几处闲笔里,我也尝洞幽烛微,把英国先贤们在思想上的血脉相通和历史关联详加勾勒。自洛克[2]写下第一部现代英语著作——《人类理解论》(*Essay Concerning Human Understanding*)之后,两个半世纪以来,正是这些先贤们奠定了我们思想的根基。在本书里,我还讲述了乔治·维利尔斯爵士(Sir George Villiers)那些令人叹为观止的后裔的故事。但先贤们的世系是彼此交错在一起的,在精神上相互交融。且让君主和愚民沉迷于维利尔斯血统吧,让维利尔斯血统去主宰或者看似在主宰那些过眼烟云般的往事吧。这里自有另一番自豪的情感

---

[1] 这些出处于今已无呈现的必要,本书从略。——译者注

[2] 即约翰·洛克(John Locke,1632—1704),英国哲学家,英国经验主义的代表人物,《人类理解论》是其最知名的哲学著作之一。——译者注

在，它来自洛克学统，正是这样的脉络在智识和人性上把英国人彼此连接在了一起，本书第二部分所记述的那些名字就属于洛克学统。这些伟大的先贤，即便不是绝顶智慧，也是最挚诚之人；即便不是极端俊雅之士，也最称得上温柔敦厚；即便称不上最为实干，也都是悲悯满怀、先忧后乐的无双国士；即便不是天赋异禀，也都是在人类心智的诸多领域之内取得最为坚实而卓著的成就之人。

J.M.凯恩斯
剑桥大学国王学院
1933 年 2 月

Ⅰ 政治家速写

1919年巴黎四人委员会

迄今来看,克列孟梭[1]乃是四位巨头当中最为杰出的一位,对于他的那些同僚们,他揣测得非常清楚,拿捏得极为准确。只有他一人,既有自己的主见,又对和约各种可能的后果做了一番仔细的思虑。他的年龄、性格、智慧与外表,这些因素糅合在一起,使得他在那个嘈杂、混乱的环境中显得格外的客观冷静而又形象鲜明。若要轻视克列孟梭,或者不喜欢这个人,那是不可能的,但是,对于一位外表温文有礼的人之本性,却是可以有着不同的看法的,至少,可以让我们对之有一番不一样的期待。

克列孟梭的外表和举止,世人皆已熟知。在"四人会议"当中,他身穿一件考究的厚重黑色绒面呢子方尾外套,手上总是戴着一副灰色的皮质手套,脚蹬一双上等黑色厚皮革制成的靴子,而且是一种乡村的风格,有时前面会比较奇特地用搭钩而不是鞋带系着。四人会议的例会,设在总统府的那间房间(这个房间与楼下举行没有侍从在侧的私人会议的较小的房间不同)里召开,克列孟梭的座位,是壁炉对过半圆形空间正中的那把铺有锦缎

---

[1] 即乔治·邦雅曼·克列孟梭(法语:Georges Benjamin Clemenceau, 1841—1929),人称"法兰西之虎"或"胜利之父"。法国政治家,曾两次出任法国总理(当时称作部长会议主席),分别是1906年至1909年,和1917年至1920年。1919年,他在巴黎和会上主张严惩德国,要德国"赔至最后一个马克",是"巴黎和会"最后"三巨头"之一,签署了《凡尔赛和约》。——译者注

的方椅，奥兰多先生[1]在他的左侧，再往左，靠着壁炉的是威尔逊总统[2]的座位，与威尔逊总统相对，坐在壁炉的另一侧的，是劳合·乔治首相[3]。克列孟梭从来不带什么文件或者公文包之类，也没有任何私人秘书模样的人随侍左右，不过，一旦开始涉及某些特定的议题，总有几位法国的部长和官员适时地出现在他的旁边。他走路的姿势、说话的声音，一举手一投足之间，无不显现出充沛的活力，但是，他还是表现出一副老态，尤其是在他被刺之后，他就像一位非常之年迈的老人在为重要的场合蓄积体力一般。他讲话不多，关于法国的那些和会上的建言，他都是让他的部长或官员们去申述；他经常闭起眼睛，表情冷漠地靠在椅子上，面如羊皮纸一般颜色；那双戴着灰色皮质手套的手，交叉在一起放在胸前。他出语简洁明快，或下判断，或语带讥讽，对于所关涉的那些场合，一般来说已然足矣。有的时候，他会提出一个问题，有时则会斩钉截铁地将他的那些部长们的话予以推翻，并不顾及他们的颜面，或者他也会用几句尖刻的英国话来表明自己的固执己

---

[1] 即维托里奥·埃曼努尔·奥兰多（Vittorio Emanuele Orlando，1860—1952）意大利国务活动家，自由派首领之一。1897年当选为众议员。1917—1919年任意大利内阁总理，曾率领意大利代表团出席巴黎和会。1919年6月辞职。——译者注

[2] 即托马斯·伍德罗·威尔逊（Thomas Woodrow Wilson，1856—1924），1912年到1920年担任美国第28任总统，在一战后期，威尔逊总统亲自主导对德交涉和协定停火，提出了"十四点和平原则"，即著名的"十四点计划"，阐述了他所认为的能够避免世界再遭战火的新世界秩序。他是"巴黎和会"最后"三巨头"之一，签署了《凡尔赛和约》。为了表彰他对创建国联的贡献，1920年授予他1919年度的诺贝尔和平奖。——译者注

[3] 劳合·乔治（David Lloyd George，1863—1945），英国自由党领袖。1890年当选为英国下议院议员。1911年任财政大臣期间提出国民保险法，被公认为英国福利国家的先声。第一次世界大战期间任军需大臣、陆军大臣等职。1916年12月7日出任首相，对内扩大政府对经济的控制。战争结束后，在英国保守党和英国自由党联合政府中，劳合·乔治仍任首相。1918年议会通过选举改革法，扩大选民范围，颁布国民教育改革法，实行14岁以下儿童的义务教育。1919年他出席并操纵巴黎和会，是"巴黎和会"最后"三巨头"之一，签署了《凡尔赛和约》。1921年给爱尔兰以自治领地位。——译者注

见。¹不过，一旦需要，他也会发表演说，不乏激情；往往突然迸发出一段话后，紧接着的就是一阵剧烈的咳嗽声；他之所讲，总是让人印象深刻，这与其说是因为话语本身具有说服力，不如说是由于他在说话时所具有的力量和给人以震撼的缘故。

劳合·乔治先生在发表完英文演说，等待译员翻译成法语期间，他偶尔会穿过壁炉前的地毯，走到威尔逊总统身边，在他们的私下交谈中，他用某种从个人偏好出发的辩论方式，来强化自己的观点，或者尝试着寻找一种折中的解决之法——而这，有时候也就会是恐慌和混乱的一种信号。当此之时，总统的顾问们就会过来围绕在他的周围；而稍后，那几个英国的专家也会鱼贯而来，询问结果，或者察看一下事情的进展如何；接下来，法国人又会凑到近前，狐疑满腹，深恐他人瞒着自己安排下了什么事情；如此景象，直到屋子里所有的人都站起来，用英语和法语开始普遍地交谈起来，才会结束。有关这一景象，留给我的最后也是最深的场景印象是这样的：蜂拥的人群、嘈杂的声音、群情激奋的场面，而威尔逊总统和劳合·乔治首相就是这种场景的中心；人们对着无论怎么看都显得并不真实的问题无休止地争论着，而早晨刚刚召开过的会议中所讨论的那些重要问题，悉数被抛在脑后，被完全地给忽略了；在这样的背景之下，各种妥协与退让，同时伴随着的各种反对与坚持，一切的喧嚣与躁怒都毫无意义。对于这一切，克列孟梭总是保持着缄默，神情冷淡——这是因为被提及的那些问题并未涉及法国的安全，他戴着灰色的手套，安坐在铺着锦缎的座椅上，看上去极为苍老和疲倦，似乎失却了魂灵，清空了所有的期待一般，他面带一种嘲讽得近乎顽皮的神情，远远地审视着这一幕；待到大家终于安静下来，回到各人的座位上的时候，他们这才惊觉，克列孟梭先生早已离开了房间。

---

1 克列孟梭是四人中唯一一位能够同时听懂和运用两种语言的，奥兰多只懂法语，我们的首相和威尔逊总统则只会操英语；奥兰多和威尔逊总统彼此之间无法直接进行语言交流，这当有着重大的历史干系。

克列孟梭对法国的忠诚，堪比伯里克利对雅典的忠诚[1]，对于他来说，法国是他唯一的魂牵之地，除此之外，皆无意义可言；但是，他的政治理论却是俾斯麦式的[2]。对于法国，他抱有一种幻念，而对包括法国人和他的那些同事们在内的人类，他却是极为清醒的。他关于和平的诸种原则可以简单地表述如下。首先，他始终坚信，就德国人的心理而言，他们除了威胁之外，什么也不会理解，也无法去理解，因此，在谈判当中，对于德国人，他没有表现出丝毫的怜悯，也绝无半分慷慨之意，没有什么好处是他不想争取的，他可以为了任何的利益而不惜自贬身份，一点也不会顾及名誉、尊严与仁德。因此，在克列孟梭看来，与一个德国人进行协商或者试图与之和解，根本没有这个必要；我们所要做的，只需要对他下达命令，使其遵守即可。德国人

---

[1] 伯里克利（Pericles，约公元前495—公元前429），古希腊奴隶主民主政治的杰出代表者，古代世界著名的政治家之一。伯里克利出身雅典名门，受到良好的教育，曾向那个时代的智者哲人达蒙和芝诺学习音乐、政治理论和哲学思想。伯里克利的青少年时代在希腊同盟抗击波斯侵略者的岁月中度过的。在这场战争中，雅典与盟国勠力同心，凭借海上舰队取得了大败波斯军的辉煌胜利，随后又缔结提洛同盟，一跃而为希腊世界最强大的国家，经济繁荣，文化昌盛。怀着对自己国家的热爱和作为雅典公民的信心与自豪，伯里克利登上了雅典的政治舞台。他守正不阿、廉洁奉公，有眼光、善演说，坚毅冷静、气宇不凡，具备一个优秀政治家的品格和气质。公元前472年，伯里克利初露头角，后逐渐控制了雅典政局，从公元前443年到公元前429年，伯里克利每年连选连任雅典最重要的官职——首席将军，完全掌握国家政权。在伯里克利的领导下，雅典的奴隶制经济、民主政治、海上霸权和古典文化臻于极盛。——译者注

[2] 奥托·爱德华·利奥波德·冯·俾斯麦（Otto Eduard Leopold von Bismarck），劳恩堡公爵，普鲁士王国首相（1862—1871），德意志帝国首任宰相（1871—1890），人称"铁血宰相"（"铁"指武器，"血"指战争）、"德国的建筑师"及"德国的领航员"。俾斯麦是19世纪德国最卓越的政治家，担任普鲁士王国首相期间通过一系列铁血战争统一德意志，成为德意志帝国第一任宰相（又称"帝国总理"）。俾斯麦是保守派，维护专制主义，镇压了19世纪80年代的社会民主主义运动；但他通过立法，建立了世界上最早的工人养老金、健康医疗保险制度、社会保险。由于其对德国统一的贡献，加上卓越的伟大成就，俾斯麦最后获升任为德意志帝国陆军上将。俾斯麦在外交上纵横捭阖，成为19世纪下半叶欧洲政治舞台上的风云人物。1890年3月被德皇威廉二世解职。俾斯麦下台时被封为劳恩堡公爵。此后他长住汉堡附近的弗里德里希斯鲁庄园，著有回忆录《思考与回忆》。——译者注

压根儿就不可能尊重你，无论你怎么做，都无法阻止他去欺骗你。不过，关于克列孟梭在多大程度上认为这些特性乃是德国人之所特有，或者他是否认为其他国家的人于此迥然有异，则我们并不确定。所以，他所秉持的哲学就是：在国际关系中，是没有给"多愁善感"留出任何位置的。国家是真实的存在，你热爱其中的一个，而对于其他的那些，你则漠不关心，乃至心怀仇恨。你所热爱的这个国家的无上荣光，是值得追索的理想之目的，但是，一般来说，你的邻国却需要为此付出代价。为了实现这样的理想之目的，追逐政治上的权力乃是终不可避免之事，从这场战争以及它所追求的目的中，我们并没有得到什么值得深入认识的新事物；像此前的每一个世纪一样，英国击垮了它在商业上的一个竞争对手；德国和法国为了荣耀而长期争战的重要历史篇章也已经宣告结束。为求审慎，对于愚蠢的美国人和虚伪的英国人之"心中理想"，我们需要聊表数语，以加抚慰；不过，如果真的相信这个世界上会存在像国际联盟[1]这样的机构，抑或除了一个用来重新平衡各国利益均衡的精巧公式之外，还存在着某种意义上的民族自决原则，那就真是愚不可及了。

然而，这些都还只是一般性的原则。在追踪克列孟梭所认为的那些为了法国的权力与安全，从而和约必当具有的实质性细节之时，我们必须回到在

---

[1] 国际联盟，简称"国联"，是《凡尔赛和约》签订后组成的国际组织，1934年9月28日至1935年2月23日处于高峰时期，国联曾拥有58个成员国，其宗旨是减少武器数量、平息国际纠纷、提高民众的生活水平，以及促进国际合作和国际贸易。在其存在的26年中，国联曾协助调解某些国际争端和处理某些国际问题。不过国联缺乏军队武力，所以要依赖大国援助，尤其是在制裁某些国家的时候。然而，国联缺乏执行决议的强制力，未能发挥其应有的作用，其国际制裁亦影响同样施行制裁的国联会员（如美国及西方国家）。由于它的设计仍不尽完善，比如曾规定全面裁减军备但却未能付诸实现，或是采取制裁侵略者的行动之前，须先经理事会全体投票。美国没有加入国联，更使其丧失了坚定和稳固的支持力量，因此最终国联无从阻止国际纠纷，不能阻止法西斯的侵略行为及第二次世界大战的爆发。二战结束后，国际联盟被联合国所取代。——译者注

其人生之中发生着影响的历史原因上来。在普法战争[1]之前，法德两国人口大致相当，但是，德国的煤炭、钢铁与航运，彼时尚处于发展的初期，所以这个时候法国的财富远在德国之上。即便是在法国割让给德国阿尔萨斯—洛林[2]之后，两国之间在实际的资源方面也没有什么太大的差别。但是，普法战争之后，两国的相对地位就发生了翻天覆地的变化。截至1914年，德国的人口要比法国多出70%左右；德国已经成为世界上第一流的制造业和商业国家；她在技术上的精熟，以及在生产未来财富方面的手段之精巧，举世罕有其匹。相反，法国的人口则停滞不前，甚至还有下降的趋势，相对于其他国家，法国在财富以及财富的创造力方面，已经是远远地落后了。

因此，虽然法国在当下这场大战中赢得了胜利（而这次也是在美国和英国的帮助之下才取得的胜利），但是，在克列孟梭心目当中，法国的地位仍然是极不牢固的。他认为，欧洲的内战将来会经常性地爆发，或者至少会再次到来，未来事务之状态，可能会是这样一番景象：绵亘过去数百年间的各大强权之间的战争硝烟，今后还会绵延不绝下去。由是观之，则在欧洲的历史上，就会呈现永无止境的竞争局面，法国在这个回合中占到了上风，但是这个回合注定不会是最后一轮争战。由于法国和克列孟梭相信人性是不可移易

---

[1] 普法战争是1870—1871年普鲁士王国同法兰西帝国之间的战争。因争夺欧洲大陆霸权和德意志统一问题，普法两国之间关系长期紧张。1870年7月14日，普鲁士王国首相俾斯麦发表了挑衅性的"埃姆斯电报"，触怒了法国政府。7月19日，法国对普宣战。但战争开始后，法军接连败北。9月2日，拿破仑三世亲率近十万名法军在色当投降。4日，巴黎爆发革命，成立法兰西第三共和国。但普军仍长驱直入，包围巴黎。1871年1月28日，巴黎失陷，两国签订停战协定。2月26日，双方在凡尔赛签订初步和约。5月10日在法兰克福签署了正式和约。这次战争使普鲁士完成德意志统一，结束了法国在欧洲大陆的霸权地位。——译者注

[2] 阿尔萨斯-洛林（Alsace-Lorraine）法国东部地区，包括今法国上莱茵、下莱茵和摩泽尔（Moselle）省，即普法战争后法国于1871年割让给德国的领土。1919年第一次世界大战后，这块土地归还法国。第二次世界大战期间，被德国占领，后又归还法国。——译者注

的，因此从本质上而言根植在这种人性基础之上的旧有的规则也不会改变，由此他们对国际联盟所代表的那类教义也充满着怀疑，所以，从这些方面来看，法国和克列孟梭的政策是一以贯之、合乎逻辑的。如果和约建立在威尔逊总统的"十四点计划"[1]思想之上，遵循着宽宏大度与平等待之的原则，则德国恢复其原来的元气，所需时间只会更短，而且这样就会使得德国再次以更多的人口、更加优质的资源和技术而威胁到法国的局面加速到来。因此，寻求某种"保障"就是必要之举；而这种保障每加重一层，德国的愤慨之情就会加深一层，与之相应，德国人起而复仇的可能性就会加大一些，这样就更加有必要用条款来进一步进行压制。因此，只要所接纳的是这种世界观而抛弃其他的世界观，那么，那种将转瞬即逝的权利最大限度地强加于战败者身上的迦太基式的和平[2]，就终将难免。克列孟梭对于"十四点计划"丝毫不

---

[1] 1918年美国总统威尔逊提出的结束第一次世界大战的纲领及战后世界的蓝图。为了对抗俄国十月革命和苏维埃政权的影响，为美国战后称霸创造条件，威尔逊于1918年1月8日在国会发表演说，提出"十四点原则"作为"建立世界和平的纲领"。主要内容包括：签订公开和约，杜绝秘密外交；平时与战时海上航行绝对自由；取消一切经济壁垒，建立贸易平等条件；裁减军备到同国内安全相一致的最低点；公正处理殖民地问题，在决定一切有关主权问题时，应兼顾当地居民的利益和殖民政府之正当要求；外国军队撤出俄国，并保证俄国独立决定其政治发展和国家政策，欢迎它在自己选择的制度下，进入自由国家的社会；德军撤出比利时，并恢复其主权；德军撤出法国，阿尔萨斯-洛林归还法国；根据民族分布情况，调整意大利疆界；允许奥匈帝国境内各民族自治；罗马尼亚、塞尔维亚和门的内哥罗的领土予以恢复；承认奥斯曼帝国内的土耳其部分有稳固的主权，但土耳其统治的其他民族有在"自治"的基础上不受干扰的发展机会，达达尼尔海峡在国际保证下永远开放为自由航道；重建独立的拥有出海口的波兰，以国际条约保证其政治经济独立和领土完整；根据旨在国家不分大小、相互保证政治独立和领土完整的特别盟约，设立国际联合机构。以上前五点为原则意见，后九点为具体建议。——译者注

[2] 所谓的"迦太基式的和平"，就是指强者强加在弱者身上的短暂的、不平等的和平，迦太基式的和平虽然在名字里有和平两个字，但是它根本上与真正的和平相去甚远。在人类的历史上这样的和平不胜枚举，从古代到现代，只要有人的地方就会有。虽然迦太基式的和平也可能带来长时间的和平，但是那种和平带来的从不会是平等、富裕，相反带来的是仇恨、贫困、犯罪甚至战争。——译者注

为所动，也不佯作受其束缚之状，只不过有的时候为了顾全威尔逊总统的颜面，这才在必要的时候尽量让别人来居间调和。

因此，法国的政策是要让时光回溯到过去，竭尽所能地将1870年以来德国所取得的进步一笔勾销，利用减少其领土的办法以及其他的措施来减少德国的人口。但更主要的是德国的经济体系，这乃是它可以蓄积新的力量的全部凭依，因此，这个建立在钢铁、煤炭、运输之上的庞大网络必须予以摧毁。如果法国可以控制（哪怕只是部分地控制）德国被迫放弃的经济体系，那么，这两个力求在欧洲的霸权地位上一争短长的对手之间在力量上的不平衡局面，也将需要花费许多代人才能重新加以矫正。由是观之，这些一层一层地不断加深的条款，其意图所在，乃是为了破坏高度组织化的经济生活。

这是一个老人的政策，暮气沉沉。他带给我们最最鲜明的印象和最最丰富的想象力，都是关乎过去而不是未来的。他看问题的角度，是从德法两国的力量消长入手的，而非从人类的未来着眼，也并不虑及欧洲文明需要力图步入一个崭新的秩序这个层面。对于这场战争，他所秉持的观念与我们是不一样的，他既没有预期到，也不希望我们处在一个新时代的开端。

不过，我们所争议的并不仅仅是一个理想的问题。在本书中，我的意图所在，就是要说明这种迦太基式的和平，不特在**实际**上并不正确，而且也是不可能实现的。虽然从中涌现出来的这派思想对于经济因素也是了然于心的，但是，他们忽略了更深一层的、将会支配未来的经济趋势。时光无法倒流。如果把中欧的境况恢复到1870年，那就必须要对欧洲的结构加以约束，如果放任人类和精神之力量越出国家与种族的界限，那么，将要摧毁的就不仅是你和你的那些"保障"，还将包括你的制度和社会现行的秩序。

这一政策是玩了个什么样的花招，而取代了"十四点计划"呢？威尔逊总统又因何会接受这样的结果呢？要想找出这些问题的答案，显然并非易事，这既取决于性格和心理上的要素，也受制于环境的细微影响，而且，这些要素和影响通常很难被我们所觉察，也更加难以描摹出来。但是，如果说单个个体的行为攸关大局的话，那么，威尔逊总统所遭遇到的失败，就可以称得上是具有历史决定意义的道德事件，因此，我必须尝试着对它加以阐释。当威尔逊总统乘坐华盛顿号油轮到达我们这里的时候，他在世界人民的心目和期盼当中占据着何等重要的位置啊！在我们取得胜利的最初阶段，他是来到欧洲的一个何等伟大之人！

1918年的11月，福煦将军[1]的军队和威尔逊总统的言论，陡然将我们脱离开那曾欲吞噬掉我们所关心的一切的险境。形势一派大好，超出了所有人的预期。我们的胜利是如此彻底，以至于丝毫不必忧心于战后问题的处理。敌人已然放下了武器，人们相信，就和会的一般性质而言，双方会签署一份神圣的和约；这份和约的条款可以保证一个公正而又宽宏的安排，同时，人们还怀着一份重建被摧毁的幸福生活的美好期盼。威尔逊总统亲赴欧洲，来完成这最后的工作，也是实现这些希冀的切实保证。

威尔逊总统离开华盛顿之时，他所取得的声望以及遍及全世界的道德影响力，在历史上无人可与之比肩。他的那些经过深思熟虑的大胆言论，对欧洲人民的影响，大大超越了他们本国的政治领袖。敌国的人们也相信他会执行与他们签订下的契约；协约国的人民不只是把他看成是一位胜利者，甚至近乎把他奉为先知一般。除了这些道德上的影响力之外，各国之间的现实关系也在他的掌控之中。美国军队无论在数量、纪律，还是在装备上都处在领

1　即斐迪南·福煦（Ferdinand Foch，1851—1929），法国元帅，第一次世界大战最后几个月协约国军队总司令，公认是协约国获胜的最主要的领导人。一战爆发后参加了多场战斗。在取得一系列胜利后被任命为北部集团军司令，并一直任职到罗伯特·内维尔接替约瑟夫·霞飞出任法军总司令，之后被调往法军总部。1918年被任命为协约国最高司令。1918年代表法国在贡比涅森林签订对德停战协定，后又在巴黎和会上发挥重要作用。生平有不少著作，曾提出胜利在于意志的观点，后来认识到军队新装备和机械化程度具有决定性作用，强调歼灭思想和集中优势兵力原则。著有《战争原理》《战争指南》等。——译者注

先的地位。欧洲的食物供应完全仰赖于美国；在财政上更是全仰美国之鼻息。欧洲不仅在所欠美国的债务上已经超出了它的偿付能力，而且在将来还需要美国进一步提供一系列的援助以使欧洲免于陷入饥饿和破产境地。从古至今，还从来没有哪一位圣贤拥有着如此之多的能够让世间君王臣服的武器。当总统的马车驾临欧洲各国首都之时，如潮般的人群是何等的拥挤！人们满怀着好奇、焦虑和期待之心，纵然只是匆匆一瞥这位来自西方的命运主宰者的容貌与风仪，也已经心满意足；他乃是为了治愈美国文明古老的欧洲母亲的伤口而来，并且要为我们建立未来的基础。

幻想破灭得如此之彻底，以至于连那些对和会充满信任的人，也不敢重提这段往事。这一切都是真的吗？他们问询着那些刚从巴黎归来的人们。和约真的如此不堪吗？总统到底是怎么了？究竟是怎样的软弱和不幸，导致了如此惊人、如此意外的背叛呢？

然而，原因却是那么的普通，那样的符合一般的人性。威尔逊总统既非英雄再世，也不是一名先知；甚至他也称不上是一位哲人；他只不过是一个充满善意而又慷慨的人，其他的人类缺点在他身上也不例外，但是，他缺乏一些关键的智识上的准备，而这些在应付和会上的那些阴险狡诈的演说家时则是必不可少的。这些人在权力和人性的巨大冲突中得以出人头地，在和会的短兵相接以及给予和索取迅速转换的游戏中成了胜利者，而对于这样的游戏，威尔逊总统压根儿没有任何的经验。

对于威尔逊总统，我们的确一直都怀有一种错误的看法。我们知道他是一个孤独和冷漠的人，也相信他拥有坚强的意志，并且是一个固执己见的人。我们不会认为他是那种注重细节的人，但是对于某些主要问题的认识，他还是了然于心的；我们认为，这一点与他的坚韧品格结合起来，足以廓清一切纷纭复杂的计谋。在这些品质之外，他还表现出客观的态度和翩翩的风度，知识如学者一样渊博。他所提出的著名的"十四点计划"，显示出了高超的语言能力，似乎表明他是一个品行高洁、想象力丰富的人。他的肖像给人一种极有风度,且又总有一种居高临下气势的感觉。这一切,使得他在美国这个政治家艺术仍未被忽略的国度里威望日隆,最终登上了总统的大位。以上所述的这些内容,已然足够我们应付眼前的需要,对于那不可能察知的真相,我们不必过于苛求。

近距离地观察总统先生,所带给我的第一印象消除了我的一部分幻觉,但并不是全部。他的头颅和容貌一如其照片中的样子,恰似经过精雕细刻一般;他脖颈上的肌肉和头部的骨骼也非常特别。但是,就像奥德修斯[1]一样,总统在安坐的时候,看起来更加地富有智慧;他的手虽然也可称得上强壮有力,但是在灵巧方面却有所不足。总统留给我的第一印象表明,不管他在其他方面如何,他的气质和一名学者是绝不相类的,而且他甚至也缺乏克列孟梭先生和贝尔福先生[2]那一代人中的那个阶层的人所具有的高雅和有教养的绅士风度。更加严重的是,对于周遭的环境,他不仅不太敏感,甚至可以说根本就没有任何敏感度可言。一旦面对的是像劳合·乔治先生那样从来不会犯任何的错误,像媒体从业者一般对周遭每一个人都极为敏感的对手时,威尔逊总统哪里还有一星半点的机会呢? 英国首相用常人所不具备的六到七种感官来审视着同侪的一言一行,对他们的性格、动机和下意识的冲动进行着判断,从中洞察每一个人之所思所想,以及接下来他将要说些什么;再辅之以心灵上的感应,将意见或者吁求相杂糅,来最适地满足他周围听众的虚荣、嗜好和自利之心。一旦认识到这些,我们就会有这样的感觉:可怜的威

---

  [1] 奥德修斯,希腊神话传说中的人物。罗马神话传说中称之为尤利西斯或尤利克塞斯。是希腊西部伊塔卡岛之王,曾参加特洛伊战争,并献木马计。出征前参加希腊使团去见特洛伊国王普里阿摩斯,以求和平解决因帕里斯劫夺海伦而引起的争端,但未获结果。——译者注

  [2] 即阿瑟·詹姆斯·贝尔福,第一代贝尔福伯爵(Arthur James Balfour, 1st Earl of Balfour, 1848—1930)英国首相中的哲学家,索尔兹伯里侯爵首相的外甥和政治继承人,被同僚称为即使生活在马基雅维利时代也能游刃有余的政治家。少年时代因爱人早逝而终身不婚,1902年至1905年出任首相,任内其政府因关税改革议题而陷入分裂,但他却跳出了政党圈子,一战中任海军大臣和外交大臣。——译者注

尔逊总统在这次和会上简直就像一个盲人在玩猜谜语的游戏一样。从来没有哪一个人会走进客厅，为了成就我们的首相而甘愿做一个冥冥中早已注定的这般完美的牺牲品。总而言之，旧世界充满着邪恶；旧世界的铁石之心可以让最勇敢无畏的武士那最为锋利的宝剑利刃卷折。而这位既聋且哑的堂吉诃德先生[1]宛如走进了一个山洞，洞中到处都是刀光剑影，敌人手持长剑，寒光逼人。

那么，如果总统不是一位哲学王[2]一样的统治者，他到底又是一个什么样的人呢？毕竟，他一生中的大部分时间都是在大学中度过的。他绝不是一个商人，也不是一个普通的党派政治家，他是一个有力量、有品格、有身份的人。那么，他的气质到底是怎么样的呢？

一旦我们找到了线索，一切就一目了然了。总统恰似一个不尊奉英国国教[3]

---

1 《堂吉诃德》（也被译为《唐吉可德》）是西班牙作家塞万提斯于1605年和1615年分两部分出版的反骑士小说。故事发生时，骑士早已绝迹一个多世纪，但主角阿隆索·吉哈诺（堂吉诃德的原名）却因为沉迷于骑士小说，时常幻想自己是个中世纪骑士，进而自封为"堂·吉诃德·德·拉曼恰"（德·拉曼恰地区的守护者），拉着邻居桑丘·潘沙做自己的仆人，"行侠仗义"、游走天下，做出了种种与时代相悖、令人匪夷所思的行径，结果四处碰壁。但最终从梦幻中苏醒过来，回到家乡后死去。文学评论家都称《堂吉诃德》是西方文学史上的第一部现代小说，也是世界文学的瑰宝之一。——译者注

2 古希腊哲学家柏拉图以社会分工理论为基础，把政治统治权完全交给少数哲学家，他把现实国家的改造和理想国家实现的希望，完全寄托在真正的哲学家能够掌握国家最高权力上。根据柏拉图设计的社会政治结构，哲学家垄断城邦全部政治权力，被置于等级结构的顶端，即哲学家为王（哲学王），其他各等级则完全被排斥在城邦权力体系之外。在柏拉图的政治哲学中，哲学王统治是实现柏拉图正义理想的关键，离开哲学王统治，正义的实现也就成了一句空话。在这里，凯恩斯显然是借用了柏拉图的这个理念。——译者注

3 即安立甘宗（英国国教，Anglicanism），常用名"安立甘教会"（盎格鲁教会，Anglican Church）或"主教制教会"（主教会，Episcopal Church），是基督教的新教三个原始宗派之一，也是带有盎格鲁-撒克逊人礼仪传统的宗徒继承教会。它在清朝传入中国，译作"圣公会"，取义神圣的天主教会（圣而公教会，Holy Catholic Church），约定俗成。——译者注

的基督教牧师，或者说是一位长老会成员[1]。他的思想与气质基本上是神学的，而不是理性的，他有着那一类人在思想、情感和表达方式上的一切优点和缺点。这类高尚的楷模，英格兰和苏格兰过去是曾有过的，但是现在已经不可复见，尽管如此，这样来对总统加以描述，还是可以使普通的英国人对他有一个鲜明的印象。

在我们的脑海中对威尔逊总统存了这样的印象之后，我们就可以回转到对事件的真实过程进行考察上来。在总统的演讲稿和文件当中，他对于世界的擘画，为我们展示了一种令人感到极为钦佩的精神和目标，即便是那些最为激进的支持者们，也只能选择在细节上做文章——他们认为，这些细节目前并不太适合放进演讲稿和备忘录当中去，建议等到将来有了更为合适的时机，再把它们放进去。和会伊始，大家普遍认为，总统在一大帮顾问的帮助之下，经过慎重考虑后必已有了一套全面的计划，不仅仅把国际联盟，而且还包括"十四点计划"的具体实施意见，都囊括在了一个切实的和平条约中去了。然而，事实上的情况则是，总统什么都没有思考出来；当这一切开始实际运作起来的时候，他的思想尚且模糊不明而且也并不全面。在他的内心当中，他既无计划和方案，也没有什么建设性的意见，这就无法让他根据白宫发布的命令量体裁衣，符合现实的情况。他可以为各种现实问题发表布道似的演说，也可以向万能的主庄严地祈祷，希望一切愿望均能得到实现，但是，他就是不能够设计出一套适合欧洲实际的、具体可行的计划来。

他不仅在细节上提不出什么建议，而且在很多方面也都是这样，这一点或许本是无可避免之事，毕竟他对欧洲的情况了解无多。而且，他还不只是消息不够灵通那么简单——这一点劳合·乔治也是一样的——关键是反应迟

---

[1] 长老会即长老宗，也称归正宗。归正宗是新教主要宗派之一，以加尔文的宗教思想为依据，亦称加尔文宗，"归正"为经过改革复归正确之意。在英语国家里，该宗因其教政特点又称长老宗。归正宗产生于16世纪宗教改革时期，与安立甘宗和路德宗并称新教三大主流派别。——译者注

钝，缺乏随机应变的本领。在欧洲人眼里，总统的迟钝是颇令他们关注的事情。他无法在较短的时间之内就对他人的谈话有着充分的理解，不能一眼看穿形势，想出对策，给出相应的回应，遇事也常常不知变通；因此，仅从反应的敏捷、理解的快速以及思维的灵活方面来看，他就已经输给了劳合·乔治。几乎很少有一流的政治家在和会中表现得比总统还缺乏灵活应变的能力。只要你在表面上做出一丁点儿的让步，从而保全对方的颜面，或者你把自己的意见转换成一种对对方有利，同时对自己也没有什么实质性损害的方式来重新表述一遍，给对方以安慰，那么你就能获得切实的胜利，这样的时刻在和会上屡见不鲜。但是，总统甚至连这类简单而常用的手段都不懂得使用。对于**任何**的其他选择，他的思考总是过于迟钝，而且也缺乏足智多谋的能力来从容应对。总统倒是很容易钻牛角尖，不肯轻易地做出让步，这一点在对待阜姆港[1]问题上表现得最有代表性。而且，他也没有什么其他防御工事可言，通常在他的对手看来，只需要事先运用一点点手段就不会把事情弄到无可挽回的地步，但是于总统却往往无法做到这一点。他人的奉承以及表面上的抚慰，就会使总统先生放弃自己的主张，失去了坚持自己立场的时机，等到他明白过来自己被诱导而欲坚守自己立场的时候，一切已经是回天乏术了。当然，话又说回来，要在关系密切的同事之间进行的那些亲密而貌似友好的对话当中，在所有的时刻均坚持自己的立场，寸步不让，那也是不可能的。胜利只会属于这样的人：他于整盘局势能够时刻保持清醒的认识，正所谓不谋全局者，不足以谋一隅。他还懂得保存自己的实力，韬光养晦，俟机而发，能够在恰当的时机当机立断。而总统先生在应付这类情形的时候，则显得头脑过于迟钝和混乱了。

他没有通过向他的顾问团寻求集体智慧的帮助，从而来弥补他在这些方

---

1 阜姆（Fiume），即"里耶卡"（Rijeka），克罗地亚第三大城市和主要海港城市里耶卡的旧称。——译者注

面的缺陷。他纠集了一帮能力超群的实业家到自己的身边,来起草条约中那些与经济有关的条款;但是,这些实业家对于公共事务显然没有什么经验,而且他们也和威尔逊一样,对于欧洲的情况知之甚少(其中只有一两个人例外),唯有当总统需要具体建议的时候他们才会被召见,这种召见也没有什么规律可言。因此,华盛顿那给人印象深刻的超然态度被一直保持下来,这种超然的态度,再加上威尔逊总统那种异于寻常的矜持性格,使得任何一个在精神上追求平等,或者是希望能够持续地对总统施加影响的人,都会有一种被拒之于千里之外的感觉。他的那几个全权代表不过是他的傀儡而已;即便是最受信任的豪斯上校(Colonel House)[1],也渐渐地不再受到重视,而隐入幕后去了;豪斯上校对于人类和欧洲的了解,较之于总统,实在要广博得多,总统的迟钝也因为有上校的敏感相佐辅而改善良多。而之所以会出现这样的局面,皆是被威尔逊在四人会议中的同僚们怂恿所致,自从"十人会议"[2]破裂之后,由于总统自己的性格原因,他越发地显得孤立。因此,日复一日,周复一周,在极端艰难的境地之下,这本是他非常需要各类支援与知识的时候,而他却把自己封闭起来,在没有什么帮助和建议的情况下,选择独自与那些远比他精明的人士周旋。总统任由自己被他们营造的氛围所麻醉,依据他们提供的计划和数据作为讨论问题的基础,被他们牵着鼻子,按

---

[1] 即爱德华·曼德尔·豪斯(Edward Mandell House, 1858—1938),美国外交家,伍德罗·威尔逊总统的智囊人物。曾任美国驻英、法、德等国的总统代表。帮助起草《凡尔赛和约》以及《国际联盟盟约》。后因和威尔逊意见相左,在《凡尔赛和约》问题上与之不欢而散(1919年)。富兰克林·罗斯福任美国总统后,他再度成为罗斯福总统的智囊高参。——译者注

[2] "巴黎和会"一切重大问题均先由五大国会议讨论决定。先有"十人会议",由美国威尔逊和兰辛、英国劳合·乔治和贝尔福、法国克里孟梭和毕盛、意大利奥兰多和桑尼诺、日本西园寺公望和牧野伸显组成。"十人会议"为五大国"经常的正式会议",和会期间共举行60多次。1919年3月26日起,"十人会议"缩减为"四人会议",即英、法、美、意四国首脑就和会中有关欧洲问题私下协商(4月23日意首相奥兰多离会,由英、法、美三国首脑以"三人会议"形式控制局面)。——译者注

照他们设计的路子走了下去。

以上这些缘由，再加上其他各类原因，联合起来，导致了下面这样的局面。读者诸君一定要明白，虽然在短短几页之中我们寥寥数笔即已将这一过程交代完毕，但是，整个发生过程则是缓慢、逐步而潜滋暗长出来的，历时长达五个月之久。

由于总统并没有什么主见，所以会议基本上是以英、法两国的草案作为基础来进行讨论的。因此，若要使这一草案从根本上符合总统的想法和目的，那么，他就必须要始终保持一种阻碍的、批评的、否定的态度才行。如果人家对他的几点提议表现出了明显的宽宏态度（对于那些极为荒谬的建议，一般总会有转圜的余地，而且也没有人认为它们重要），那么，他就不得不投桃报李，对他们的提议也做出相应的妥协。妥协是无可避免之事，要想在实质问题上寸步不让，实在是极为困难的。此外，他很快就被人指责站在德国人一边，而且把自己陷入公然"偏袒德国"的嫌疑之中（对于这些指责，他倒是非常愚蠢和不幸地敏感起来了）。

在"十人会议"的最初几天里，他向大家展示了自己的原则和自信，之后，威尔逊总统发现，就具体情况来看，他的那些法国、英国和意大利同僚们的方案中有某些极为关键之点，使得他不可能使用秘密外交的办法来保护那些投降之人。那么，作为最后的手段，他应该做些什么呢？他可以毅然决然地固执己见，这样就能够无限期地延长会议。他也可以中断会议，在任何协议也未曾达成的情况下愤然返回美国。又或者，他可以越过会议的巨头们，尝试着直接向世界人民求助。这些都是可怜的变通方法，其中的每一个都会招致诸多批评。而且，这些做法同样是非常冒险的，尤其是对于一位政治家来说。总统在国会选举中的政策失利削弱了他在本国的地位，而美国的民众也定然不会毫无条件地支持他那毫不妥协的立场。这就意味着一场争锋，在这场争锋之中，所欲讨论的问题将会被各类人士与政党的意见所遮蔽；谁又敢说，在这场并非由其真正的价值所决定的争锋当中，正义就一定能够取得胜利呢？ 此外，与同僚们的任何公然决裂，都会使得所有协约国人民把那种一点即发的、盲目的"反德"激情加诸自己的头上。他们不会听从总统的主张。他们也不会有足够的冷静，把这种重要的问题视为国际道德或对于欧洲的确当治理之一部分来对待。他们强烈的呼喊无非是说，总统出于险恶的用心和诸多自私的原因，想要"饶恕那帮德国鬼子"。法国和英国的媒体几乎是众口一词，这一点也丝毫不出我们的意料。因此，如果总统公然地退出和会，他可能会遭临彻底失败之虞。如果他失败了，那么，和他维护自己的声誉，在欧洲政治诸多限制条件所允许的情况下努力地将事情办好相比，前者难道就不会远比后者更加糟糕吗？ 但是，最为重要的是，如果他真的失败了，难道他不会失去国际联盟吗？ 难道说，对于世界的未来福祉而言，这不是最为重要的事情吗？ 随着时间的流逝，条约终会改变，态度也不再会那么强硬。如今看起来颇为重要的问题，将来或许也就不再重要；同样，现在看起来不可行的事情，将来未必就永远无法实现。而国联虽然在形式上并不是尽善尽美的，但却是长久存在下去的；它是治理这个世界的新原则的开端；国际关系中的真理和正义不可能在数月之间即已齐备——只有在国联缓慢的酝酿过程中，在适当的时候它们才会产生。克列孟梭非常聪明地让大家看到，只要能够取得合适的对价，他是愿意接受国际联盟的。

在命运的紧急关头，总统是孤独的。他被旧世界的罗网给缠绕住了，在费力地拼爬，非常需要同情、道义上的支持和群众的热情。但是，总统却将自己深埋于会议当中，被巴黎那炎热和污浊的空气所窒息，完全听不到外面世界的回声，感受不到各国人民激情的脉动、同情和鼓励。总统感到，民众们欢迎他抵达欧洲时的热情已经全然消失；巴黎的媒体开始公然地嘲讽他；他在国内政治上的对手利用他不在国内这样的时机，制造着诸种对他不利的气氛；而英国对他则是冷漠而又充满着批评，毫无同情之念。他之对待随从人员的态度，使得他无从通过私人渠道，获取来自公众的信任和热情；而公众的这种信任和热情的潮流也似乎被压抑住了。他需要更多集体信仰的力量,但是却又得不到。德国人造成的恐惧,依然弥漫在四周,即便是那些富有同情心的公众也还是非常担心的;敌人是一定不能再去鼓励的了,朋友们需要支持,现在不是纷争不止或者煽风点火的时候,我们必须相信总统已经尽其全力。而在如此干燥的环境之下,总统的信仰之花已然凋落。

因此,这样的事情发生了:总统取消了下达给华盛顿号的命令,这个命令是总统盛怒之下做出的,他要求华盛顿号随时待命,准备将他从巴黎那充满着欺诈和背叛的大厅带回到他自己威严的宝座上,在那里,他才会重新感到镇定自若。唉,可是,他一旦走上了妥协的道路,我们在上面所指出来的总统的那些性格和能力方面的缺陷,就愈发地明显,而颇具毁灭性了。他可以唱高调;他可以固执己见;他可以从西奈山或者奥林波斯山[1]发布文告;他可以在白宫或者"十人会议"上一派高冷,给人以不可接近之感,这样并不会有什么问题,可以确保自己安然无恙。但是,一旦陷入"四人会议"之中,与他们亲密而平等地接触时,游戏不可避免地升格,他这样做也就必然会一败涂地。

现在的情况下,我指出的总统的那种神学或长老会式的气质秉性,开始

---

[1] 西奈山又叫摩西山(Mount Moses),位于西奈半岛中部,海拔 2 285 米,是基督教的圣山,基督教的信徒们虔诚地称其为"神峰"(The Holy Peak)。奥林波斯山(Olympus/不宜译成奥林匹斯,这一译名由于中译者音译了英语单词"Olympia"所致,其词源为希腊语单词"Ολυμπία",即可以是"'Ολύμπιος"的变格,也可以是地点名词,在英语中"Olympia"是独立于"Olymus"的地名专有名词,已失去其做形容词的作用,导致尾音和词形结构完全改变,另外,按中古英语语法规律,在原有词干基础上加上后缀-n构成的形容词,不能被理解为属格;而要考虑其在源语言的语法作用,也就是所谓的"Olympus' Gods"。英语里"u"是不可能发 [i] 这个音的。)坐落在希腊北部,近萨洛尼卡湾,是塞萨利区与马其顿区间的分水岭。其米蒂卡斯峰,高 2 917 米,是希腊最高峰。为了与南面相邻的"下奥林波斯山"相区别,又称"上奥林波斯山",是由非洲大陆与欧亚大陆挤压而成。奥林波斯山是古希腊成为欧洲文化发源地不可缺少的元素,是西方文明起源之地,也是希腊神话之源。凯恩斯在这里的意思似乎是说,威尔逊总统可以从极高的信仰立场上发言、起草文件,但是这些都无法进入到现实的政治利益争夺之中。——译者注

变得危险起来。一旦断定,做出某些让步终将不可避免,他就应该利用他那坚定的立场和演说,运用美国的经济实力,来确保获得尽可能多的实际利益,即便在字面上做出一些牺牲也在所不惜。但是,总统自己无法弄明白这些暗含的意思,他太坚持原则了。现在,尽管妥协已然无可避免,他还是坚持着自己的原则,明确地完全受着"十四点计划"的约束,不肯越雷池半步。他不做不能赢得尊重的事情;不做不正直和不正确的事;不做违背他的伟大的政治信仰的事。如此一来,"十四点计划"虽然在文字上给人们的鼓舞并没有减少,但是它变成了旨在注释和阐述的文件,成了所有的有智慧的人自我欺骗的工具。我敢说,总统的先祖们曾经以这样一种方式来说服自己,对于他们应该做的事情,即认为必须与"摩西五经"(Pentateuch)[1]的每一个音节都要一致才行。

现在,总统对待其同僚的态度已经发生改变:只要我可以让步的,我一定让步;我了解你的难处,你们提议的我也愿意赞成;但是,不正义、不正确的事情,我是不做的;你们必须首先向我表明,你们所要让我做的,的确符合我所遵守的誓言。然后,他们就开始运用浮词诡辩编织罗网,来最终纹饰整个条约那伪善的文字和实质。他们制造出这样的诗句来蛊惑巴黎的人们:

公正是愚蠢的,只有愚人才会公正。
于浊雾中徘徊,于秽气中盘旋。

这帮最狡猾的诡辩家和最伪善的文件起草人忙起来,创造出诸多颇具独创性的用法,哪怕是一个比总统聪明的人,也会被蒙骗好一阵子。[2]

---

[1] "摩西五经"(希伯来圣经最初的五部经典:《创世记》《出埃及记》《利未记》《民数记》《申命记》)是犹太教经典中最重要的部分,同时也是公元前 6 世纪以前唯一的一部希伯来法律汇编,并作为犹太人的法律规范。其主要思想是:神的创造、人的尊严与堕落、神的救赎、神的拣选、神的立约、神的律法。——译者注

[2] 这里如果直译就是:哪怕是一个比总统还要聪明之人,也会被蒙骗超过一个钟头。凯恩斯这句话语带俏皮,暗含讥讽。——译者注

因此，和约上不说，未经法国的允许，奥地利的德国人不得和德国联络（而这是与国民自主原则不相符合的）。构思巧妙的草案这样宣称："德国依照奥地利与各主要协约国及其盟国签订的条约之中所规定的国界，承认并极为尊重奥地利的独立地位；德国承认，除非经过国际联盟会议的同意，否则奥地利的独立地位是不可剥夺的。"两种说法听起来似乎有所不同，其实并无二致。但是，总统忘记了，条约的另外一部分是这样规定的：国际联盟会议关于这一类问题需要**全体一致同意**方才能够通过。

和约没有把但泽归于波兰，而是把它设为自由市，划归到波兰的关税边界以内，河流和铁路都由波兰政府管辖。条约规定："波兰政府应担负起但泽自由市的对外关系，以及向在境外的但泽居民提供外交保护的职责。"

条约上并没有说明德国的河流须归外国管辖，而是这样写道："无论是否必须转换船只，河流体系天然地为不止一个国家提供入海口。"

凡此事例，不胜枚举。法国政策最真实、最明白不过的目的，乃在于限制德国的人口，削弱它的经济组织。因为总统的缘故，这些条件都是饰以自由和国际平等之类令人敬畏的语词而被提出来的。

但是，总统道德立场的瓦解以及其思想中的晦暗难明，可能最关键之处在于他让自己相信：协约国政府在抚恤金和别居津贴上的支出可以完全被视为"德国在海陆空各方面的侵略给协约国平民及其财产造成的全部损失"，某种意义上来说，战争中的其他费用不会以这种情况加以对待，这一点最终使得他的顾问们倍感沮丧。经过一番漫长的信仰上的挣扎，在拒绝了多种不同的观点之后，总统最终在这一诡辩家的艺术杰作面前屈服了。

工作终于完成了；总统的良心也没有受到什么谴责。不管怎么样，我都认为总统的性格会让他在离开巴黎的时候良心上没有任何的不安；很可能直到今天他还真诚地认为，条约上的内容与他先前的信仰切实地保持了一致。

但是，这件事做得实在过于完美了，以至于这幕戏剧注定会在最后出现一个悲剧般的插曲。德国代表布洛克道夫-伦卓（Brockdorff-Rantzau）[1]自然地给出了这样的回应：德国之所以放下武器，乃是有着一些特定的保证作为基础的，而现在条约在很多方面均与这些保证不相符合。不过，这是总统决计不会承认的；在经过一番痛苦的孤独沉思，并向上帝多次祷告之后，他之所为，无不是正义和正确的；如果要让总统承认，德国代表的回应自有其道理在，这就会伤害到他的自尊，破坏了他灵魂中内在的平衡；总统那执拗的个性就会本能地生发出自我保护的意识来。使用医学心理学的术语来讲，如若这般跟总统言说——条约乃是您对自己信仰的背弃，——那么，这就是在刺激他那弗洛伊德意义上的潜意识中的伤痛。这个问题是经受不住讨论的，而且所有潜意识的本能会联合起来阻止对它进行进一步的深究。

正是由于这个缘故，克列孟梭才能把就在几个月之前还被认为是非同一般的、根本不可能的、德国人就不应该听到的建议，成功地予以通过。而只要总统不是那么地恪守良心定下的准则，只要他不把自己之所为隐藏起来，即便到了最后的时刻，他仍然可以恢复业已失去的地位，收复失地而取得一些极为显著的成功。但是总统就仿佛是被人给固定住了一般，他的手臂和腿脚被外科医生给绑缚住了，形成了一个固定的姿势，若要改变这一姿势，就一定得把手脚再次弄断才行。劳合·乔治先生到了和会的最后时刻，是曾经希望采取有所缓和的政策的，但是让他倍感惊诧的是，对于那些他在过去五个月之内告诉总统是公平的、正确的事情，他不能在五日之内让总统明白那些事情其实是错误的。总之，要使这位长老会老教友脱离迷惑，比迷惑他还要困难，因为前者将会伤害到他的自信心和自尊心。

所以，直到最后一幕，总统还是固执地坚守立场，拒绝调和。

---

1 冯·布洛克道夫-伦卓（1869—1928），德国外交家，魏玛共和国第一任外交部长，曾作为德国代表参加"巴黎和会"，并签署了《凡尔赛和约》，后来曾出任德国驻苏联大使。——译者注

劳合·乔治：一个片段

作者按：1919年夏天，我从巴黎和会的英国财政部代表团里刚刚辞职，就写了前面那篇对和会四人委员会的白描文章。我把这篇文章拿给朋友们，想听听他们的批评意见，他们建议我增加一段关于劳合·乔治先生的文字。为求符合他们的心意，我写下了这篇文章。但我当时对它很不满意，就没有把它放进《凡尔赛和约的经济后果》一书里，该书"巴黎和会"一章就原封不动地保留了下去。对此我是心怀歉疚的。在巴黎和会的某些时段，我曾与劳合·乔治先生联系很密切，但说到底我感觉我对他还是只具有片面的认识，就像其他人看到的是他的其他侧面一样。彼时在我看来正值敏感之际，我不愿意把这种片面的印象展示给世人。

虽然光阴荏苒，转眼间差不多已经有十四年逝去，但我仍然心怀歉疚。往事如烟，如今已经尘封到了历史当中。今天要比当年更容易向世人说明：这里的文字所描绘的不是整幅图画，而只是其中的一个片段；它所记录的，不过是一个有机会近距离地观察整个过程的人在当时的一点诚实的感受而已。

我本想在这里结束这一章。但读者可能会问，英国首相在最后的结局中扮演的到底是什么样的角色？英国要对这最终的结果承担多大的责任？对于第二个问题，答案并不明朗。至于第一个，谁又能说得清这位像骑着扫帚的女巫一样的变色龙呢?[1]对于劳合·乔治的性格,我们仍然如雾里看花一般,我真不希望担下回答它的重任。

实际上,英国的私利——或者如果你喜欢,也可称它是英国的合法利益——与十四点计划的冲突,远不似法国那般严重。舰队的覆灭、海运权的剥夺、殖民地的放弃、美索不达米亚的宗主权,即便按照总统的信仰,这些也都不是总统愿意全力争取的东西,尤其是在英国随时准备就被要求的任何事务做出让步时,情况更是如此,要知道,英国在外交上的克制一直没有被法国人头脑中的僵硬逻辑所妨害。英国自身并不垂涎德国的舰队,舰队的覆灭乃是裁军过程的一部分。对海运权的剥夺,是对非法的潜艇战事的合理补偿,是停战前形势下一种特别的手段,这也是美国参战的明确理由。对于殖民地和美索不达米亚,英国没有要求任何排他性的统治权,这些都受国际联盟托管权条款的规制。

因此,当英国代表团启程前往巴黎时,英美两国的谈判者之间似乎没什么无法克服的障碍。地平线上只有两朵乌云,一朵是所谓的海洋自由问题,另一朵就是首相对赔款问题所做的竞选承诺。令人普遍感到惊讶的是,总统从未提出过前一个问题,之所以会有这样的缄默,或许是他认为鉴于英国在其他更为重大的事务上给予的合作,应该明智地付出代价;第二个问题则更加重要。

这样一来,合作就有了可能,实际上也基本得到了实现。英美两国代表团的成员们以兄弟般的感情和相互之间的尊重为纽带联合了起来,一直本着诚实交易的政策方针和胸怀宽广的仁爱之心,并肩作战,共同进退。我们的首相也很快使自己成了总统的朋友和有力的同盟军,一同对抗拉丁人所谓的

---

1 女巫是西方文化中使用巫术、魔法、占星术等这类超自然能力的女性,在古代被人们认为拥有特殊的神秘能力。到了后来,女巫并不一定只限于女性,虽然是少数,但也有一些男性"女巫"。这里凯恩斯暗喻劳合·乔治在英国政治中和巴黎和会上纵横捭阖地耍弄权术的能力。——译者注

贪婪或国际理想主义的匮乏。然而，当时的这两位大权在握的开明君主又因何没有给我们带来美好的和平呢？

这个问题的答案，与其从凭空臆测的帝国野心或政治家的哲学中追索，不如从巴黎和会那间房间壁炉前的地毯上演出悲喜剧的那些心灵或个性的亲密接触中找寻。总统、老虎和威尔士女巫[1]在法国总理府的那个房间里闭门造车六个月，条约就这样给造出来了。是的，是威尔士**女巫**——因为在这场三角阴谋当中，英国首相为它平添了几分女性的色彩。我曾称威尔逊先生是一位不尊奉英国国教的基督教牧师。读者们且把劳合·乔治先生想象成一位有着倾国倾城之貌的妖姬吧。这个世界的一位老人，加上一位妖姬，再加上一位不尊奉英国国教的基督教牧师——这就是我们这幕戏剧的主角们。即使这位"女士"有时也颇为虔诚，但"十四点计划"的戒律却很难期望能够在她身上得到完美的遵守。

当女巫的扫帚把飞驰过巴黎那晦暗的天空时，我必当尽力使它现出原形。

劳合·乔治先生在巴黎和会上恪尽职守，堪称所有公仆的榜样。他不偷闲，不享乐，也没有享受过作为英国首相和代言人什么生活与工作上的便利。他工作量很大，对待伸手承接下来的艰巨任务，他殚精竭虑，奋不顾身。他真诚拥护国际联盟；无私支持在德国东部边境地带公正地推行自治原则。他并不希望带来一场迦太基式的和平；压榨德国并非他的本意。他对战争之憎恶，其情也真；布尔战争[2]期间支配他的反战主义和激进理想主义，乃

---

[1] 这里老虎是指克列孟梭，早年他担任法国参议院议员时，不断抨击温和派政府，主张巩固共和制、推动社会改革，在议会质询时，他发言咄咄逼人，富有煽动性，导致了多届内阁倒台，从而获得了"倒阁圣手"和"老虎"的绰号。威尔士女巫是指劳合·乔治，劳合·乔治是威尔士人，故凯恩斯如此称呼他。——译者注

[2] 即第二次布尔战争（Second Boer War），是指 1899 年 10 月 11 日至 1902 年 5 月 31 日英国同荷兰移民后裔布尔人建立的德兰士瓦共和国和奥兰治自由邦为争夺南非领土和资源而进行的一场战争，又称南非战争。——译者注

是其人格中真实的一部分。他原本应该在下议院对捍卫和平更上心些，不该像实际所做的那样开了倒车。

但是，在巴黎这样一个性格与手段的试验场，首相纯良的天性，鞠躬尽瘁的辛勤，用之不竭的精神活力，却全然无济于事。在那间著名房间的炉火旁，所需要的乃是其他的品质——紧紧围绕永恒原则的转圜力、坚忍不拔的意志力、深藏于心的义愤、诚实坦率的做派、开诚布公的领导力。设若劳合·乔治先生没什么良好的品性、魅力和魔力可言，那他也就不会陷入危险的境地。如果他不是一位妖姬，我们也不必担心那些吞噬一切的漩涡。

不过，我们拿凡俗的标准去套首相并不相宜。对于我们时代的这位非凡之人，这个妖姬，这个双腿颀长的行吟诗人，这位从凯尔特那古意盎然、散发着女巫魔力、令人心驰神往的森林来拜访我们这个时代的半人半神的人物，我又该怎样向不了解他的读者传达公正无偏的印象呢？随侍首相左右，我们可以感受到首相对于最终目标的茫然无措，内心深处的不负责任，以及一种外在于或远离于我们萨克森的善恶观的生存方式，同时又杂之以狡黠、毫无同情之念和对权力的热衷。所有这些赋予了这位北欧民间传说中貌似公平的魔术师以魔幻、迷醉和恐怖的气息。威尔逊王子远涉重洋，从西方驾着三桅帆船"乔治·华盛顿号"，迤逦而来，驶入了巴黎这个魔力四射的城堡，要把拥有永恒青春与美貌的少女欧罗巴——兼具这位王子的母亲与新娘的双重角色——从束缚和压迫以及一个古老的诅咒中解放出来。城堡里，住着一位已百万岁高龄、面如羊皮纸般的老国王，陪伴在他身旁的，是一位弹着竖琴的销魂女郎。她轻启朱唇，唱的正是王子所写的歌词，歌声婉妙，妩媚动人。只要这位王子能够摆脱在他身上潜滋暗长的麻痹症，在胸前画着十字向上帝祷告，伴随着万钧雷霆和玉石崩裂之声，这座城堡将逐渐隐去，魔术师消逝无踪，欧罗巴就会投入他的怀抱。但在这个童话故事里，那半个世界的力量取得了胜利，人之魂臣服于地之精。

劳合·乔治立足于无物；他空虚而不知餍足；他靠着转瞬即逝的环境谋

生,以这样的环境为滋养;他是一个工具,同时也是一个演员,既在同侪面前表演,也被他们戏耍;他是一个棱镜,正如我曾听他描述的那样,他既聚光也扭曲光;当光线从四周同时进入时,棱镜最是璀璨夺目;他是吸血鬼与灵媒的合体。

不管是偶然还是刻意,英国主要的战争目的(赔款除外,如果这也是目标之一的话)已经在和会最早的阶段得到了处理。彼时,克列孟梭因其对保障法国基本要求方面表现迟缓而遭到了批评。但事态的发展证明他不加快步伐是正确的。我前面已经指出,法国的要求跟英国相比更富争议性;在把和会同仁们推到更严酷的检验上去之前,令英国深深卷入和约的私利纠纷当中是必要之举。英国的要求,乃是正餐之前的一盘绝佳的开胃小菜,目的是让总统那敏锐的味觉适应即将到来的更浓烈的滋味。按照这套程序的安排,似乎只要英国首相对法国的要求有所批评,他就会受到指责:你已经得到了自己想要的任何能够想象到的东西,现在竟反复无常,打算背弃对法国同袍所做的承诺。在巴黎的氛围之下,这种指责所带来的嘲讽意味可要远比一般情况下严重得多。从三种特殊的伴随情况来看,在对首相造成的影响上,它取得了实效。在两个方面,首相发现自己不得不倒向克列孟梭一边,既无可避免,又无法摆脱。这两个方面,一是赔款问题,二是秘密条约问题。如果总统的士气完好无损,劳合·乔治先生是不会心存侥幸,在这些问题上随心所欲的;因此,在逐渐磨灭总统的士气方面,他几乎与克列孟梭一样饶有兴味。此外,诺斯克里夫勋爵(Lord Northcliffe)[1]和英国的沙文主义者也对他紧追不放,法国新闻界的冲天怨气一定可以在英国新闻界找到相同的论调。

---

1 诺斯克里夫勋爵(Lord Northcliffe,1865—1922)又称北岩勋爵,原名艾尔费雷德·查尔斯·威廉·哈姆斯沃斯(Alfred Charles William Harmsworth),是英国现代新闻事业创始人。一战后他坚决主张应该严惩德国人,在巴黎和会上要求德国支付巨额赔款。——译者注

因此，他若要坚定不移、切实有效地站在总统一边，这既需要行动的勇气，还需要本着最根本的信仰和原则，秉承着忠实的态度。但劳合·乔治先生在这些方面一概皆无，而且政治上的考量为他指出的也是一条中间道路。

巧得很！虽然原因不同，但总统发现自己也被推到了折中的路线上来，首相就一同滑了过去。可是总统非常不擅长玩这种妥协的游戏，总统遭遇了败绩，但首相却对此再擅长不过，就这样，他在邪恶的道路上越走越远。

到这里，读者也就能理解劳合·乔治先生为什么从一开始就站在了一种表面上看来的中间位置，以及他又是如何承担起向克列孟梭解释总统的意图、向总统解释克列孟梭的意图并劝诱周围每一个人这种角色的了。对于这个任务，他实在是不二人选，不过，他对付总统显然比对付克列孟梭更胜任些。克列孟梭太善于冷嘲热讽，太老于世故，对这种妥协的把戏太过稔熟，以他的年纪是断断不会受这位来自威尔士的女巫的魔力所欺骗的。但对总统来说，被这样一个老手玩于股掌之间，反倒是一种美妙得近乎愉悦的体验。很快，劳合·乔治先生就把自己变成了总统唯一的真正朋友。首相的阴柔之美、机敏之智和相投的意气，完完全全俘获了总统的阳刚个性。

因此，我们看到的是一位处在中间位置上的劳合·乔治先生，但他还是摇摆到总统那边比克列孟梭那边要多一些。现在还是让读者的思绪重新回到那些隐喻上去吧。读者要记住的是首相对于政治交易不可救药的热衷；他随时准备放弃世界的实际利益而使自己慕得虚名；随着和会月复一月迁延不决，首相意欲了结此事以返回英国的欲望越发强烈。如此下来，克列孟梭能成为最终解决方案中真正的胜利者，真是一点儿都不令人感到奇怪。

即便是这样，直到事态完结，观察者们仍然笃信，凭借首相更胜一筹的直觉力和更切实际的判断力，或可扭转乾坤——首相内心也深知，这个和约将会使他蒙耻，或将陷欧洲于万劫不复之中。但他之前给自己挖的坑实在太深，他已经深陷其中，无力从中跳将出来；他被自己辛勤编织的罗网给缚住了，被他自己的妙计给打败了。此外，在首相一生命运的最大危急关头，低级的本能取得了胜利，这是他内在的本性使然，也是他与地之巨魔和无灵鬼魅彼此亲近的结果。

　　这就是冠盖满巴黎的那些名人们——我且不提其他国家或较次要的人们——克列孟梭，审美意义上最为高贵之人；总统，道德意义上最可敬佩之人；劳合·乔治，智识意义上最为灵巧之人。从这些彼此的意见分歧和人性弱点当中，和约诞生了；这个婴孩分别继承了每一位亲长最不足取的品质，既不高贵，也不道德，更无智慧可言。

博纳尔·劳先生

博纳尔·劳先生[1]的下台是一个重大的不幸,这种不幸对于他的政治对手来说丝毫不比他的支持者来得轻些。我们很难再找到另外一位像他这样毫无偏见的保守党领袖了。博纳尔·劳先生首先一直是一名忠心耿耿的保守党员,他志虑忠纯,为党的事业殚精竭虑;每次危机之时,他都挺身而出,挽大厦于将倾。在两个关键问题——关税改革和支持阿尔斯特(Ulster)[2]——上,他采纳了党的极端立场,态度激烈。然而,事实上,他身上却几乎没有什么保守党的原则得到体现。这位来自加拿大的基督教长老派成员,对于昔日的传统和象征,没有发自肺腑的敬畏之心;对于既得利益集团,也没有特殊的照拂;对于上流阶级、城市、军队或教会,也未尝有什么深恩厚谊。他总是根据每个问题自身的优劣短长进行考虑;他对征收资本税的坦率态度,正是其一贯心态的鲜明表露。

博纳尔·劳先生的保守主义,非基于教条、成见或旨在保存英国生活某些方面的一种热情。他的保守主义乃是出于谨慎、怀疑主义、对信仰的缺

---

[1] 博纳尔·劳(Bonar Law),英国保守党政治家,1922年到1923年任英国首相。凯恩斯此文写于博纳尔·劳先生1923年5月最终退休之际,此时博纳尔·劳先生尚在世。——译者注

[2] 阿尔斯特是爱尔兰古代省份之一,包括今天爱尔兰共和国的阿尔斯特省和北爱尔兰的六个郡。1920年成立北爱尔兰邦之后,阿尔斯特被分成上述两个部分。——译者注

乏，以及对任何能超前洞悉未来一到两步的智识过程的不信任，或者是出于被不可捉摸的对象所攫住的情感上的热忱，以及对所有种类的**成功**所体现出来的极端崇拜。

博纳尔·劳无论在私人交谈还是在公开辩论中所展现出来的高超的论辩技巧，不仅仅因为给观察家们留下了深刻印象的他的思维敏捷、博闻强记，而且还因为他在论辩时切中肯綮、料敌机先的实践才干。（博纳尔·劳先生公开把他在棋盘上的纵横捭阖之技带到了错综复杂的政治问题处理中来；用"棋艺精湛"这个比喻来描述他的思维特点是再自然不过的。）在辩论当中，博纳尔·劳先生总是很难被回击，因为他几乎总是能给出聪明绝顶的答案。他把棋盘上可见的棋子之位置当作争论的全部前提，任何试图对遥远的将来做出预见的企图都因假设性太强、困难性太大而不值得。他心无旁骛地玩着辩论的游戏，除了在具体的博弈中走出正确的棋招，他再无其他更为隐秘的目的。与他人相较，这一策略可能为他赢取了更多坦率和诚实的美誉，竟有过度之嫌。有些时候，他也像其他政客一样狡诈；就像他有一次曾指出的那样，他可不像表面看起来那么简单。在任何既定的场合，由他来毫无保留、不做任何歪曲地表达自己的整个思想内容和**真实**情由，比由其他人来表达要容易得多。这些理由中，有些实在是过于遥远以致很难轻易表达清楚，有些是与所论的具体问题有着错综复杂的关系，有些则是因为在当时的场合不方便介绍。一个试图洞悉将来的对手，或者一个意欲看清自身与整个局势之关系、希望在这种模糊的轮廓当中找到自己当下定位的对手，又或者一个自认极为完美、经常自命不凡、洋洋得意的对手，在与博纳尔·劳先生争论时，总会发现自己处在极端不利的地位。他那份气定神闲，那份缜密的逻辑推理能力，以及他对其对手适才所言之中更加切实的部分所持有的那份耐心，都使得他能够把任何从相反的态度来看歇斯底里或过分夸张的东西，卸去其大部分的威力。

在那些为这个国家而战的人们当中，没有哪一位的头脑像他那样对事物表象的反应更加机敏的了；也没有谁能够比他更加迅捷地取得必要的资料，同时在每次会议前紧急而短促的时刻，把迫在眉睫的问题理出头绪来；也没有人像他那样，从对一个问题前一次的了解中记取得如此之多的。但是，这种理解上的机敏——不仅对事实和论辩观点而言如此，对个人及其品质亦然——再辅之以他客观、善弈的头脑，纵使如此，也无法把他从一种坚决的反智主义者的偏见中拯救出来。三一学院的人对于大约四年前的一幕还会记忆犹新[1]，那次宴会结束后，博纳尔·劳先生对大学生们发表了一场魅力四射的讲演。在这次讲演里，对于大学所代表的一切，他均以一种温和的、玩世不恭的态度予以摈弃。博纳尔·劳先生向来喜欢把自己看成一位普普通通的商人，认为凭借对市场而非长期趋势的良好判断，如果他选择经商，肯定已经挣了大钱。他认为自己能正确把握短期的风向，能以冷静的头脑和一流工商业巨子锁定目标的能力，处理好战争、帝国与革命这些棘手的问题。知识分子喜欢钻研那些无法实现的可能性，他对此充满着不信任。这种态度使得他既极为谨慎，又非常武断地对待最终将会发生之事，对当前的机会充满着悲观主义——这是贯穿于战时和战后的一个特征。譬如说，他认为，阻止法国进入鲁尔区是一个几乎无望的提议，但如此作为虽然后果不佳，却未必如有些人想象的那样糟糕。这种品质有时候也会阻碍他成为我们原本所期望的谈判高手。对于胜利完成一场出色的谈判所抱持的极端乐观主义，或者对于在谈判中让步所带来的更为遥远之结果的深深畏惧，妨害了他取得更大的利

---

[1] 这里应该是指在剑桥大学三一学院（Trinity College, Cambridge）的教堂所举行的一次仪式。三一学院是剑桥大学中规模最大、财力最雄厚、名声最响亮的学院之一，拥有约 600 名大学生、300 名研究生和 180 名教授。同时，它也拥有全剑桥大学中最优美的建筑与庭院。三一学院是由英国国王亨利八世于 1546 年所建，其前身是 1324 年建立的米迦勒学院（Michael house）以及 1317 年建立的国王学堂。也因如此，今天学院中依然保留着的最古老的建筑可一直追溯到中世纪时期国王学堂所使用的学院钟楼，直到今天还在为学院报时。三一学院的教堂是由亨利八世的女儿玛丽·都铎于 1554 年修建的，虽然整个教堂的内部装潢要到 18 世纪才能全部完成。教堂前厅摆着从三一学院毕业的著名毕业生的玉石雕像，包括了牛顿、培根、丁尼生等人。——译者注

益。可能他终究也无法成为一个很成功的商人——他太悲观,以至于不能把握住眼前的利益;他也过于短视,以至于很难避开未来的灾难。

博纳尔·劳先生对成功超乎寻常的崇拜是很值得注意的。哪怕是个知识分子,只要表现出成功的迹象,他也会崇拜有加。他敬重白手起家的百万富翁。对于别人用了什么手段取得成功,他向来不以为意。以前他对劳合·乔治先生的极度崇拜,基本上是因为后者所取得的成功,而当劳合·乔治先生的声望日减,他的崇拜之情也在同比下降。

谦逊、温文而又无私的态度,为他赢得了所有曾在他身边工作过的人的爱戴。但是,公众的感受可能取决于他们对更为重大、更为罕见的事情之直觉上的理解,而不取决于这些简单的品质。他们会觉得,博纳尔·劳先生曾是一位伟大的公仆,他生活简朴、尽职尽责,非为一己之私,而是为了公众。许多政治家对于斗争的惊天动地和波谲云诡过于沉迷,他们的内心显然被权力所带来的虚骄与浮华所充斥,贪恋权位,迷恋荣华,一生蝇营,唯求自娱而已。对于这些人,怨谤、轻蔑加诸其身乃是自然之事。他们已经拿到了人世的赍奖,人们无须再对他们表示感激。但公众是乐于看到这样一位不沉溺于其应得的那份荣华的首相的。一个人,虽然贵为首相,却不觊觎什么伟大之物,不仅退位时不贪恋荣华,在位时也一样克己奉公,对于这样的人在接受这个国家最显赫职位时的淡然一笑,我们是最容易被它深深打动的了。

1923 年 5 月

牛津勋爵[1]

那些只是到了牛津勋爵晚年才认识他的人，一定很难相信有关他30岁或更早之前的形象或声名的报道。横溢的才华和如山的缄默，一直如此，一望可知；但那些掩藏甚深的性格特征，以及这位来自贝利奥尔学院[2]的雄心勃勃的律师拒人千里之外的冷淡，则完全转变成了战时以及战后岁月中高贵的罗马人形象，俨然使他成为首相的天然人选，自格莱斯顿先生[3]以来无人堪与之匹敌者。在晚年的岁月里，很容易看出，在他魁伟的外表和令人敬畏的力量下，并未掩饰任何冷漠无情或贡高我慢的性格底色，相反，它所包

---

[1] 即赫伯特·亨利·阿斯奎斯（Herbert Henry Asquith，1852—1928），英国政治家，曾任内政大臣及财政大臣，1908年至1916年出任英国首相。自由党领袖。限制上院权利的1911年议会改革法案的主要促成者，第一次世界大战头两年的英国领导人，大战爆发后两年，劳合·乔治接替其出任首相。1925年他获封伯爵，晚年遂以"牛津勋爵"（Lord Oxford）称呼。——译者注

[2] 牛津勋爵早年就读于牛津大学贝利奥尔学院。牛津大学贝利奥尔学院（Balliol College, Oxford）是牛津大学最著名、最古老的学院之一，以活跃的政治氛围著称，曾经培养出了多位英国首相和其他英国政界的重要人物。阿斯奎斯曾形容贝利奥尔的学生"平静地流露出一种自然的优越感"。——译者注

[3] 威廉·尤尔特·格莱斯顿（William Ewart Gladstone；1809—1898）英国政治家，曾作为自由党人四次出任英国首相（1868—1874年、1880—1885年、1886年，以及1892—1894年）。在19世纪下半叶，他和保守党领袖本杰明·迪斯雷利针锋相对，上演了一场又一场波澜壮阔的政治大戏。格莱斯顿是美国总统伍德罗·威尔逊的偶像，始终被学者排名为最伟大的英国首相之一。阿斯奎斯曾任格莱斯顿内阁的内政大臣。——译者注

裹着的乃是一种恰如其分的温暖和一颗易感而温柔的心，以及一种功成弗居的品格。

除了对待他人较为冷漠和对待自己不太敏感之外，牛津勋爵具有一位伟大政治家所需的大部分天赋。人们想知道，在现时代的条件下，一个像他这样敏感的人，是不是有着足够充沛的精力可以让他曝于公众生活的激愤之中。牛津勋爵用缄默以及对报复或怨怼的全面克制来保护着他的敏感。对于唯利是图的新闻界所提供的帮助或机会，他完全拒绝，丝毫不加理会。他可以当一个国家或政党的领导人；他会为了保护一位朋友或同僚而奔走呼告；但是，他不屑于保护自己，甚至到了几乎无法与现代生活的实际情况相容的地步。然而，可能正是这种行事风格，这种性格本色，随着时光的流逝，逐渐为他塑造出了高尚的形象，和蔼而镇静的风度，以及优雅而冷峻的面容。那些在他最终离开公职之后才认识他的人，会把这些作为他的特征而铭刻于心。此外，他对简单事物带来的快乐有着一种强烈的感受，可能正是这种能力帮助他直面政治上的失意，当这些失意来临时，使他毫无顾影自怜之感。

此时来细思他的那些令他颇值得亲近的品质是很自然的，而且这些也正是在其人生临近谢幕的阶段——卸任首相之后的这段岁月——发生的诸般事件所凸显出来的最值得注意的品质。卸任首相的这十二年来，就他为这个国家所做的建设性服务工作而言，几乎没有增添什么贡献，但却极大地深化了世人对他本人的品性的认识和理解。当然，他的智慧和辛勤赋予他力量，把他推到国家重要岗位上去。牛津勋爵的智慧，与其敏捷的理解、清醒的头脑、敏锐的判断、丰沛而准确的记忆、品位与辨别力、超然于偏见和幻念的态度，以及墨守成规、乏于革新的习惯结合在一起，如此成功地浑然一体，开拓精神似乎不是其中最必要的影响因素，但我对此并不确定。他的头脑是为对付外部世界的既定事实而造设的；它是一座工厂或者一架机器，而不是一座矿山或一片春天的田野。但正是这个缺点，为他保住了判断力。牛津勋爵没有使其堕入歧途的奇思怪想，没有自己给自己造就一个把他的双脚提离地面的热气球。他要做的事情就是倾听和判断；而他所曾担任过的职位——内政大臣、财政大臣和首相——最好都不要由富于创造性和建设性天赋的人来担当，只需由那些以倾听和判断为务的人来充任即可。这两项本领，环顾斯世，再无能与牛津勋爵相匹敌之人。只需要寥寥数语，他就马上能够洞悉你之所讲的主旨；而且，凭借他所拥有的与之有关的知识和经验，他能够持论不偏不倚，完全不受成见束缚。

他的性格天生保守，再添上点儿愚笨和些许偏见，令其在政治上也显得保守。事实上，对于他那一代人卓越判断下的激进计划，他正是以纯粹的辉格党人[1]风格予以推行的。回顾战前八年的自由党立法，我们可以明确地看到，它是多么的丰富，同时又是多么的精挑细选，总体而言它又是多么彻底地经受住了各类事件的检验。我们应当归功于牛津勋爵的，不是对这套方案任何部分的发明，而是在选择和执行上体现出来的智慧。在有关战争的组织之争论——这一争论在 1916 年底第一任联合政府垮台时臻于顶点——上，我当时就认为，而且现在仍然这么认为，他基本上是正确的。

很少有人在其一生当中能够完成比牛津勋爵更艰苦的工作。但他好整以暇，镇定自若，作为首相，如果他想度过时艰，必须这样工作。他能以学者的机敏来处理出版和写作事务。对于速记这种可诅咒的现代记录方式以及它所导致的拖沓文风，他从未表示屈服。牛津勋爵位列这样一个伟人的世系，这个世系中的伟人们能够提笔为文，并去完成亲笔所记的简短笔记中，他们认为必要的事情。我祈愿这一世系永续不绝。牛津勋爵的与其工作相联系的缺点或许在于，一旦工作被暂时搁下，他就会很乐于不再去关注它，一旦公务时间的工作结束，他就不会再去谈论，也不再去思考它。可以肯定，这有

---

[1] 辉格党是英国历史上的一个政党，该党标榜推行"自由、开明原则"，反对君主制，拥护议会制度，19 世纪中叶，辉格党与其他资产阶级政党合并，改称自由党。——译者注

时候是一种力量的来源，不过偶尔也会成为一个弱点。他的持重，使人很难就一项棘手的主题与他攀谈，这一定程度上是任何一位重要的政治家用来抵御无礼之举的必要装备，但他运用这种装备的程度远高于一般的政治家。前述他的缺点与这种持重相结合，有时候会使他脱离了政治舞台上所酝酿出来的种种认知。这些思想习惯也能给各种借口打开方便之门，尤其是那些有关私人事务的借口。对忠诚的朋友和不忠的对手们一视同仁，均加以整齐划一的规范和严格的要求，对他来说这么做尤其令人生厌，运转一个内阁，必不能如此待之。

因此，当所谋划的重大议题纯粹是政治性的而无丝毫私人性质时，当他背后的那群支持者和副手们同心同德，只是在情绪冲动的程度上有所差别时，牛津勋爵的状态最佳，也最感到惬意。此时，他方可运用所有那些在重要的政治党派中最为珍贵之才华，引导众人踏上智慧之路。为自由贸易而战，为议会法案而战，以及战争的开局之年，都为他提供了展示才能的契机，当此之时，阿斯奎斯先生作为领袖挺身而出，满怀智识，镇定自若。

关于牛津勋爵，还有一点值得一提：他热爱学习，刻苦用功，他热爱大学所代表的一切。他是一位真正的读书人；他对图书馆中的书籍满怀爱慕之情，呵护备至。正是由于其在古典文化和文学上的造诣，推动他人生阶梯上迈出了最初一步，即便随后的职业生涯中这些知识不再派得上用场，他也没有完全丢弃这些方面的修养。我想，对这些他由衷喜欢，一如他喜欢有关宪法和政治的重大论战。之所以如此喜欢，也更是因为在古典文化和文学上的追求，与个人事务中的污浊很少混杂在一起。

除了在独特的家庭环境里，那些与牛津勋爵亲密相知的人们不会为他担心。他是那璀璨的、旋转着的圆环坚实的中心——那个最华美、最光明的世界的中心，他是现代英国最慷慨而又最简朴的殷勤主人。他面对着的是无与伦比的女舞伴，环绕他飞舞的，既有智慧和富足，也有轻率和所有那些最鲁莽、最厚颜的东西；置身于如此辉煌灿烂的环境当中，牛津勋爵喜欢表现出最迟钝和沉闷的样子，这样可以让自己放松，可以享受这理性的、非理性的洪流，他摸着下巴，耸着肩膀，俨然是一位睿智而宽容的仲裁员。

1928 年 2 月

埃德温·蒙塔古[1]

我读过的绝大部分报纸的报道，都没有对埃德温·蒙塔古非凡的人格持公允之论。他是那种情绪大起大落的人，刚才还勇往直前、自信满满，转眼间就陷入了绝望的恐慌和沮丧之中——这种人总是把生活和自己的角色搞得极富戏剧性，在看待自己及其本性上，要么极端正面积极，要么极端负面消极，很少有一种冷静和平和的态度。如此一来，那些心怀恶意的人，很容易就可以用他自己的话来印证对他的歪曲；只在他情绪低落时才记起他，以此贬低他的声名。这一刻，他还是东方的帝王，衣着豪奢华丽、光彩夺目，高踞于象背之上；下一刻，他却成了路边的乞丐，匍匐在尘埃之中，乞求他人的施舍，低声细语下的悲观与反常，把那种华丽与光彩深深地踩进尘埃之中。

饶是如此，作为东方人的他却拥有着西方人智识上的技能和气质，这自然把他吸引到了印度政治问题上来，并赋予他一种与他的民众之间本能的共

---

[1] 即埃德温·萨缪尔·蒙塔古（Edwin Samuel Montagu，1879—1924），英国政治家。他于1906年进入英国议会，并担任英国自由党领袖和首相赫伯特·阿斯奎斯的秘书，1910年到1914年出任印度事务次官，第一次世界大战期间担任英国财政大臣，参与并推行一战公债，并组建战争筹款机构。1917年任印度事务大臣，制定英国在印度"逐步实现责任制政府"的政策声明，协助制定1919年印度政府法案，该法案标志着印度宪政发展到一个决定性阶段。后因在土耳其问题上与首相劳合·乔治发生冲突，于1922年辞职。——译者注

同情感。但他的兴趣全在政治问题上，而且不止于政治的个人一面，他是一位最热忱的政治家。几乎除了政治之外的其他一切都令他感到厌烦。有些传记作家曾认为他是一位真正的科学家，因为他天性当中有着时常从舞台脚灯中寻找脱身之法的本领。其他那些传记作家则从他的出身以及其人生最后两年混迹伦敦的情形出发，判断他本质上是一位金融家。这样的猜想同样远离事实。在财政部以及巴黎和会财政谈判当中，我曾与他有过紧密的接触，虽然他有着良好的总体判断力，但我认为，对于纯粹的财政问题，他并不关心，或者并不具有较高的才干。虽然他喜欢钱，但那是因为钱可以买到东西，对于赚钱的具体细节，他并不感兴趣。

当然，断送他的政治生涯的，是劳合·乔治先生——事实上，蒙塔古也一直是这样说的。但他是无法离开那支明烛的。而且他知道，飞蛾扑火并不是因为它不知道那火会烧掉翅膀。正是从他的口中，我，还有其他很多人，曾听到有关那位（就其主要方面）难以用笔墨形容的首相最精彩、最真实、最诙谐的描述。但同时，这背后的一切，不过是蒙塔古逞口舌之能罢了；在实践中，他身上的弱点很自然地使他成了工具和受害者；这是因为，在这所有人当中，他是最容易被利用，而后被抛诸脑后的人之一。过去常言，一个高贵的勋爵总有两个男仆，一个是个跛子，另一个则腿脚灵便，这样，一个男仆所携带的辞职信在被送达唐宁街 10 号之前，会被另外一个男仆给拦截过去。埃德温·蒙塔古的信没有被拦截；但人类弱点使那狡猾的情报员打开了信件，已然知晓信的内容。待燥热已退，冷风劲吹。是对这些情报员视而不见，还是利用他们来反对写信人——凭君选择。

我从没有见过有哪个雄心万丈的男人比埃德温·蒙塔古更沉溺于神侃的了。这可能是他无法忍受身处局外的主要原因。在部长和官员们的公务大厅里，他总是信马由缰的神聊客。在内阁里争论国家事务，走出来给一个小群体献上一首讽刺诗，对其中每一位大人物，模仿得滑稽搞笑而又惟妙惟肖，连他自己也不放过，他乐此不疲。而当他将这种闲谈推进到亲密的氛围中时，他更是喜不自胜。他总是深深渴望向他人表白自己,甚至让别人对他一览无遗,为的就是从他的密友那里勉强挤出一丝亲爱之情。然后,他会再次静默,举止安详、面无表情地安坐下来,一双大手托住脸颊,横亘在他的嘴巴和那副醒目的单片眼镜之间。

1924 年 11 月

温斯顿·丘吉尔

丘吉尔先生论战争

这部才华横溢的著作[1]并不是正史。它是一系列的片段、连续的鸟瞰，匠心所在，是为了烛照这场大角逐的某些侧面，证实作者关于现代战争行为的论点，战略视野宏阔。丘吉尔先生还给我们提供了许多极其有趣的细节，这些细节是以前我们大多数人所不知道的，但他并没有沉溺于细节描写。他以如椽巨笔，从更高的思想高度，讨论了战争行为中的基本问题。这部书与大多数有价值的书一样，旨在微言大义。它不假装中立，这样的中立空洞无物，这一点远不同于那些沉闷乏味的作家之为。在这类作家脑海中，哪怕是再伟大、再令人心潮澎湃的历史事件，都不会以任何方式使他们产生任何与众不同的印象。丘吉尔先生的著作可能凝结着最敏锐、最精炼的智慧，这乃是他凭借着对内幕事实和事件主要发起人内在思想的了解，自始至终近距离地见证了这场战争而取得的结果。是非对错，他旗帜鲜明——而不是事后诸葛亮般的判断。在这部书里，他极逞文采，把这些智慧传达给我们，辞藻华丽又能恰如其分。这也就自然意味着，离他最切近的地方，他告诉我们的越多，在他认为自己最明智之处，切责也越深。但他在这样做的时候也努力地

---

[1] 《世界危机：1916—1918》。

避免过度自我吹嘘。他不沉湎于民族间的恩怨情仇，不以展露各国之间的怨毒为能事。哪怕是那些他笔下的受害者——那些舰队司令和将军们，他也没有浓墨重彩地加以渲染。阿斯奎斯先生、劳合·乔治先生、贝尔福先生、博纳尔·劳先生、爱德华·卡尔森爵士——在言及他们时，丘吉尔先生也能做到公正、友好，对于他们身上的若干优良品质，他也不吝其词；对于这些携手并肩、为国效力之人，他并没有一概打倒。自迪士累利[1]以来，以文笔而论，在政治家当中，丘吉尔先生冠绝群伦。这部书，无论其成见正确与否，都将能为他赢得令名。

丘吉尔先生的诸多主要观点，可以汇而为一：总体说来，在每个国家，那些职业军人，那些"铜帽子们"[2]，在事关军事政策的重大问题上，其持论大抵大谬不然——不仅以事前争论的标准度之如此，从事后证据的标准衡量亦然——而那些职业政治家，那些"肉食者们"[3]，就像亨利·威尔逊爵士所称呼的那样（他自己也有点"肉食者"气），一般来说都还称得正确。彼时，对于这个问题，外部观察人士很难做出判断，毕竟在每一个战争转折点上，两方都曾犯过一些基本的错误，没有人能把责任在内阁和总参谋部之间划分清楚。在英国，一般舆论把责任一股脑儿归诸那些将军们——这些人的形象比那些动辄被批的"肉食者们"更加夺目、更加伟岸，他们一直享有从来不必公开做自

1　即本杰明·迪士累利（Benjamin Disraeli, 1804—1881），犹太人，第一代比肯斯菲尔德伯爵，英国保守党领袖、三届内阁财政大臣，两度出任英国首相（1868年、1874—1880年）。在把托利党改造为保守党的过程中起了重大作用。他还是一个小说家，文笔一流，社会、政治名声使他在历任英国首相中占有特殊地位。——译者注

2　这里的高级军官，原文为"brass hats"，意即铜帽子，戴铜帽是高级军官的标志之一，这里直接翻译为高级军官们。后文有对应的"frocks"，意即教士服或僧袍，我原来意译为"士大夫们"，但究其文意，贬义略多，此译不妥，改为"肉食者们"，仍有不尽意处。译事之难，于斯可见。——译者注

3　见前译者注。

我解释的天大好处。是丘吉尔先生扭转了昔日舆论的不公,他综采各方材料,于事实搜求甚严,使我们相信:智慧总体上是站在阿斯奎斯、劳合·乔治和他自己这一边,这个阵营里还有白里安[1]、潘勒韦[2]和克里蒙梭,以及贝特曼-霍尔维格[3]乃至德皇威廉,而正是黑格[4]和罗伯特逊[5]、霞飞[6]和尼维尔[7]、法金汉[8]

---

[1] 阿里斯蒂德·白里安(Aristide Briand, 1862—1932),法国政治家,外交家,法国社会党创始人,11次出任总理。因在对德和解过程中发挥重要作用而获得诺贝尔和平奖,以非战公约和倡议建立欧洲合众国而闻名于世。——译者注

[2] 保罗·潘勒韦(Paul Painlevé, 1863—1933),法国政治家、数学家,曾两次在法兰西第三共和国危机时期出任总理。他曾在巴黎高等师范学校和巴黎大学学习,1887年获数学博士学位。后曾在巴黎大学等学校任教。他对航空特别感兴趣,是1908年第一个同威尔伯·莱特一起飞行的法国人。1906年他当选众议员,在白里安的内阁中任教育部长和发明部长,1917年3月—9月任陆军部长,1917年出任两个月总理。1925年再次任总理,1930—1932年任航空部长。1933年逝世,安葬于先贤祠。——译者注

[3] 特奥巴登·冯·贝特曼-霍尔维格(Theobald von Bethmann-Hollweg, 1856—1921),德国政治家,曾于1909年至1917年间任德意志帝国首相。一些历史学家曾责备他在1914年7月,为了解决奥匈帝国和塞尔维亚的纠纷,给奥匈帝国开了一张空头支票,由此引发了第一次世界大战。不过也有历史学家始终认为他是一位卓越的政治家。——译者注

[4] 道格拉斯·黑格(Douglas Haig, 1861—1928),第一代黑格伯爵,生于苏格兰爱丁堡。一战爆发时,黑格负责指挥英国远征军第一军,参加了蒙斯战役、马恩河战役、第一次伊普斯战役。1915年2月,黑格晋升为第一集团军司令,并于该年12月担任英国远征军司令,直至战争结束。——译者注

[5] 威廉·罗伯特·罗伯特逊(William Robert Robertson, 1860—1933),第一代准男爵,1916年到1918年任英帝国军事总参谋长。——译者注

[6] 约瑟夫·雅克·塞泽尔·霞飞(Joseph Jacques Césaire Joffre, 1852—1931),法国元帅、军事家,第一次世界大战初期的法军总指挥。性格稳重,木讷寡言,虽略显迟钝,却极其坚韧,人称"迟钝将军"。——译者注

[7] 罗贝尔·乔治·尼维尔(Robert Georges Nivelle, 1856—1924),曾在镇压中国义和团运动中担任法国炮兵军官。他是个非常能干的指挥官和野战炮兵的组织者,第一次世界大战爆发,1916年12月12日他被任命为西线法军总司令。——译者注

[8] 埃里希·冯·法金汉(Erich von Falkenhayn, 1861—1922),又译为埃里希·冯·法尔肯海因,或埃里希·冯·法尔根汉,德国军事家、步兵上将,1914年至1916年间任德军总参谋长。——译者注

和鲁登道夫[1]这些人,或置我们于战火之下,或令我们在这场大战中一败涂地。

且让我来概述一下丘吉尔先生对总参谋部的控诉。战争的每一方显然都少了一个伟大的拖延战术家[2]。没有像法比乌斯那样的统帅,去迂回等待,退避三舍,诱敌深入。那些高级军官们总是急不可待,在他们积累了足够的储备以产生决定性结果之前——德国的毒气、德国的U形舰艇、英国的坦克——急于显露他们所拥有的新式攻击武器;他们奔忙于那糟糕透顶的"推进"所导致的毫无用处的杀戮。战略放弃,欲擒故纵,诱敌深入以便瓮中捉鳖,所有这些属于战争的更高想象力之下的智谋,几乎从未得到过尝试。1918年7月在福煦指挥下的曼京[3]的反攻是极少这类尝试中的一个,而这场反攻,英法的参谋部都倾向于反对和不信任。自始至终,参谋部的立场基本上都很极端——进攻上,找到敌军最精锐部分,奋不顾身地猛冲过去;防御上,英雄般地死在第一道战壕里。对于这一规则,只有两个例外——1917年德国人向兴登堡一线的撤退以及约翰·杰利科爵士(Sir John

---

[1] 埃里希·冯·鲁登道夫(Erich Von Ludendorff, 1865—1937),德国陆军将领,1908年任陆军总参谋部处长,在总参谋长小毛奇的领导下,对修改"施里芬计划"曾起到重要作用。该计划的核心是:不惜破坏比利时的中立,从侧翼包抄法国,并一举击溃之。1913年调任步兵团团长。1914年第一次世界大战爆发,被调往东线任第八集团军参谋长,从此成为兴登堡将军的得力副手。——译者注

[2] 原文是"Cunctator Maximus",是指"拖延者"昆图斯·费边·马克西穆斯·维尔鲁科苏斯(Quintus Fabius Maximus Verrucosus),即法比乌斯。古罗马政治家、军事家,杰出统帅。曾五次当选执政官(公元前233年、公元前228年、公元前215年、公元前214年和公元前209年),两次出任独裁官(公元前221年、公元前217年),并担任过监察官(公元前230年)。法比乌斯曾在第二次布匿战争中采用拖延战术对抗汉尼拔,挽救罗马于危难之中,以此著称于史册。——译者注

[3] 查尔斯·曼京(Charles Mangin, 1866—1925),一战期间法国将军。这场反攻应该指的是第二次马恩河战役,1918年7月15日到8月6日,一战中在西线德军最后一次发动大规模攻击的战役。由法国军队领导的联盟军队反击并制服了德军,使德军遭受严重伤亡。曼京将军率领的第十军团在这次反击中发挥了关键作用,大大提升其军事声誉。——译者注

Jellicoe)[1]始终不渝的态度。在一个门外汉看来，丘吉尔先生对日德兰海战精彩绝伦的分析表明，杰利科错失了良机——这是他本来应该抓住的机会。但正如丘吉尔先生自己也承认的那样，杰利科所担负的风险和责任，远大于其他任何人，他是攸关全局的关键人物，他是可以在一个下午就输掉整个战争的人，他像伟大的拖延战术家法比乌斯一样，坚定不移，虽然他可能错失了良机，但他自始至终未犯过任何一个具有毁灭性的大错。哪怕从丘吉尔先生所能做出的那种尖锐批评而论，我也不认为，我们会希望推举任何国家所能产生的任何其他人物来负责这场北海战事。

丘吉尔先生下一个观点，涉及总参谋部狭隘的地理视域，以及他们在更宽广的范围内鸟瞰战争整个潜在领域的战略和政治想象力之匮乏。军队如同磁铁一般彼此吸附在一起。士兵们总是疲于奔命于辨别哪里是敌人的精锐所在，然后纠合等量或优势兵力去迎击，从来不想着探查清楚哪里最薄弱，然后从哪里推进。这个争论话题由来已久，我们早就知道丘吉尔先生的立场，劳合·乔治先生也作如是观。我不知道这本书对于他们的情况是否做了更多直接的补充，但我认为，我后面还要谈及的丘吉尔先生的第三个观点，大大证实了政治家们那不愿安分守己的世界观，在对胜利气息的敏锐嗅觉方面，在对抗总参谋部顽固的迟钝方面，所具有的潜在价值。丘吉尔先生的看法是，德国人，尤其是法金汉，至少在这个方面犯下的错误不像我们那么多。就他们的战略部署而论，敌我双方的将军们同样都被证实是一样的"西方人"，他们互相支持着彼此，一起违背了各自政府的意愿。

---

[1] 约翰·杰利科爵士（John Jellicoe, 1859—1935），一战时英国舰队司令，在1916年5月发生在北海的日德兰海战中，指挥皇家海军本土舰队成功把德国海军封锁在德国港口，使其在战争后期几乎毫无作为，从而取得了战略上的胜利。日德兰海战是一战中最大规模的海战，交战双方唯一一次全面出动舰队主力决战，德方指挥者是舍尔上将，他指挥德国舰队击沉了更多英国舰船，取得了战术上的胜利，因此在历史上，这是唯一一场双方都认为自己取得了胜利的海战。——译者注

与这种狭隘的地理和政治视野类似的,是士官们狭隘的科学眼界,他们在跟上新的机械观念方面,格外迟缓,有关于此,坦克的历史给出了绝好的说明。坦克刚出来时,我们的参谋部就反对,即便对它们产生的威力热心起来之后,也未尝要求军需部供给足够数量的坦克。哪怕坦克的存在提前被鲁登道夫发现之后,他也从未在较大规模上对它进行仿制。过多的炮兵,过时的骑兵,甚至在1918年,他们的人数几乎与机关枪的数量一样多,是坦克兵人数的两倍;与大规模集中人力于飞机、机关枪、坦克和毒气方面的替代性政策相比,上述这种情况可算得上是头脑僵化进一步的明证。除了丘吉尔先生自己因其对1919年战争前景所做的展望,而于1918年提出的政策被采纳之外,其他这些替代性政策均未被采纳。

这第三个论点,可能是丘吉尔先生这本书中最新奇、最有趣的部分,所牵涉的,是西线庞大攻势的实际价值何在;其判断的标准,是由现已从双方材料中充分认识到的那些结果中得出的。职业政治家和职业士官之间最尖锐、最持久的观点分歧也就在这里。除了1917年劳合·乔治先生的立场出现了向参谋部立场的暂时转变之外,职业政治家们一直认为,军士们低估了防御的有利条件,高估了进攻的潜在收益,在西线猛攻敌军已然固若金汤的阵地,并不曾起到什么关键作用。战时内阁几乎总是反对1915年、1916年和1917年的"推进"。既然连任的内阁从这种可怕的进攻中甚少期许,那就没什么能减少残酷而无济于事的损失对他们思想的影响。到了1917年年底,这样一种局势已然达成:劳合·乔治先生正在避免尚可调遣的军队被派渡海峡,但那里确实需要他们;劳合·乔治之所以这样做,乃是因为,一旦他们到了法国,首相不相信自己的权力还能阻止道格拉斯·黑格爵士把他们送去大屠杀。"但是,对于帕斯尚尔战役给首相和战时内阁心理上带来的恐怖气息,"丘吉尔先生写道,"黑格无疑来了个雪上加霜。"从阿斯奎斯先生持久、坚决地反对征兵开始,直到1917年冬天的这个插曲,丘吉尔先生提供的证据表明,宅心仁厚的是那些政治家们,而且以军事理由观之,整体而言正确的也是他们。

每次进攻之后,总参谋部都是肯承认结果是令人失望的,但他们很容易就会这样来安慰自己:敌军也付出了巨大代价,从消耗敌人的力量这个方面看,还是取得了一些令人满意的进步的。丘吉尔先生指出,他当时就不相信这些结论,而且就现在所能找到的双方伤亡数字来看,几乎每次进攻的结果都是使进攻一方在人力上相对以前更受削弱。弗里德里克·莫里斯爵士(Sir Frederick Maurice)在写给《泰晤士报》的信中曾对这种对统计数字所做的解释提出质疑。但是,即便丘吉尔先生在这个问题上有所夸大,但似乎整体而言它还是成立的。尤其是1918年,鲁登道夫显然是打了一场成功的进攻战,正是这场成功的进攻战反而真正为德国的最终瓦解铺平了道路,并的确使之成为不可避免的事实。

在丘吉尔先生的书里,再也没有什么比他对双方最高司令部的那些流行的人物脸谱所做的描写更有趣的了。"总之,"他说,"我们缺少的是君王、战士、政治家三者集于一身的人物,而这在历史上的那些伟大征服者里是赫然可见的。"也许霞飞是一个例外,绝大多数最高司令官无疑在其职业领域都具备着杰出才能,但他们大多还是那种严重的傻瓜类型,是神经发达而想象力贫乏之人。兴登堡[1]不是唯一的木头形象。霞飞、基奇纳[2]、黑格、罗伯特逊、鲁登道夫——他们可能也同样以这样的形象为人所记住。他们睡得酣、吃得香——不管什么都**不会**让他们感到心烦意乱。由于他们很少自我解释,宁肯依赖他们的"本能性的直觉",所以他们从来未曾受到过反驳。丘吉尔先生引述了罗伯特逊写给黑格的一封信,在这封信里,罗伯特逊建议黑格坚持

---

[1] 保罗·冯·兴登堡(Paul von Hindenburg, 1847—1934),德国陆军元帅,政治家,军事家。——译者注

[2] 霍雷肖·赫伯特·基奇纳(Horatio Herbert Kitchener),第一代基奇纳伯爵(1stearl Kitchener),生于爱尔兰,英国陆军元帅,参与过多场英国殖民战争,在第一次世界大战初期扮演了中心角色,于1916年6月5日溺亡。——译者注

在西线发动进攻,"这更多是因为我本能性的直觉使我坚持这一点,而非出于我可以用以支持它的任何良好理由,"丘吉尔先生评论道:"在导致近40万人牺牲的情况下,听到这样的话,不禁令人毛骨悚然。"在丘吉尔先生关于皮埃尔·霞飞所给出的半喜剧性的肖像画里,对这种流行脸谱的描写臻于极致。毋庸置疑,在现代战争中,内心敏感的人是经受不住最高司令部的折磨的。用丘吉尔先生的话说,相对于那些泰山崩于前而面不改色、"镇静到近乎与麻木不仁无异"之人,这些敏感之辈自然相形见绌,必定会被尽数淘汰。此外,总司令几乎总是最后一个听到事实真相之人。"一个军事参谋的全部思维习惯,都建立在服从命令这一基础之上。"这意味着,诤友在侧、强敌环伺的政治家们的哪怕不那么重要的思想,对于达成正确结论亦非可有可无。德国最终之被打败,实际上乃是由其总参谋部至高无上的强势力量所造成。如果德国的政治家像我们国家或法国、美国的政治家那样在其国内具有同等的影响力,那么,德国绝不会遭遇如此之败绩。依丘吉尔先生之见,德军总参谋部犯了三个最重要的错误——入侵比利时、限制使用U型舰艇、1918年3月的进攻——这些错误,其罪责全在总参谋部一身,无可推卸。鲁登道夫是总参谋部影响力和最高才能的最终化身——总参谋部的那些成员,

> 被袍泽关系和共同的教条最密切地捆绑在了一起。他们之于军中其他人,一如耶稣会会士在其最鼎盛时期之于罗马教会。他们在每一位司令官身边以及在每个司令部的代表们异口而同调,自信非常。几乎很难置信,这个帮派,直把德国特种部队和陆军的将军们、陆军军团司令官们,乃至兴登堡本人,当作傀儡,视之为无物。

就是这个非比一般的帮派,把德国军队推入了骇人听闻的危境,激发并组织了非人的残忍军事行动,使自己一败涂地。

丘吉尔先生并未掩饰指挥大规模战争的强烈体验所带给他的愉悦之感,这种宏大的规模,颇为决策者所享受。另一方面,对于那些提供这类愉悦之

感的原材料之人，他也从不隐藏其厌恶之情。此书所强调的重心在于重大决策和高层争论。但是，他的著作并未因为这样的原因，在对读者所产生的最终印象上，而使其反战色彩稍减——正相反，它比一部反战主义著作所能达到的效果还要好。这是一位热衷于这场游戏的人所做的见证，这一见证不仅向我们揭示了这场游戏的目标和方法上的愚不可及，而且更重要的是，它还揭示了这种愚蠢并不是哪几个参与者偶然品质的体现，而是内在于其精神实质和根本规则之中。

1927 年 3 月

丘吉尔先生论和平

丘吉尔先生完成了一部杰作——这是对战争史所做的最杰出的贡献，前无古人，这也是唯一一部把史学家的天赋和作为作家的天才，与事件主要推动者之一的深刻体验和直接认识相结合的著作。我认为，最后一卷[1]较之于前两卷，略有逊色——这可能是作者最近宦海蹉跌所带来的失望后果使然。这是因为，写作是需要全情投入的一项工作；而财政大臣的岗位也需要同样的这种投入。但即便是这样，这部书对于《泰晤士报》平庸、浮夸文摘的读者所能想象到的文笔，还是要好得多的。因为那些文摘缺乏综览全局的整体印象。

在丘吉尔所写的序言里，他记录了众多在他脑海中完整再现的那些他个人比较关注的重要事件。他还写道，对于大多数主要当事人而言，这可能是大家共同的一种体验——"一种印象叠加在另一种印象上，重重叠叠。"对于在变动不居的行政事务中奔忙的人们来说，情况亦复如是。于我而言，马杰斯迪克酒店供应的米德兰铁路早餐里的橘子酱质量倒是比任何其他东西都更迅速地让我铭记在心；我**切实地**知道那种体验到底像什么。只有那些经年累

---

[1] 《世界危机：余波》。

月生活在战壕之内,或是反复受常规的军事活动所蹂躏,印象一次强于一次地被强化之人,战争才在其记忆深处不可磨灭。不过,丘吉尔先生设法传递的是一种有关动机和氛围的当代印象——虽然令人感到惊奇的是,他所引述的那些当代的文献,却极少用来传递这种印象,而读者在阅读时会本能地跳过这些文件。这种印象,后世子孙是无法再现的了。这部书也含有一些格外感人的段落,在这些段落的背后,是当时那些情感的永久印迹;我特别从中撷取了一段有关英国军人退役和爱尔兰条约的例子。此外,这部书还以其无可阻挡的效果,把我们最容易忘记的那每一件事重新带回到我们面前——暴力、喋血,以及战后岁月的扰攘,也即丘吉尔先生的标题之所谓"余波"。

这部书由四个不同的主题构成,所述各章彼此分散、相互混杂;这四个主题是:和会、俄国革命、爱尔兰叛乱和希土乱局。一如我们所料,这些内容中,有关俄国事务的描述最不能令人满意。丘吉尔先生没有寻求为自己在俄国内战之惨败中所应承担的责任开脱。但是,他没有能够从长远的角度认识这些事件的重要性,或者至少没有打算从长远的角度去认识,他也没能把本质与偶然的插曲分清。他部分地承认他所支持的那些行动最终是无效的;他让我们看到,他曾如此美化的俄国白军在本性上是多么邪恶,在战斗力上又是多么虚弱无能,"使斗争走向失败的,不是物质手段的匮乏,而是缺乏并肩作战的同袍精神、意志力和果决的态度所致。"在"颇具辨别力地"进行评论时,他引述福煦这位坚决否认与此事有涉的将军的话称:"高尔察克[1]

---

[1] 亚历山大·瓦西里耶维奇·高尔察克(Aleksandr Vasilyevich Kolchak,1874—1920),俄国海军上将。生于圣彼得堡的一个名门贵族家庭。1894年毕业于圣彼得堡海军学校,日俄战争期间在旅顺口战斗,第一次世界大战中任波罗的海舰队水雷总队队长,1916年任黑海舰队司令。1917年晋升海军上将。1918年任"西伯利亚政府"陆军部部长,随即在外国武装的支持下发动政变,建立军事独裁政权,自封"俄国的最高执政者"和俄国陆海军武装力量最高统帅。继而成为协约国第一次武装干涉苏俄时的白卫军总头目,一度占领西伯利亚、乌拉尔和伏尔加河等地区。1919年底被红军击败后被捕,于1920年在伊尔库茨克被处决。——译者注

和邓尼金[1]的军队难以为继，因为他们背后没有国民政府。"但在他看来，布尔什维克也不过是一群乌合之众，虽然他对列宁之伟大赞不绝口。他的想象力不可能令他高看布尔什维克，把他们当作鹰隼一般的食腐动物看待，也不可能让他把白军军官看成是一群在电影里演技颇佳的演员。然而，他竟能相信他那充满预言魅力的结尾："俄罗斯，这个自我放逐的国家，在她那冰冷刺骨的北极之夜里，磨利她的刺刀，经由那饥饿的双唇，机械地宣扬着她那关于仇恨与死亡的哲学"——这真的是全部的事实吗？

除了俄国的情况之外，丘吉尔先生还在一定程度上表现为绥靖政策热情而持久的倡导者（不但在德国问题上，而且在爱尔兰和土耳其问题上都提倡奉行绥靖政策），公共舆论对公平有多么不关注，丘吉尔先生对绥靖政策就有多热心。正如他在1920年3月写给劳合·乔治先生的信里所说——"自停战以来，我的政策一直是，'与德国人民保持和平，对布尔什维克暴政开战。'"贯穿于整个和会，他对温和派一方施加了他所具有的影响力。

与这本书其他部分相比，他对和会本身的描述较少个人色调，这是因

---

[1] 安东·伊万诺维奇·邓尼金（1872—1947），苏俄内战和外国武装干涉时期白卫军首领之一，俄国步兵中将。出生在华沙郊区。1892年和1899年先后毕业于基辅步兵士官学校和总参学院。参加过日俄战争。第一次世界大战期间，历任旅长、师长。1916年秋任罗马尼亚方面军步兵第8军军长。二月革命（1917年）后，邓尼金出任俄国资产阶级政府的最高统帅参谋长、西方面军和西南方面军司令，辅佐三任总司令。在科尔尼洛夫叛乱后，邓也受到牵连，于1917年9月同科尔尼诺夫一同被捕。十月革命后，邓越狱逃往俄国南部，与科尔尼洛夫等在北高加索组织了一支由一部分黑海舰队、"士官生"、顿河哥萨克、高加索各地区、乌克兰军区白军组成的"志愿军"，进行反对苏联共产党的军事行动。1918年4月，邓成为这支军队的指挥官（即任"志愿军"司令）。同年秋，在协约国扶持下担任"南俄武装力量"总司令，在其盘踞地区建立地主资产阶级军事独裁统治。他率领白卫军从顿河出发向南方北上，大举进犯莫斯科，并几乎攻占莫斯科，但被红军击溃。进攻莫斯科失败和北高加索白卫军被粉碎后，邓率部退入克里米亚半岛，他的领导地位也被迫交给彼得·尼古拉耶维奇·弗兰格尔。后流亡于英法等各国，对苏联一贯持敌视态度，也曾号召海外白俄反对纳粹德国的侵略行为。2005年10月，邓尼金以爱国将领的身份被重新安葬在莫斯科，俄政府还为此举行了隆重的仪式。此举被认为是俄罗斯全国和解的一部分。——译者注

为，他的确与和会没有多少直接的关系。他访问过巴黎一两次，但主要是在伦敦纠缠于其他事务。因此，和许多置身于谈判主流之外的英国内阁人士一样，他对和会的看法流于泛泛。他的态度是深表遗憾——只是耸耸肩膀而已。自和会召开之时及以后，很多人都是这样耸耸肩膀，表示遗憾的。对于他的这一态度，他给出了两点理由：第一是因为政治家不仅怯懦，而且这怯懦乃是其事实上的无能之体现；第二是因为财政和经济上的错误罪有应得，而一直被和会糟糕地予以处理的国与国之间的疆界问题却成了唯一长期的现实存在。对于战争本身之悲惨——它们现在终于结束了——而且实际上对于大部分情况，我们所能说的都是一样，这是因为，战争的后果即便持续存在，一般来说也会淹没于时间的洪流之中；当政治家不背离其信念就职位不保时，他们通常必定会背离的东西，就是教义之所在；这样的教义意味着，它们不会像实际情况那样容易被取代。彼时，我相信，而且现在我依然相信，对政治勇气的投资，原本就会得到奇迹般的酬报，此正其时也。

丘吉尔先生对和会的描写，缺乏身临其境之人所自然体味到的强烈感受。不过总是称得上对个中人物大体个性最好的简笔白描。在这方面，颇有几点值得挑选出来，大书特书一番。丘吉尔先生出色地强调了1919年上半年延长对德国的封锁，乃是头等大事。有关续订停战协定和德国物资供应的连续谈判，一波三折，其内幕历史迄未披露。[1]丘吉尔先生意识到了这些问题的重要性，但对它们的描写则全然不够准确，而且还表明丘吉尔先生对其细节并不谙熟，或者已然忘记。要去责难的不是那些"官员们"。若要挑出一个人来对这无比悲惨的中欧困境之延续承担主要责任，其人势必是那位大名鼎鼎的克劳茨先生（Monsieure Klotz）[2]。丘吉尔先生称劳合·乔治先生无比真诚

---

[1] 有关这一历史内幕，我在事件过后曾记录下我的印象，但当时离付梓出版尚需时日。(后来在1949年，这些内容以"梅尔基奥先生"为题发表于Hart-Davis出版社出版的《两篇回忆》里。)

[2] 巴黎和会期间任法国财政部长。——译者注

地希望绞死德皇,而且长久以来一直隐忍不发,直到其他人在这方面浇了一头冷水,才打消了念头,对此我亦表赞同;但是,劳合·乔治先生任何时候都未尝耽于赔款的幻想,也从未做出过任何不包括补救条款的声明,这一点只要仔细阅读他所发表的各项声明即可了然。

对于1919年6月1日劳合·乔治先生在巴黎召集英帝国代表团,召开研究有关德国对和约草案之答复的会议,丘吉尔先生的描述较之于之前出版的作品要更加全面,这一点殊堪称道。首相曾称这次会议"促使他致力于缓解和平条件"。丘吉尔先生自己也曾散布过一份得到帝国参谋部长官签署的备忘录,敦促我们至少应该出门迎迎德国人。这些观点实际上是被整个代表团和内阁所接受的,这其中包括时任内阁财政大臣的奥斯汀·张伯伦先生、伯肯黑德勋爵、米尔纳勋爵和贝尔福先生。这次会议通过投票做出决议,应当做出诸多重大让步,并且还附加了一条,授权首相"运用整个大英帝国的全部权力,拒绝英国陆军推进到德国境内,拒绝英国海军加强对德国的封锁"。这是劳合·乔治先生第二次真正做出争取"良好"和平的努力,不过这一努力还是失败了。事情并没有朝向决议指向的目标发展。上西里西亚公投得到了允准,这几乎是协约国所做的唯一让步。至于其他,威尔逊总统——正如我在《凡尔赛和约的经济后果》一书中所述——在这一阶段"一无所获"。

关于威尔逊总统,丘吉尔先生所书甚详。他不仅得个人记忆之利,而且还有豪斯上校最新出版的著作可以凭借;豪斯上校的著作为和会这幕大剧打下了多么明亮的侧光呀! 随着种种证据逐渐浮出水面,人们心中的这种印象得到了强化:这是一位盲人,不可思议地远离现实,内心充满的全部是错误的怀疑。但他的精神是和平的。对此,丘吉尔先生做出了公允的总结:

美国对欧洲问题之解决所产生的强大、超然而充满善意的影响,乃是一种至为珍贵的希望之力量。但它基本上在毫无结果的冲突以及明令与纠缠参半的干涉中被挥霍一空。如果威尔逊总统从一开始就与劳合·

乔治和克列孟梭团结一致，那么，领袖群伦的三位伟大人物合力一处，或能在欧洲悲剧的广阔场景中发挥绝对而仁慈的力量。而他却把自己和他们的力量消耗在那他总是败北的冲突之中。作为一位反对者和修正者，较之于同袍之谊原本所能酬报给他的，他所得到的结果很少，少到令人扼腕叹息。他原本可以令每一件事都能速战速决而且轻而易举，但他却使每一件事都变得拖沓冗长而且更加艰难。他原本可以在领导力处于顶峰时解决问题，结果却在精疲力竭、枝节横生的阶段默认了第二流的解决方案。

无论如何，作为船长，他使他的船沉没了。

这部编年史结束了。读完丘吉尔先生这部长达两千页的大书，掩卷深思，我们心中又作何感受呢？感谢丘吉尔先生，感谢他那雄辩的笔触，感谢他满怀着对我们这一代经历了这场战争的人们生活之一部分的同情共感——而又比我们所见所闻更加切近、更加清楚，以如椽巨笔所书写的历史。对于他那思想的活力，他对待这一工作的智识兴趣和基本情感所表现出的那种强烈的关注，我深表钦佩，那是他最为优良的品质。也许是出于那么一点儿妒忌，对于他那无可置疑的信念，认为国家边界、种族、爱国心，若有必要甚至还包括战争，均是人类的终极存在，我总是不敢苟同；正是这样的信念，赋予了他在历史事件上的一种自豪，乃至崇高，而这些历史事件，对于其他人而言，可能只是一场梦魇般的人生插曲，是唯愿永不触及的悲剧。

1929 年 3 月

伟大的维利尔斯血统

刚恩先生（Mr.Gun）[1]醉心于高尔顿[2]开创的令人着迷的研究主题（搜罗名人或准名人的遗传逸闻），这个主题与具有鲜明特征（诸如蓝眼睛、圆脑袋、六脚趾之类的遗传特征）的全套家谱的科学编制迥然不同。他的方法与高尔顿的方法相类，也是把一定数目的彼此相区别的"血亲"逐一挑出来，向我们展示数量惊人的名人之间所存有的某种血缘关系。

在刚恩先生所挑出来的血统世系里，最引人瞩目的其中一个可谓平平无奇，平庸得几乎不值得重新提起，这就是德莱登（Dryden）、斯威夫特（Swift）和贺拉斯·沃波尔（Horace Walpole）之间的亲缘关系。这三个人均为北安普顿郡Canons Ashby的约翰·德莱登的后人，迪恩·斯威夫特（Dean Swift）是诗人约翰·德莱登的隔代远房表亲，贺拉斯·沃波尔是其隔三代表亲［贺拉斯传自其母一方（因此不考虑其父系一支）即源于德莱登的姨母伊丽莎白（Elizabeth）］。刚恩先生意欲追踪这一宏伟的血缘序列，一直追踪到最初的约翰·德莱登的妻子——伊丽莎白·寇璞（Elizabeth Cope），这

---

[1] W.T.J.刚恩，《遗传能力研究》。

[2] 即弗朗西斯·高尔顿（Francis Galton, 1822—1911），英国科学家和探险家。他的学术研究兴趣广泛，包括人类学、地理、数学、力学、气象学、心理学、统计学等方面。他是查尔斯·达尔文的表弟，深受其进化论思想的影响，把该思想引入到人类研究。他着重研究个别差异，从遗传的角度研究个别差异形成的原因，开创了优生学。——译者注

位女性是伊拉斯谟（Erasmus）友人的女儿，拉尔夫·佛内爵士（Sir Ralph Verney）的重孙女，正是她使其他许多人加入到了这个血缘序列之中，其中就包括罗伯特·哈莱（Robert Harley）。到今天，这一伟大的佛内血统世系的代表就是奥特琳·莫瑞尔女士（Lady Ottoline Morrell）。[1] 另一方面，如果我们还记得奥特琳女士不仅是布匹商佛内的后裔，同时还是威廉·皮埃尔庞德爵士（Sir William Pierrepont）的子孙［并通过其妻子由亨利七世的艾泊森（Henry VII.'s Empson）——即制筛匠艾泊森之子——传承下来］，那么，我们就可以在她与佛朗西斯·博蒙特（Francis Beaumont）、柴斯特菲尔德勋爵（Lord Chesterfield）以及玛丽·沃特莱·蒙塔古女士（Lady Mary Wortley Montagu）之间建立血缘关系。我们的族系失去了其支脉的踪迹；我们怀疑奥特琳女士自己是否知晓她可以喊博蒙特、德莱登、斯威夫特、沃波尔、哈莱和柴斯特菲德他们作表亲。同气连枝[2]吗？ 也许人们可以在血亲同源中察觉出某种的延续性元素吧。

刚恩先生对 1515 年在弗洛登原野（Flodden Field）捐躯的约翰·里德（John Reid）的后人之分析更显离奇，至少对今天的作家来说是这样。在这里，作者展现了一种杰出的多才多艺之感——也可能是一种司空见惯的品质？ 在十八世纪，约翰·里德先生对鲍斯威尔（Boswell）、历史学家罗伯特逊（Robertson）、建筑学家罗伯特·亚当（Robert Adam）以及布鲁厄姆（Brougham）这些人都有影响。他的现世后代有伯特兰·罗素先生（Mr.Bertrand Russell）、哈罗德·尼克尔森先生（Mr.Harold Nicolson）、布鲁斯·洛克哈特先生（Mr.Bruce Lockhart）以及救世军[3]的布斯-塔克将军（General

---

1　是日为 1938 年 4 月 21 日。

2　英文原文为 "birds of a feather"，表示同类的人，这里取其意译。——译者注

3　救世军（The Salvation Army）是一个成立于 1865 年的基督教教派，以街头布道和慈善活动、社会服务著称，其国际总部位于英国伦敦维多利亚皇后街 101 号。——译者注

Booth-Tucker)。是不是更加福荫绵长?

刚恩先生竭力表明,有多少当代的知名作家的血脉中流淌着古老的血液。他使我们看到,G.M.特里维廉教授和R.C.特里维廉先生以及萝丝·麦考莱(Rose Macaulay)小姐都是苏格兰高地人奥莱·麦考莱(Aulay Macaulay)的后人(因此也与T.B.麦考莱有着较近的血缘关系),关于这位奥莱·麦考莱之子的著作,约翰逊博士(Dr.Johnson)写道:"除了有关自由和奴隶制的地方稍显浮浪之外,写得相当好。"他还使我们记起,休·沃波尔先生(Mr. Hugh Walpole)、利顿·斯特拉齐先生(Mr.Lytton Strachey)、康普顿·麦肯齐先生(Mr.Compton Mackenzie)、莫瑞斯·巴林先生(Mr.Maurice Baring)以及(他确实应该加上的)弗吉尼亚·伍尔夫夫人(Mrs.Virginia Woolf)均可以上溯好几代以夸耀血统上的殊荣;他还使我们记起,奥尔德斯·哈克莱先生(Mr.Aldous Huxley)不仅是他祖父的孙子,而且还是汉弗莱·沃德夫人(Mrs.Humphry Ward)的外甥,沃德夫人又是马修·阿诺德(Matthew Arnold)的外甥女。

其他所提到的最令人瞩目的家族谱系,当数伟大的维利尔斯血统,这一血统涵盖了所有雄心勃勃的才华横溢之士,他们的面容和声音都颇具魔力,内心深处又非常刚毅,他们是十七世纪以来我们的君主和议会民主政治的宠儿。两百年间,恐怕还没有哪一个内阁没有乔治·维利尔斯爵士(Sir George Villiers)和圣约翰爵士(Sir John St.John)的后人入阁的(也许只有两任工党内阁是例外)。他们是詹姆士一世统治时期的两位乡绅,前者的儿子娶了后者的女儿。这两个家族中青史留名的后裔实在是数不胜数。我们这里随手举出一些就足以给人深刻的印象:第一代白金汉公爵,詹姆士一世的宠臣;卡索曼女伯爵和克利夫兰女公爵,查理二世的情妇,芭芭拉;詹姆士二世的情妇,艾拉贝拉·丘吉尔;奥克尼女伯爵,威廉三世的情妇,伊丽莎白(斯威夫特称其为"他所认识的最富智慧的女人");第二代白金汉公爵;罗彻斯特勋爵;桑德维奇勋爵;博维科公爵;马尔伯勒公爵;格拉夫顿公爵(乔治三世的首相）；两个皮特；查尔斯·詹姆斯·福克斯；查尔斯·汤森；卡斯雷尔勋爵；纳皮尔一家；赫维一家；赫特福德侯爵；席木尔一家；布特一家；杰西一家；兰斯多恩一家；德文希尔公爵，卡文迪什一家；赫斯特尔·斯坦霍普女士；玛丽·沃特莱·蒙塔古女士；菲尔丁，以及具有同一血统的在世的当代人中，温斯顿·丘吉尔和法伦的格雷子爵。这的确是英格兰真正的血缘王族。

由此我们可以得到些什么结论呢？难道是如果我们遍求族谱，就会发现所有英国人四百年内都是表亲这样的结果吗？又或者，发现某些流传不广的"血统"产生的卓越人物超出了它的规模比例？刚恩先生并没有帮我们得出一个科学的结论，但如果一名读者不以偏见来对待后一种结论而将刚恩先生的书弃之不顾，那他一定是一个非常细心而又善于质疑之人。

托洛茨基论英国

一位同时代人评论托洛茨基[1]的这本书[2]时说:"他用一种掺杂着沙沙杂音的留声机般的声音,结结巴巴地说着一些陈词滥调。"我猜这本书是由托洛茨基口授而成。在英文的外衣之下,隐藏着一条浊流,其声汩汩,有一种威吓的意味,这也是从俄语翻译过来的现代革命文学的特征。对于我们的事务,其武断的腔调是不可能令任何一位英国读者对之产生兴致的,甚至作者那些偶有闪光的洞见,也被他对所谈之物无可救药的无知所遮蔽。不过,托洛茨基也有着他自己的某种风格在。透过被扭曲的媒介,其人格昭然若揭。可以说,此书所言并非皆是陈词滥调。

首先,这本书是对英国工党的官方领袖们的一种攻击,原因就在于他们的"宗教般的虔诚",以及他们所认为的为社会主义铺平道路的同时无须为革命做准备的信念。托洛茨基看到——这可能是真的——我们的工党是激进的反传统分子和博爱的资产阶级的直系后裔,它不带有一分一毫的无神论色彩,既缺乏血性,也没有革命性。因此,他发现工党领袖们极端缺乏同情之

---

[1] 列夫·达维多维奇·托洛茨基(1879—1940),布尔什维克主要领导人,十月革命的指挥者,苏联红军缔造者和第四国际精神领袖,革命家、军事家、政治理论家和作家。列宁去世后他被排挤出苏共领导核心,流亡海外,1940年被斯大林派人刺杀于墨西哥城。——译者注

[2] L.托洛茨基,《英国向何处去?》。

念，他的这种讲法既有情绪的一面，也富含智慧。我们可以挑出其中一个简短的段落来洞悉其思想状态：

"工党领袖们的教条是一种对保守主义和自由主义所做的拼接，出于工会的需要而做了部分改编……工党中的自由党人和半自由党人仍然认为，社会革命乃是欧洲大陆所独有的悲惨境遇。

"'在感觉和意识的王国，'麦克唐纳这样开言，'在精神的王国，社会主义形成了为人民服务的宗教。'这番话立刻出卖了仁慈的资产阶级、自由左派的面目，他们是从一旁来'服务'人民的，或者更准确地说，是从上而下地'服务'人民。这种方法的根源完全隐没在迷蒙的往昔，彼时激进的知识分子为了继续从事文化和教育工作而生活在伦敦的工人阶级街区里。

"和宗教文学一样，费边主义[1]可能是最为无用的，而且从来都是一种最令人感到厌烦的发明语汇的形式……充满着廉价的乐观主义的维多利亚时代，似乎总认为明天总会比今天好一些，后天又会比今天好一些，在韦伯斯（Webbs）、斯诺登（Snowden）、麦克唐纳以及其他费边主义者那里可以找到这种表述的完成形式……这些夸夸其谈的权威们、迂腐不堪的书呆子们、贡高我慢而又牢骚满腹的懦夫们，系统地毒害着工党的运动，迷惑着工人阶级的意识，麻痹着他们的意志……费边主义者、I.L.P.者们、工会的保守派官僚们，此时此刻，代表着英国、可能也是全世界发展当中最为反革命的力量……费边主义、麦克唐纳主义、绥靖主义，即便不是全世界，也是英帝国主义和欧洲的资产阶级主要的口号。这些自我意淫的书呆子，这些含糊其词

---

[1] 费边主义（Fabianism），又称费边社会主义，是英国费边社所倡导的一种民主社会主义学派。费边社是英国的一个社会主义团体，成立于1884年，由一群中产阶级知识分子所发起，以古罗马名将费边（Fabius）作为学社名称的来源，意即师从费边有名的渐进求胜的策略。费边社的传统重在务实的社会建设，倡导建立互助互爱的社会服务，其实质在于把资本主义社会传统的自由民主政治与社会主义相结合，从而推行和平宪政和市政社会主义的道路，主张通过渐进温和的改良主义方式来走向社会主义。——译者注

的折中主义者，这些满怀愁绪的野心家，这些自命不凡的资产阶级的仆从，必定会不惜代价地把他们的真实面貌展露于工人面前。把他们打回原形，就意味着他们的信誉一败涂地。"

好吧，这就是那位严重警告温斯顿·丘吉尔先生的绅士如何在字里行间发动攻击的。我们一定希望这些文字发自他的肺腑，真诚的批评会让我们感觉更好一些。读者诸君请注意，只需变动很少的字句，这些引文就可以归类到那种对权利展开激辩的哲学攻击上去。这样的类比所以恰当，原因也很明了。在所引述的这些文字当中，我们看到的是托洛茨基对待公共事务的一种态度，而非其终极的目标。他所展现的，恰恰是土匪一般的政治家团伙的脾气特征。对于这类人，行动就意味着战争，他们被甜美的合理性、博爱、宽容和仁慈的思想氛围所激怒了。在这样的氛围里，无论是东方还是南方的风在吼叫，鲍德温先生（Mr.Baldwin）和牛津勋爵以及麦克唐纳先生总是闲庭信步，叼着和平的烟斗，自在地吞云吐雾。"他们在不该享有和平的地方吸着和平的烟卷儿，"法西斯主义者和布尔什维克主义者们同声高喊，"这是腐朽、衰败和垂死的伪善者和低能儿的象征，他们站在生命和生命力量的对立面；而生命和生命的力量，只存在于冷酷无情的斗争精神之中。"但愿事情只是这般简单！但愿只是通过歇斯底里地咆哮一番，就可以解决问题，不管他咆哮得像一头雄狮还是像一只嗷嗷待哺的鸽子！

托洛茨基这本书的前半部分充斥的都是这样的咆哮。后半部分给出了他的政治哲学的概要阐述，值得给予较密切的关注。

第一个命题：为使文明得以延续，人类历史的进程就会使得向社会主义彻底转变成为必要。"如果不向社会主义过渡，我们所有的文明都会受到衰败和腐朽的威胁。"

第二个命题：很难想象，这种彻底转变能够通过和平的讨论和自然的让与而达致。除了还之以暴力之外，统治阶级是什么都不会放弃的。"阶级斗争是各种公开的或潜隐的力量不断斗争的过程，它在一定程度上为国家所辖制,国家反过来也代表着对立阶级更为强大力量的有组织的工具。这个对立阶级,也可以称它为统治阶级。"工党通过宪法方式取得政权,然后再"非常谨慎、非常机敏、非常明智地继续履行执政责任,从而让资产阶级不再有任何积极反对的必要",这样的设想简直像是一场"玩笑"——虽然这"的确是麦克唐纳和他治下的公司最低的期望。"

第三个命题:即便工党或早或晚通过宪法的方法取得了政权,**反对党还是会马上集中力量向政权发起冲击**。统治阶级只要控制着议会机器,即可以对议会做出空头承诺;但如果他们被驱逐了下来,那么,托洛茨基坚持认为,认定他们会规规矩矩,而不诉诸他们那一派的力量帮助夺回政权,是非常荒唐的。托洛茨基称,很难想象,议会中的工党多数会以最合乎法律的方式决定把土地充公而不予补偿,对资本课以重税,取消英国的王位和上议院,"至少我们会怀疑,统治阶级会不做任何斗争地拱手投降;而且我们要知道,所有的警察部门、司法机构和军事机器可都控制在他们的手里。"此外,他们还控制着银行和整个社会信贷系统、交通和贸易机器,乃至伦敦包括工党政府本身的日常食品供给都需仰赖于庞大的资本家联合体。托洛茨基认为,这些惊人地庞大的压制手段"会以疯狂的暴力方式诉诸行动,抵制工党政府的活动,使它陷于瘫痪,遭到恐吓,离间它在议会中形成的多数联盟,并最终导致金融恐慌、供应困难和企业破产。"的确,认为社会的命运将取决于工党能否取得议会的多数,而不取决于当时各种物质力量的实际平衡情况,乃是一种"盲目崇拜议会中政治算术的奴性思维"。

第四个命题:综览这些观点,虽然以宪法的力量为目标可能会是一个好的战略,但是,如果不是以物质力量将是最终的决定因素这一原理为基础进行组织,那么,这一战略就是愚不可及的。

"在革命斗争中,唯有最大的决心,方能打击复辟势力、缩短内战时间,减少因此而造成的受害者的数量。如果不以此步骤而行,那就根本不要拿起武器来。如果不打算借助武力,那么,要想组织一场广泛的斗争无疑是痴人说梦；如果放弃了广泛斗争，那也就谈不上任何严肃的斗争了。"

且让我们暂且承认托洛茨基的假定，但我还是认为托洛茨基的大量论辩无可答复。没有比**耍弄**革命更愚蠢的了——如果耍弄革命是其本意的话。那么，他的假定是些什么呢？他假定社会转型的道德和智力问题已经得到解决——社会转型的计划是有的，除了把这个计划付诸实施之外，不存在其他任何问题。他进一步假定，社会分为两大部分——这一计划的皈依者无产阶级，以及纯粹出于利己原因而反对它的其他人。他并不理解，除非能够先令许多人信服，否则没有哪个计划可以胜出，而且即便真有一个计划胜出了，那么它也将是从诸多不同的方面得到了支持方才胜出的。他对手段如此倾心，却忘记了这些手段的目标所在。如果我们续加追问，我想他会提到马克思。那么我们就可以用他自己的话拿来回敬他——"和宗教文学一样，可能是最为无用的，而且从来都是一种最令人感到厌烦的发明语汇的形式。"

托洛茨基的书一定会让我们确信，在人类事务的当前阶段上武力并无用处，且毫无头脑。武力什么都解决不了——既解决不了民族斗争或宗教斗争的问题，也解决不了阶级斗争的问题。对历史进程的理解——这是托洛茨基非常热衷呼吁的事情——不但不赞成武力在关键时刻发挥作用，而且还反对之。我们不只是缺乏关于进步的一般的统一框架，而且对它的认知还是一团乱麻。英国的所有政治党派的缘起都根植于过去的思想，而不是新的思想——显而易见，不是来自马克思主义。在通过武力传播真理上，要靠什么来赋予一个人合法性？对此问题做精妙入微的辩论并无必要，因为没有人拥有真理。下一步的行动靠的是头脑，拳头只能搁在一边。

1926 年 3 月

II 经济学家的人生

罗伯特·马尔萨斯[1]

第一位剑桥经济学家

英国人姓氏中的"Bacchus",源于 Bakehouse(面包作坊)一词。与此相类,"Malthus"这个罕见而奇怪的姓氏之最初的拼法是"Malthouse"(麦芽作坊)。世纪更迭,英语中专有姓氏的发音比其拼写更少变化。拼写会受到语音和语源的影响而发生变化,而且一般我们可以通过对书写变化的分辨而轻松地推断出它的发音来。本着这样的精神来考察(Malthus, Mawtus, Malthous, Malthouse, Mauthus, Maltus, Maultous)这组姓氏,几乎毋庸置疑,我们应该将"Malthus"读作"Maultus",因为"Malthus"的第一个元音与酿酒的麦芽(malt)的发音相同,而在"Malthus"中,"h"不发音。

---

[1] 此传记的概略并不打算穷尽有关马尔萨斯传记的所有可以取得的资料,为了这些资料,我们曾在博纳尔博士(Dr. Bonar)处空等了许久。我参考了一些可靠的资料——奥特主教(Bishop Otter)在马尔萨斯去世后的 1836 年编辑出版第二版《政治经济学》时写于书前的生平介绍,还有 W. 艾泊森(W. Empson)1837 年 1 月在《爱丁堡评论》上对奥特版《政治经济学》所做的评论,以及博纳尔博士的《马尔萨斯及其著作》(1885 年出版了该书第一版,此前的 1881 年出版的是传略,名为"牧师马尔萨斯"(Parson Malthus);1924 年出版了该书第二版,增加了传记一章,我所引用的参考资料来自这一版);我还增加了一些我在其他各类阅读材料中遇到的其他细节,这些细节不系统,也不全面。我不打算在这里对马尔萨斯对政治经济学的贡献进行总结或评论,这样做需要非常熟悉他同时代人的情况,而我所了解的知识远远做不到这一点。我的目标是选择那些有助于刻画马尔萨斯的最主要的材料,尤其是有关他在家中和剑桥大学成长的知识氛围的更多详细的资料。

当我们追溯罗伯特·马尔萨斯的家世谱系时[1]，我们只需要追溯到可敬的罗伯特·马尔萨斯牧师（Reverend Robert Malthus）那里就够了。他在克伦威尔时期成为诺索尔特（Northolt）教区的牧师，但在王朝复辟时期职位又被褫夺。凯拉米（Calamy）称他是"一位颇有古风的神职人员，是一个判断力极强的人，他精通《圣经》，富于雄辩和热诚，但在演说技巧上有所欠缺"。可是，他所在教区的教众却认为他"是一个非常失败的无用的牧师"，之所以会有这样的评价，原因可能是他在征收什一税时过于苛刻所致。在一份要求他调离的请愿书中，人们指控他"曾抨击军队在苏格兰的军事行动"，还攻击他"不仅说话声音微不可闻，而且还很有表达上的障碍"。由此观之，这位罗伯特·马尔萨斯牧师不仅与其玄孙有着相同的名字，而且还都有唇腭裂的生理缺陷。他的儿子丹尼尔（Daniel）得到著名的西德纳姆医生（Dr. Sydenham）推荐，成了威廉国王的药剂师，之后还被任命为安妮女王的药剂师。[2]这使他在物质上相当富足，以致他去世之后，他的遗孀也拥有马车和马匹。丹尼尔的儿子西德纳姆进一步增加了家庭的财富，他曾担任法庭职员、南海公司的董事，富足的程度使他足以为女儿准备下了 5000 英镑的嫁妆，他还在伦敦附近的几个郡和剑桥郡广置地产。[3]

到了这个时候，这个成功的英国中产阶级家庭攀升为高贵的中等人家的梦想已经实现，西德纳姆的儿子丹尼尔，也就是我们的主人公的父亲，发现

1　J.O.佩恩（J. O. Payne）在 1890 年私人印刷了 110 本四开本的《马尔萨斯家族史汇编》（Collections for a History of the Family of Malthus），完整收集了与该家族名字有关的所有人的资料。斯拉法先生（Mr. Sraffa）拥有佩恩先生自己在书中做了诸多批注和说明的其中一本。

2　罗伯特·马尔萨斯的母亲是乔治一世和乔治二世的药剂师托马斯·格雷厄姆（Thomas Graham）的孙女。

3　西德纳姆·马尔萨斯在剑桥附近的小舍尔福（Little Shelford）花了 2 200 英镑购置了一处房产。根据记载，他的儿子拥有着剑桥周围——毫克斯顿（Hauxton）、牛顿（Newton）和哈斯顿（Harston）——的诸多庄园。

自己能够过上英国所谓的"财富自由"(independence)的生活了,于是决定好好利用这一点。他在牛津大学皇后学院受过教育,但没有取得学位,他还"游历了欧洲许多地方以及苏格兰岛的每个部分",然后在一个邻里和睦的地方定居下来,过着一种普通英国乡绅的生活,在这里他好古敏求,培植友谊,修养心性,闲居时还写过几篇匿名的文章[1]。据载,他"有着最为仁慈的心灵和令人如沐春风般的风度,凡是他居住过的地方,周遭的穷苦百姓都曾感受到过这样的美德"。[2] 他去世时,《绅士杂志》(*Gentleman's Magazine*)(1800 年 2 月,第 177 页)评论他是"不折不扣的奇人"。

1759 年,丹尼尔·马尔萨斯购置了多尔金附近的一处"小巧雅致的宅邸","给它取了个名字叫石门田庄(Chert-gate Farm),这里景色宜人,山谷相间,丛林流水,尽显纯朴自然之美,俨然是一位绅士的宜居之所,他还给它取了个雅号,叫鲁科瑞(The Rookery,意即群栖之地)。"[3] 他的第二个儿子托马斯·罗伯特·马尔萨斯,《人口原理》(*Essay on the Principle of*

1　他是杰拉定(Gerardin)《论景观》一书的译者,该书于 1783 年由多德斯莱出版。T.R.M.(即托马斯·罗伯特·马尔萨斯的缩写。——译者注)于 1800 年 2 月 19 日写信给《月刊杂志》(*Monthly Magazine*),愤怒地抗议他父亲从未出版过翻译作品〔参看奥特的《生活》(*Life*)一书,前引书第 xxii 页〕。不过,我从马尔萨斯图书馆中所讨论的这本书的一个批注中得知了上述内容。

2　参看曼宁(Manning)和布雷(Bray)所著《苏雷的历史》(*History of Surrey*)一书。(布雷是丹尼尔·马尔萨斯的女婿)。现在悬挂在罗伯特·马尔萨斯位于阿尔伯里(Albury)住所里的那幅蓝眼睛的小男孩可爱的蜡笔肖像画,被这个家族传统上认为是丹尼尔·马尔萨斯的肖像画。

3　参看前注所引的曼宁和布雷的著作。1786 年,丹尼尔·马尔萨斯把鲁科瑞卖掉后举家搬迁到距离吉尔福德(Guildford)不远的阿尔伯里,定居在其间不大的一处建筑里。斯拉法先生所拥有的佩恩先生的著作里有一幅插图,就是较早时期的鲁科瑞的版画(参看前文)。虽然几经变迁,鲁科瑞的宅邸仍然存在。这是一个哥特式的重大而奢华的尝试——他从一个侧面证实了丹尼尔·马尔萨斯所感兴趣的同时代知识分子的智识上的影响。埃尔伯里的房子现在已经不在了。切不可把这所房子与诺森伯兰公爵的埃尔伯里庄园相混淆,也不要把它同现在由马尔萨斯家族所拥有的位于埃尔伯里的另外两所房子中的任何一所相混淆。斯拉法先生所拥有的佩恩先生的著作里也有一幅以此地为题的版画。

Papulation）一书的作者，即于 1766 年 2 月 13 日诞生在这里。[1] 1766 年 3 月 9 日，在这个婴儿诞生后 3 周，两位大贤让-雅克·卢梭（Jean-Jacques Rousseau）[2] 和大卫·休谟（David Hume）[3] 一起造访鲁科瑞，[4] 可能他们都亲吻过这个婴孩，从而赐予了他不同的思想天赋。

丹尼尔·马尔萨斯不仅是休谟的朋友，[5] 而且还是卢梭虽称不上狂热却也十分忠实的崇拜者。当卢梭第一次到英格兰时，休谟设法把他安排在离丹尼尔·马尔萨斯居所不远的萨里（Surrey），马尔萨斯"非常乐意为他效劳"，希望成为卢梭意气相投的同道，总是投之以仁爱之心。但正如休谟对待卢梭这位不安分的客人的许多好意一样，马尔萨斯的好意一样没有得到应有的回报。[6] 多年以后，范尼·伯尔内（Fanny Burney）安排位于雷斯（Leith）山脚下的一座小别墅做"让-雅克的避难所"，[7] 虽然卢梭并未到此居住，但无疑这正是丹尼尔为卢梭挑选的舒适的隐居之所，卢梭曾于 1766

---

1 参看沃顿（Wotton）教区注册表。

2 让-雅克·卢梭（1712—1778），启蒙时代法国与日内瓦哲学家、政治理论家和作曲家，出身于当时还是独立国家的日内瓦。——译者注

3 大卫·休谟（1711—1776），大卫·休谟是苏格兰的哲学家、经济学家和历史学家，他是苏格兰启蒙运动以及西方哲学历史中最重要的人物之一。——译者注

4 参看：格里格（Greig），《大卫·休谟通信集》（*Letters of David Hume*），第 ii 卷，第 24 页。

5 参看休谟与 1766 年 3 月 2 日和 3 月 27 日所写的信件，载于格里格书中第 309 封和第 315 封（前注所引书）。博纳尔博士得到已故的西德纳姆·马尔萨斯上校授权，叙述了这个家族的历史（前引博纳尔博士著作，第 402 页），从中可知，丹尼尔·马尔萨斯也曾与伏尔泰（Voltaire）通过信，但是"拥有这些信件的一位妇女却把它们统统付之一炬"。与卢梭的通信表明丹尼尔·马尔萨斯也与威尔克斯（Wilkes）相熟，后者曾到鲁科瑞拜访过他，正是从威尔克斯那里，马尔萨斯才第一次听说卢梭和休谟之间的争吵事件。

6 有关此一时期的精彩叙述，可以在科特伊斯（Courtois）的法文书［*Le Sejour de Jean-Jacques Rousseau en Angleterre*（1911）］中找到。

7 参《Mme D'Arbley 的日记与通信》［多巴森版（Dobson's edition）］，第五卷，第 145 页。伯尼小姐（Miss Burney）把 D.M.作为"Mr. Malthouse"的简写。

年 3 月 8 日到此处察看过，[1]但他并未接受。两个星期之后，在德比郡山巅的伍顿（Wootton），[2]卢梭开始了他那惨淡的旅居生活，常伴他左右的，是冷清、孤寂与烦闷，几个星期之后，他与休谟之间就爆发了一场不同寻常的争吵。[3]

我想，如果让-雅克当年接受了丹尼尔·马尔萨斯的盛情邀请，这场最著名的笔墨官司可能就不会发生。因为一旦他的感情有了倾诉的对象，那么，他就会感到安慰，获得理解。丹尼尔·马尔萨斯对卢梭热情颂扬，不吝其情，或许是他一生中唯有的失去自制的情形。[4]我想他们仅见过三面，一次是 1764 年春天，马尔萨斯到牟特耶（Môtiers）游历；一次是 1766 年 3 月，休谟带卢梭造访鲁科瑞；还有一次是同年 6 月，马尔萨斯到伍顿去看望他。从保存下来的马尔萨斯写给卢梭的 13 封信和卢梭写给马尔萨斯的一封

1　卢梭在 1767 年 1 月 2 日写信给马尔萨斯称："我经常愉快地回想起那个我们一起看过的幽静的庄园，也常常让我想起我们结邻而居的诸般好处，但我想得最多的还是对我们下一次远足的计划之憧憬。"

2　此处是由理查德·达文波特先生（Mr. Richard Davenport）借给卢梭居住的。也是在这里，卢梭开始写作《忏悔录》（Confessions）。卢梭拜访马尔萨斯时所选的隐居之所，其中也有一个伍顿，但乃是另外一个伍顿，距离阿尔伯里不远的伊芙琳的伍顿，也在萨里［参看丹尼尔·马尔萨斯 1766 年 3 月 12 日的信，在这封信中，他说明了他曾与约翰·伊芙琳爵士（Sir John Evelin）商谈过这件事］。

3　当然，这显然是卢梭的错。但不管怎么说，如果休谟听从了亚当·斯密的建议，"不要试图把任何事情都公之于众"，那么，他或能表现得更加平和冷静。1766 年 3 月 21 日，在他写给布莱尔博士（Dr. Blair）的信中，他以极堂皇之辞概括这位客人的品格，似乎显得对他极为了解，但其后来的信件（后来辑于 1766 年出版的《简要而真实的叙述》（Concise and Genuine Account）一书，此书本身写得也引人入胜）则处于极端焦虑之心境下，显非出自宽容之心，急于摆脱他那位巴黎的朋友可能会误解的一场丑闻。

4　卢梭没有回信，丹尼尔·马尔萨斯（1767 年 12 月 4 日）出离愤怒地写道："先生，有可能你收到了我的信，但你拒绝了我所提的两个要求，我还是不愿相信这是事实。对待朋友，我是非常挚诚的，没有半分虚情假意，你可以不尊重我，但我要尊重我自己。你若然对有我这样的一个人在你心里感到痛苦，你可以忘掉他，但如此敬爱于你的一颗心焉能受到责备。"

信件来判断，[1]这几次会面非常成功。马尔萨斯崇拜让-雅克，让-雅克亦报之以挚诚与友善，称马尔萨斯"激起了我的尊重与眷恋之情，使我获得了灵感"，并对马尔萨斯的"热情好客"表示感谢。马尔萨斯甚至能够为休谟的品格加以辩护，同时又不卷入纠纷的漩涡之中。有许多资料显示，他们在德比郡漫游，一起考察野生植物时，卢梭经常叫不出所看到的植物的名称，因此有所抱怨，称他应该"做一些需要运动的工作；只是坐着阅读和写作，让人感到很难受"。后来（在 1768 年）我们发现丹尼尔·马尔萨斯为完善卢梭的植物学藏书而煞费苦心，彼时卢梭可能正在构思他那部完成于 1771 年的著作《关于植物学的要素与一位女士的通信》（*Letters to a Lady on the Elements of Botany*）；两年后，有不时处理掉自己藏书之癖好的卢梭又把这些书全部卖给了马尔萨斯，并把自己一部分植物标本作为礼物赠予了他。[2] 丹尼尔·马尔萨斯在其遗嘱中曾提到这批书，从中我们可以找到这样的字句："我把我所有签有卢梭名字的植物学藏书以及一箱植物标本送给珍妮·达尔顿夫人（Mrs. Jane Dalton）。"[3] 如今为罗伯特·马尔萨斯先生所拥有的位于阿尔伯里的达

---

1 马尔萨斯的信件由前面所引科特伊斯的书收录。这些信件也收录于《卢梭通信集》的第 2908／2915／2939／2940／2941／2952／2970／2979／3073／3182／3440 号信件，1767 年 12 月 14 日和 1768 年 1 月 24 日的信件应该收进该通信集中，但却没有收入，卢梭的信是第 3211 号，是 M.科特伊斯发现这封信的，但以前的编者均误把此信当作写给其他人的。他们的通信 1770 年得到恢复，保持了联系。但科特伊斯并没有找到后续的信件。

2 参看前引科特伊斯书第 99 页。

3 丹尼尔·马尔萨斯在给卢梭的信里提到丹尼尔·马尔萨斯母亲的外甥女，说"她是一名出色的植物学家"。显然这位外甥女也像丹尼尔·马尔萨斯和卢梭一样对植物学感兴趣。根据记载，当丹尼尔·马尔萨斯未能从书商那里购买到约翰·塞尔·杰拉德（John Sur Gerard）的著作（可能是《草本志》（*Herball*，1633））时，她从自己的书房里拿了一本给卢梭。（参看丹尼尔·马尔萨斯于 1768 年 1 月 24 日写给卢梭的信，见于前引科特伊斯书的第 219 页）对马尔萨斯家族中表姐妹关系感兴趣的读者，可以参阅佩恩先生的书，最好参阅斯拉法先生所拥有的那本。他们都有和表姐妹结婚的习惯（托马斯·罗伯特·马尔萨斯本人就是同表妹结婚的），结果使得他们之间的亲戚关系更显复杂。

尔顿山图书馆,[1]在那里我们仍然可以找到这样两本书,也即雷(Ray)的《英国树木简介》(Synopsis Mtheodica Stirpium Britannicarum)和德·索瓦日(de Sauvage)的《植物的树叶鉴别法》(Methode pour connoitre les plantes par les feuilles),这两本书都署有卢梭的名字,并有许多的批注。[2]

奥特称丹尼尔·马尔萨斯是卢梭的遗嘱执行人。这似乎是不可能的。[3]不过,丹尼尔·马尔萨斯对卢梭的忠诚始终不渝,他还花费30个几基尼订购了六册卢梭的遗作《我的困苦生活的抚慰》。现在,在这不多的几页文字里,我谨以虔敬之心来实现他的夙愿:"如果有一天我能青史留名,也只是因为我是卢梭的朋友。"

丹尼尔在1768年1月24日写给卢梭的信中,对自己的生活方式做了一番描述,引人入胜。[4]他在夏季勘察植物的漫游中描述到:

> 我亲爱的亨利艾特夫人和她的孩子们与我们组成了一个大家庭,我们时常一起去采集植物。我的家您可能还记得,位于小山的斜坡上……

---

[1] 此人是T.R.马尔萨斯的兄长西德纳姆·马尔萨斯的曾孙。我认为,丹尼尔·马尔萨斯的男性后代中其他的人定居在新西兰。T.R.马尔萨斯育有三个孩子,但都没有后代流传。不过,丹尼尔·马尔萨斯肯定有许多女性后代,根据佩恩的记载(参阅前引佩恩书),丹尼尔·马尔萨斯育有八个子女,至少有十九个孙辈,曾孙人数肯定超过三十个。至于其玄孙,人数很难统计。丹尼尔的后代中尚在人世或不久前还在人世的,最为出名的当数居住在阿尔伯里附近的希尔的布雷家族,已故的法官布雷先生即属于此家族。

[2] 这座图书馆仍然完好无损地屹立在达尔顿山,现在是T.R.马尔萨斯之子亨利·马尔萨斯牧师的藏书室。不过,这座图书馆藏有T.R.马尔萨斯藏书中相当可观的一部分,以及来自丹尼尔·马尔萨斯图书馆的许多图书。博纳尔博士曾就整个藏书准备了一份详尽的书目。我之所以有机会取得这些细目,都是博纳尔博士的帮助之功。

[3] 可能后面几卷《通信集》可以说明这一点。卢梭在英国居留期间的确立过一份遗嘱,里面可能提到了马尔萨斯。斯拉法先生告诉我,奥特可能被这样一个事实误导了:在他去世前不久,卢梭把《忏悔录》的手稿委托给了保罗·莫尔托(Paul Moultou)。

[4] 参看前引科特伊斯书,第221页。

冬天我在这里读书（我感到您的信已经影响了我，因为我深深地被《爱弥儿》吸引住了）。我和孩子们一起远足，大部分时间都在城堡附近的小屋里度过，农场也总有些趣事发生。我猎捕狐狸，这在一定程度上已经成为习惯。他激起了我对户外生活的向往。

在这种轻松的笔触里，这位文雅的猎狐乡绅把自己描写成卢梭那样高贵的隐士。

作为《爱弥儿》一书作者的朋友，丹尼尔·马尔萨斯对教育实验颇感兴趣；他的儿子罗伯特看起来是一个可造之才，这激起了他的父爱和雄心，因此他决定让自己的儿子在家中接受教育，由他本人和家庭教师共同辅导。第一位家庭教师是理查德·格雷夫斯（Richard Graves），"一位相当博学和幽默的绅士，"他是申恩斯通（Shenstone）的朋友，《神界的堂吉诃德》(*Spiritual Quixote*) 一书的作者，这是一本讽刺卫理公会教徒的书。16 岁的时候，罗伯特转而师从吉尔伯特·威克菲尔德（Gilbert Wakefield），威克菲尔德是一名牧师，其"许多观点狂热激进，荒诞不经，是一位才思敏捷而又固执己见的辩论达人。"他曾与查尔斯·福克斯通过信，还是卢梭的信徒。他这样阐述他的教育信条：

> 对年轻人的教导，最重要的是教会他们锻炼自己的能力，引导他们身体力行、循序渐进地攀登知识高峰，并使他们在这个过程中为自己的聪明才智的不断增长而倍感喜悦。[1]

1799 年，威克菲尔德被关进多尔彻斯特监狱，因为他表达过要让法国革命者征服英国的愿望。

现存的一些罗伯特·马尔萨斯学生时代的信件表明，他与威克菲尔德关

---

[1]《吉尔伯特·威克菲尔德生平》，第一卷，第 344 页。前引博纳尔博士书曾在第 405 页引用过。

系密切。[1]威克菲尔德曾是剑桥大学耶稣学院的研究员,剑桥大学第一位经济学家罗伯特·马尔萨斯之所以能够在 1784 年冬天到耶稣学院就读,原因正在于此。罗伯特·马尔萨斯是作为受助生来到这里的,那一年他 18 岁。1784 年 11 月 14 日,他在一封家信中写道:

> 我现已在房间顺利安顿下来,明天开始上课。我上周有时间复习了一下数学,昨天考试之后,我可以与高年级的同学一起上课。我们从力学以及麦克劳林(Maclaurin)[2]、牛顿和基尔(Keill)[3]的物理学开始学起。周一和周五,我们还要学习邓肯(Duncan)[4]的逻辑学课程,周三和周六我们要上塔西佗(Tacitus)的《阿古利可拉传》(*Life of Agricola*)[5]。我向一位书商订购了课程所需的全部书籍。学院人才济济,读书之风很盛。数学是主干课程,因为优等学位都要看这门课,而取得优等学位是学生们最大的目标。同时,我认为我们这里有一批优秀的古典学者。我只熟悉其中两位,一位与我同级,这是个聪明绝顶之辈,若他用功努力,获得古典学奖学金的机会很大。我到教堂做过两次礼拜。

---

1 西德纳姆·马尔萨斯上校是目前这位所有者的父亲,这些信件是他交由博纳尔博士处理的。

2 即科林·麦克劳林(Colin Maclaurin,1698—1746),苏格兰数学家,是牛顿晚年的学生,牛顿以伯乐的眼光发现了他。麦克劳林去世后,他的墓志铭刻着:曾蒙牛顿推荐。他对几何和代数做出了重要贡献。——译者注

3 即约翰·基尔(John Keill,1671—1721),苏格兰数学家、自然哲学家,伊萨克·牛顿的重要门徒。——译者注

4 即威廉·邓肯(Wlliam Duncan,1717—1760),苏格兰自然哲学家和古典主义者。他于 1752 年在阿伯丁的玛瑞绍尔(Marischal)大学接受教育,后被任命为那里的自然哲学教授。——译者注

5 普布利乌斯·科尔奈利乌斯·塔西佗,罗马帝国执政官、雄辩家、元老院元老,也是著名的历史学家与文体家,他的最主要的著作有《历史》和《编年史》等。《阿古利可拉传》是他的著作中的一部,写的是他岳父的一生,由于阿古利可拉曾担任过不列颠总督,这部书中用了一定的篇幅介绍了古代不列颠民族。——译者注

马尔萨斯的开销达到了一年 100 英镑。丹尼尔·马尔萨斯曾写道：如果开销再大些，他就供不起儿子读书了，在国外的莱比锡大学，每年的开销不过区区 25 英镑。[1]

此时的剑桥大学刚刚从漫长的沉睡中苏醒，而耶稣学院是其中沉睡得最昏沉的，现在它俨然成了学术风起云涌的中心。在这里，马尔萨斯受其精神伙伴的影响可能不亚于其父对他的影响和感染。他的导师威廉·弗伦德（William Frend）曾是佩里（Paley）[2]的学生，还是普利斯特利（Priestley）[3]的密友，在马尔萨斯入学后的第三年（1787 年），因脱离英国国教，支持"上帝一元论"、"思想自由"以及"和平主义"，而成为剑桥大学最著名的一场论战中的核心人物。佩里[4]本人于 1775 年离开剑桥，但他的《道德与政治哲学原理》（*Principles of Moral and Political Philosophy*）［该书原名为《道德和哲学原理》（*Principles of Moral and Politics*）］，出版于 1785 年，此时是马尔萨斯入学后的第一年。我想，这本书一定对我们这位《人口原理》的作者[5]产

---

[1] 前引博纳尔博士书第 408 页曾引用过。

[2] 即威廉·佩里（William Paley，1743—1805），英国神职人员、基督教辨惑学者、哲学家、功利主义者。著作有《自然神学：从自然现象中收集的关于神性存在和其属性的证据》《道德与政治哲学原理》。——译者注

[3] 即约瑟夫·普利斯特利（又译：约瑟夫·卜利士力）（Joseph Priestley，1733—1804），18 世纪英国的自然哲学家、化学家、牧师、教育家和自由政治理论家。出版过 150 部以上的著作，对气体特别是氧气的早期研究做出过重要贡献，但由于他坚持燃素说的理论，使其未成为化学革命的先驱者，曾是汽水的发明者。——译者注

[4] 我希望这些文章里已经包含了一些对佩里的描述。现在很少有对佩里的正确评论，事实上，他对剑桥一代乃至几代人的影响仅次于牛顿。也许，从某种意义上言之，他才是剑桥的第一位经济学家。如果人们重读佩里的《原理》，他就会发现，或许出乎意料，这是一部不朽之作。G. W. 麦得利（G. W. Meadley）的《回忆威廉·佩里》（*Memoirs of William Paley*）一书对这位才华横溢的剑桥怪杰曾有过一番引人入胜的精彩描述。他的曾孙女——阿尔弗雷德·马歇尔夫人曾告诉过我一些略有加工过的事迹，其中就有关于这位执事长（神职人员中的一种职位。——译者注）的情书（非常公事公办的样子）之类的故事。

[5] 也对马尔萨斯同时代的边沁产生过影响，不过，尚无记载显示他们之间曾有关联系。

生了巨大的智识影响。[1]此外，他自己还是剑桥大学一群优秀的本科生组成的小团体中的一员，其中他的传记作者奥特主教（Bishop Otter）、旅行家和剑桥教授 E. D. 克拉克（E. D. Clarke）——也是一位怪杰——比较知名。在马尔萨斯取得硕士学位之后，柯勒律治（Coleridge）[2]也进入了这所学院（1797年）学习。年轻的柯勒律治在面对大门楼梯右手边的底楼房间住下来时，耶稣学院尚未变成一个令人感到沉闷乏味的所在——这所学院到处弥漫的都是下面这样永不停歇的讨论：

缪斯女神翩然而至，她常常光临
我来到近前，期待着智慧女神们的赏赉；
她们双双把桂冠戴在我的头上，
同我相吻，算是对我的誓言给予的回报。[3]

"在那些房间里，我度过了多么棒的夜晚！"同时代的一个人写道：[4]"我

---

[1] 尽管博纳尔博士认为马尔萨斯"更喜欢从塔克（Tucker）而非佩里那里汲取知识"（前引书，第324页）。亚伯拉罕·塔克（Abraham Tucker）是《自然之光》（*Light of Nature*）一书的作者，在多尔金曾与丹尼尔·马尔萨斯比邻而居多年。

[2] 即塞缪尔·泰勒·柯勒律治（Samuel Taylor Coleridge, 1772—1834），英国诗人、文评家，英国浪漫主义文学的奠基人之一。以《古舟子咏》[亦可称作《古舟子之歌》]（*The Rime of the Ancient Mariner*）一诗闻名，其文评集《文学传记》（*Biographia Literaria*）以博大精深见称，书中对想像（imagination）与幻想（fancy）的区别尤其著名。一生作诗不辍，但中年时自称弃诗从哲，精研以康德、谢林为首的德国唯心论。他的"鸦片瘾"、他的个人魅力、他与华兹华斯的微妙关系，使他成为西方文学史上最令人注目的作家之一。——译者注

[3] 柯勒律治曾这么写道："年轻时节，秋日的傍晚，激情喷涌。"读到下面这样柔美而颇有预言味道的结句，很难不泪下沾襟：

凝思的神光在我的眼中跳跃追索；
登高远眺，深影重重复重重，
直到露脚斜飞，暗月沉沉。

[4] C.W.L.格莱斯（C. W. L. Grice），《绅士杂志》（1834），转引自格雷的《耶稣学院》一书。

的晚餐如此简单,他们称它为面糊,但我吃得津津有味,一般还把埃斯库罗斯(Aeschylus)[1]、柏拉图(Plato)[2]和修昔底德(Thucydides)[3]的书和一大堆词典往边上一推,开始讨论当时的小册子作品。这些小册子作品是爱德蒙·柏克不时写出的。我们不必把它们拿过来亲自浏览,因为柯勒律治早上都已经读过,晚上他会逐字逐句、一页一页地进行复述。彼时对弗伦德的审判还在继续,各种小册子作品如雨后春笋般地涌现出来,柯勒律治全都阅读过。到了晚上,大家一边喝着尼格斯酒,一边愉快地高声朗读这些小册子作品。"

1793 年 6 月,马尔萨斯成为耶稣学院的研究员(fellowship),1793 年 12 月 19 日,耶稣学院通过了下面这项决定,对此马尔萨斯亦曾与闻其事:

> 因柯勒律治未曾请假而擅自离开学院,从即日起,如若一月内仍未返校,并付清所欠老师的酬金或提供相应的支付保证,院董会将一致同意将其除名。

柯勒律治似乎已经化名希拉斯·汤姆金斯·库姆巴赫(Silas Tomkins Comberbach),应募进入第十五骑兵团。有关柯勒律治在耶稣学院的生涯,我只打算叙述到此,[4]需要说明的是,在这次越轨行为之后,柯勒律治被判处

---

1 埃斯库罗斯,古希腊悲剧诗人,与索福克勒斯和欧里庇得斯并列为古希腊最伟大的悲剧作家,有"悲剧之父"的美誉。——译者注

2 柏拉图是著名的古希腊哲学家,雅典人,他的著作大多以对话录形式纪录,并创办了著名的学院。柏拉图是苏格拉底的学生,是亚里斯多德的老师,他们三人被广泛认为是西方哲学的奠基者,史称"西方三圣贤"或"希腊三哲"。——译者注

3 修昔底德古,希腊历史学家、思想家,以《伯罗奔尼撒战争史》一书传世,该书记述了公元前 5 世纪斯巴达和雅典之间的战争。因为修昔底德对史料搜集和对因果分析方面严谨的态度,故被称为"科学历史"之父。——译者注

4 柯勒律治信奉一神教的那段时期受到了弗伦德的影响,离开剑桥后不久,柯勒律治"宣称自己是'剑桥大学耶稣学院的 R.S.T.柯勒律治',并与'穿着黑色燕尾服的绅士'一刀两断,在弗伦德的书中,穿黑色燕尾服的绅士曾大受挞伐,他则穿蓝色大衣和白色的背心"(格雷,《耶稣学院》,第 180 页)。

校内软禁一个月,并且还得把德米特里·法勒鲁姆(Demetrius Phalereus)¹的著作译成英文。柯勒律治后来对《人口原理》的猛烈抨击,世所皆知:

> 瞧吧!最后这个伟大的民族——它的统治者和智慧的臣民——听从的是佩里,是马尔萨斯!真是悲哀至极![《萨缪尔·泰勒·柯勒律治文粹》(*Literary Remains of Samuel Taylor Coleridge*),第 328 页]

> 我郑重宣告,我就是无法相信所有这些异端邪说、宗派和派系的门户之见,这都是那些无知、软弱且不怀好意的人胡编乱造出来的;对于一个基督徒、哲学家、政治家或公民而言,这些东西与那种令人心生憎恶的教条一样可耻。[《席间闲谈》(*Table Talk*),第 88 页]²

在学院里,据说罗伯特·马尔萨斯喜欢板球和滑冰,获得过拉丁语和英语辩论赛的奖项,他还是 1786 年布伦赛尔旅行奖金获得者,1788 年毕业时取得了剑桥数学学位考试优等生第九名。在一封毕业前夕写的家信里,他说他自己正在阅读吉本的著作,并且很期待能够早日读到几个月后才出版的最后三卷:

> 我最近正在阅读吉本的《罗马帝国衰亡史》³这本书。他的书有助于了解那些野蛮民族的起源与发展,而正是这些野蛮民族造就了如今这一个个文明的欧洲国家。此书使人明白曾长期占据历史舞台的那段黑暗时期,我想,这不能不唤起人们的好奇心。在我看来,吉本是一个饶有风

---

1 法勒鲁姆的德米特里,或称法勒鲁姆人德米特里,是雅典的演辩家、政治家、哲学家、作家。他出生于法勒鲁姆,后来成为泰奥弗拉斯托斯的学生,也是早期逍遥学派的其中一员。德米特里之后成为杰出的政治人物,并被马其顿的卡山德命为雅典的僭主。德米特里单独治理雅典 10 年,其间对法律进行重要改革,并让雅典维持亲卡山德的寡头政治。——译者注

2 柯勒律治的主要批评见于他在一本第二版的《人口论》一书的页边所写的手写批注里,该书现藏于大英博物馆。参看前引博纳尔书第 371 页。

3 爱德华·吉本(Edward Gibbon, 1737—1794),英国历史学家,著有《罗马帝国衰亡史》。——译者注

趣的作家,虽然文风有时颇为严肃,但充满趣味又令人心旷神怡的地方所在多有,也许对于一部历史著作来说,这种文风显得过于绮丽了。我热切期盼着随后几卷的问世。(1788年4月17日)[1]

在马尔萨斯后来的生活中,他对温和性情和绅士风度的注意到了过分的程度,[2]但是,在剑桥,他是一个极其讨人喜欢的人。奥特说,他天性幽默,

> 年轻时即表露无疑,成年后亦未尝稍改,尤其是在剑桥,一旦兴起,他就会做出种种滑稽表情,故意拿腔拿调,时常把同伴们逗得开怀大笑,为他们带来了无限欢乐。

不过,甚至还是在上大学期间,马尔萨斯就称得上是出类拔萃之辈。按照奥特的说法:

> (马尔萨斯)颇为自制,懂得谨慎处事,在那个年龄段这是一种难得一见的品质。这些优良品质也体现在了他的学术研究中,他沉稳而不躁进,对学院开设的各门课程均用心学习,不存排斥之念或偏爱之心。

1793年6月10日,马尔萨斯取得了耶稣学院的研究员职位,此时学院因开除弗伦德而引发的风波正如火如荼。[3]此后直到1804年因结婚而去职,他

---

[1] 前引博纳尔书第412页。

[2] 《绅士杂志》(1835年,第325页)的讣告作者写道:"他(无疑指的是奥特)与他有着将近50年的亲密交往,饶是如此,也几乎没有看到过马尔萨斯生过气,他从来不发火,也从来不会喜不自胜或郁郁寡欢。他有一颗容易满足的心灵,他身上有一种尤其突出的品质,那就是对智慧和善良的持久关注,对于同侪们的赞誉他时常惶恐不安,而对无聊的谩骂他则毫不关心。"

[3] "在1792年的最后一天,汤姆·潘恩(Tom Paine)位于剑桥市场山(Market Hill)的雕像被一伙暴徒焚毁"(格雷,《耶稣学院》,第171页)。两个月后,弗伦德的小册子作品《和平与团结:给共和主义联合体和反共和主义者发出的倡议》出版。弗伦德后来成了岩石保险公司的秘书和会计,卒于1841年,比马尔萨斯和他的其他同辈都活得久(前引格雷书)。

一直不定期地居住在耶稣学院。1788 年，他获得了神职任命，[1] 1796 年之后，他奔波于剑桥和阿尔伯里两地，在离他父亲居所不远的阿尔伯里教区担任助理牧师（curacy）。1803 年 11 月 21 日，在其亲戚亨利·达尔顿（Henry Dalton）的举荐下，他取得了威尔斯比（Walesby）和林克斯（Lincs）地区的教区长，他余生都是以非所在教区居民身份担任此职，并把该教区留给了后任助理牧师掌管。[2]

奥特在他的《回忆录》（*Memoir*）中收录了丹尼尔·马尔萨斯在他的儿子于耶稣学院读书时写给他的信。其中有一封曾谈及马尔萨斯被选为研究员一事，这封信有助于说明他们之间的父子关系，兹全文照录如下：

> 对于你取得的成功，我衷心祝贺；它带给了我的那种快乐，弥补了我自己的缺憾。我一生中所错失之物，显然该更明智地寄托于你的身上。
>
> 啊！我亲爱的鲍勃，我本无权谈论你的怠惰，但当我写那封令你不快的信时，对于我自己那破碎的目标和未竟的事业，我感慨良深。我回想起我的年轻时代，我预感同样的事情也将发生在你的身上，你会裹足不前，迷失方向，长于自责，我希望我那些令我悔恨的过往能够对你有所镜鉴。你确实显得心不在焉，这倒让我更加热切地希望把它告诉你，而且是以比通常所修饰过的心态更加和蔼的态度给你写信，我保证我是这样做的，但我的这种方式换来的却是让我感到非常失望的回信。正像你说的那样，你已经记不清这件事了，而且你确实非常有资格忘却它，

---

[1] 两年前，他曾就此咨询过学院院长，特别是关于他讲话方面的缺陷是否会对此有所影响。但是，当他说明"他最大的心愿就是退休乡居"时，比登博士（Dr. Beadon）撤回了所有反对意见（参见 1786 年 4 月 19 日 T.R.马尔萨斯写给丹尼尔·马尔萨斯的信件，见于前引博纳尔博士书第 409 页）。

[2] 关于这条信息，我要感谢林肯档案协会（Lincoln Record Society）的加农·佛斯特（Canon Forster）。他在这里的生活似乎还不错。

因为我在你身上看到了最无可挑剔的品格,最文雅的举止,最温良明达的风度,这一切都让你摆脱了我所痛恨的那种妄自菲薄的毛病,也使你总是能让每一个人都感到愉悦。哪怕我是个吹毛求疵、喜怒无常之人,也没有办法对你再提什么更高的要求了。当我对你的幸福有所期待时,我也从未感到还有什么遗憾可言,除非我的那些期待太过古怪,过于不近人情或压根就是错的。当我拒绝向你流露我的感情,拒绝向你示以嘉许时,我常常不禁想握住你的手,任由涕泗滂沱。

如果我能为你的礼拜堂做点什么,或者你还需要我为你做点什么,就写信给我,像我写信给你一样。相信我,亲爱的鲍勃,最爱你的,

丹尼尔·马尔萨斯

马尔萨斯第一篇明确为其所著的文章写于 1796 年,名为《危机:一位宪法之友对大不列颠最近的有趣状态所持的看法》(*The Crisis, a View of the Recent Interesting State of Great Britain by a Friend to the Constitution*),时年 30 岁,这是一篇批评皮特(Pitt)政府的文章,未能发表。自奥特和艾泊森从中引述的摘要来看,他当时的兴趣已经转到了政治经济这类社会问题上来,甚至已经转到了人口问题上:

在人口问题上(他写道),我不赞成佩里执事长的观点,他认为衡量一国幸福程度的最优指标是人口的数量。不断增加的人口是最可能反映一国幸福和繁荣的标志,但是实际人口数量仅仅是已经过去的幸福之象征。

1798 年,马尔萨斯 32 岁,匿名出版了《人口原理,人口对社会未来进步的影响:兼评葛德文先生、孔多塞先生和其他著述家的思考》(*An Essay on the Principle of Population, as it affects the future improvement of society: with remarks on the speculations of Mr. Godwin, M. Condorcet, and other writers*)。

正是在与其父丹尼尔·马尔萨斯的讨论中，罗伯特·马尔萨斯才逐渐完成了他名垂于世的成就。这段内情因奥特主教的披露广为人知，而他则是听马尔萨斯本人所讲。1793 年，葛德文[1]的《政治正义》(Political Justice) 一书出版。父子俩就这本书进行了频繁的讨论，围绕该书关于未来社会如何才能达到完全的平等和幸福的学说，父子二人观点不一，父亲站在辩护一方，儿子则持反对意见。

这个问题经常成为他们父子二人争辩得不可开交的主题，儿子持论主要基于人口增长快于生活资料增长这个倾向所带来的阻碍。为求周全，父亲要求儿子写下他的论证主旨，《人口原理》就这样诞生了。我们不知道父亲是否被儿子所说服，但可以肯定的是，他被手稿中观点的重要性和论证的创造力所震撼，因此建议他的儿子把他的劳动成果公之于众。

此书第一版约 5 万字，八开本版式，与 5 年后出版的第二版的四开本相比，第一版更适于流传。到了第五版时，此书已经成为篇幅达 25 万字左右的三卷本。马尔萨斯在第二版中解释称，第一版的写作"多出于偶然的冲动，仅根据在乡间所能接触到的少量资料写就"，主要是一部先验主义的著作，其内容一方面是对完美主义者的反驳，一方面是证明造物主的方法之合理性，虽然从表面上不大容易看出这一点，甚至有适得其反之感。

第一版不仅在方法上是先验的和哲学的，而且文风大胆，修辞独到，语言精湛，情感充沛；而在其后诸版中，政治哲学让位于政治经济学，一般性的原理被社会史先驱者的归纳证明所遮蔽，在作者最后几次对该书的修订中，昔年那个年轻人在写作时所体现出来的横溢的才华和恢宏的气魄消失殆尽。柯勒律治在一本第二版的《人口原理》的页边这样批注道："空洞、无意

---

1 威廉·葛德文（William Godwin, 1756—1836），英国记者、哲学家、小说家。被认为是功利主义的最早解释者之一和无政府主义的提出者之一。——译者注

义的重复":

难道这本四开本的书就是在教导我们,巨大的痛苦和邪恶都来源于贫困,而且只要嘴巴多过面包、人头(Heads)多过头脑(Brains)的地方,贫困必然以其最坏的方式呈现出来?

从第一版的稀少程度看,该书第一版的发行量一定很小(马尔萨斯在1820年说,他的稿费总共不超过1000英镑[1]),我们知道,它一经面世,很快销售一空,但第二版出版却是在5年之后。这本书立刻引起了关注,以小册子形式出版的各种口诛笔伐纷至沓来(根据博纳尔博士的说法,在第二版出版后的5年中,这些小册子作品不下20种),在之后的135年间,这种情况从未绝迹。一种客观理性的呼声逐渐高涨,认为它抨击了自生命演化开始就已经存在的那种根深蒂固的原始本能。这种本能就是,在人们有意识地追求幸福的过程中,总是惯于要求政府的统治,以便从那种对适者生存法则的盲从中挣脱出来。

佩里曾一度认为"人口的衰减是一个国家所可能遭受的最大不幸,增加人口应该成为所有国家的目标,并优先于一国其他一切政治目标",但他自己也被《人口原理》改变了观点。[2]《人口原理》甚至还引起了政治家的关注,奥特记载过1801年12月皮特[3]和马尔萨斯之间的一次会晤:

---

1 这可与佩里的境遇殊为不同,佩里的《原理》一书(该书是他的处女作)第一版就卖了1 000英镑。

2 引自G.W.米德莱(G. W. Meadley)《威廉·佩里回忆录》(*Memoirs of William Paley*)(第二版),第219页。

3 即小威廉·皮特(William Pitt the Younger,1759—1806),活跃在18世纪晚期、19世纪早期的英国政治家。1783年,他获任首相,时年24岁,时至今日,仍然是英国历史上最年轻的首相。1801年,他辞去首相一职,但在1804年,他再次出任首相,却在1806年任内去世。担任首相期间,他同时兼任财政大臣。民间为了把他和他的父亲——老威廉·皮特区分开来,通常会在他的名字后面加上"小"(the Younger)。——译者注此次皮特对剑桥大学的访问带有一种劝导性质……在耶稣学院接待室的一次晚宴上，会谈气氛极为轻松，皮特很放松地与大家一起漫谈，此时在座的有一些年轻的访问学者，马尔萨斯赫然就在其间。他们谈到了西德尼·史密斯（Sidney Smith）、雅法（Jaffa）的大屠杀、阿克里（Acre）的帕夏（Pasha）、克拉克（Clarke）、卡莱尔（Carlisle），等等。

皮特在1796年的时候还认为，多生孩子可以使"国家富足"，哪怕因此而令生活堕入贫困境地也在所不惜。[1]但就在与马尔萨斯会晤的前一年，他放弃了《新济贫法案》（*New Poor Bill*）。他在下议院发言称，他这样做是出于对"他一定要表示尊重的那些人"的反对意见的尊重，言下之意，就是边沁和马尔萨斯这些人的观点理应得到尊重。

马尔萨斯的《人口原理》是一本天才之作。对于其中所表达的思想之重要性，作者有着充分的认识。他相信他已经找到了人类苦难的根源。《人口原理》的重要性不在于他所列举的事实之新奇，而在于他从这些事实中概括出来的简单原理，以及对这一原理的极富冲击性的强调。事实上，他的主要思想基本上都曾由18世纪的其他作家们笨拙地预见到过，只是没有引起关注。

此书可以跻身于对人类思想进步产生重大影响的著作之列。它深深地根植于英国的人文科学传统——根植于苏格兰和英吉利的思想传统，我认为，从18世纪以降，这种传统有着非比寻常的延续性。这是一个与洛克、休谟、亚当·斯密、佩里、边沁、达尔文和穆勒这些辉映千古的名字相连的伟大传统，它热爱真理，至为高贵；它既不感情用事，也不走形而上学的路数，质朴无华；它散发着的是无私的公共精神。这一传统所留给我们的著述，不仅在情感上，而且在实质内容上，都存在着延续性。马尔萨斯承袭了这一传统。

---

1 引自坎南（Cannan）《生产与分配理论史》（*History of the Theories of Production and Distribution*）。

马尔萨斯之从剑桥的先验方法——无论是来自佩里、数学学位的取得，还是功利主义者——向《人口原理》嗣后诸版的归纳论证转变，得益于他在欧洲大陆的两次旅行。1799 年，马尔萨斯为搜集资料，游历了"瑞典、挪威、芬兰和俄罗斯部分地区，这是当时仅有的几个对英国旅行者开放的国家"；此外，马尔萨斯还曾于 1802 年在法国和瑞士短暂逗留。[1] 北欧之行是与耶稣学院的几个朋友——奥特、克拉克和克利普斯（Cripps）——结伴同行的。E.D. 克拉克天生是一个旅行家和收藏家，精力充沛。马尔萨斯和奥特已经精疲力竭了，克拉克还没有什么感觉。克拉克和克利普斯又继续旅行了两到三年的时间，由君士坦丁堡返回，搜集了大量的各式物品，其中的许多东西现在保存在菲茨威廉博物馆（Fitzwilliam Muscum）。[2] 克拉克的信件有许多都收录在《生活与旅行》（*Life and Travels*）一书中，这些信件曾被他留守在耶稣学院的朋友们怀着极大的好奇心和兴趣在教授休息室高声念出来。[3] 克拉克后来成了耶稣学院的高级讲师（Senior Tutor，1805 年），再后来成了第一位矿物学教授（1808 年），最后成了大学图书馆的馆长（1817 年）。

与此同时，马尔萨斯继续他的经济学研究，并于 1800 年匿名出版（就像发表第一版《人口原理》时一样）了一本小册子作品，名字叫《当前生活物资价格上涨的原因之研究》（*An Investigation of the Cause of the Present High*

---

1 1800 年 1 月，丹尼尔·马尔萨斯去世，享年 70 岁。3 个月后，他的妻子，也就是罗伯特的母亲，亦随之而去，享年 67 岁。他们合葬于沃顿公墓（Wotton Churchyard）。

2 他从希腊帕特摩斯得到的柏拉图雕像现存于牛津大学图书馆。这位历史学教授写道：

我歌颂着导师的盛名，

他为求知识四处奔忙，

我亦学他，上穷碧落下黄泉，

要把知识装进箱子带回学院。

3 下面这段引自刚宁（Gunning）的《旧事纪闻》（*Reminiscences*）的话非常有名："还记得收到克拉克的包裹时，我和奥特拉姆（Outram）（校方发言人）正在吃饭。第一封信的开头这样写道：'此刻，我正在北极圈吃着草莓。'我们对他的甜食如此着迷，以至于都忘记了我们自己的食物。"

Price of Provisions）。这本小册子式的作品，就自身而言不仅即具有其重要性，而且还表明了马尔萨斯已经倾向于采用一系列方法处理实际的经济问题，在他后来与李嘉图的通信中，这些方法得到了进一步发展。对于这种方法，我深表赞同，而且我认为，相较于李嘉图的方法，他的方法更有可能得出正确的结论。但是，李嘉图的方法更富有智识建构上的魅力，所以才取得了胜利。李嘉图彻底摒弃了马尔萨斯的理念，把这门学科以人为的成规加以禁锢，时间长达百年之久。

按照马尔萨斯良好的常识观念，价格和利润基本上是由他所描述的"有效需求"（effective demand）决定，尽管这一概念当时还不是非常清晰。李嘉图则喜欢一种更为严格的方法，他去探讨"有效需求"背后潜在的货币条件以及产出的实际成本和实际分配，认为这些因素在以一种独有而明确的方式自动地发挥着作用，而且认为马尔萨斯的方法过于肤浅。但是，李嘉图在把他高度抽象的论证步骤加以简化的过程中，必定偏离真实的情况，而他本人并没有意识到这一点；马尔萨斯则使他的说法更接近结论，从而牢固地把握住在真实世界中可能会发生的事情。李嘉图是诸如货币数量论和汇率购买力平价这一类理论的奠基人。只有当我们努力地挣脱这些伪算术教条在智识上的统治地位时，我们才可能百年来第一次真正领会马尔萨斯那更为模糊的直觉所具有的实际价值。

马尔萨斯的"有效需求"概念在这本早期的小册子作品中得到了精彩的阐发，"在骑马从黑斯廷斯到市镇上时，突如其来的想法给了我强烈的震撼"，以至于他"在市镇的一间阁楼里"逗留两日，"熬夜工作到两点，为的是能够在议会开会前完成这本小册子。"[1]他在思索何以生活物资价格上涨幅

---

[1] 参看福克斯维尔教授（Prof. Foxwell）在《经济学刊》（Economic Journal，1897）第270页发表的一封马尔萨斯的信件（时间为1800年11月28日）。马尔萨斯这样记载称，皮特首相对他的这本小册子式的作品印象很深，并在下议院会议的一份报告中称"许多类似的推理意见得到了采纳"。

度如此之大，以致不能用收获季节的歉收来解释。他没有像李嘉图在若干年后那样引入货币数量。[1]他发现，原因乃在于随着生活成本的增加，各教区津贴以比例得到了提高，从而使劳动阶级的收入增加所致。

我非常怀疑，在英国大部分地区，随着谷物价格的上涨而按比例提高教区津贴的企图，以及国家的富足——这可以确保提高教区津贴的企图得以实现——比较来看是导致英国生活物资价格上涨幅度如此之大的唯一原因。其价格涨幅远大于物资短缺的程度，也远大于那些上述原因不起作用的国家价格上涨的幅度……

让我们假设有50个人对某种商品有着很大的需求，但由该商品在生产上存在的一些问题，所以只能满足对40个人的供应。如果第40个人只有2先令可以花在该商品上，而且他前面的39个人都不同程度地高于2先令的出价，他后面的10个人对该商品的出价均低于2先令，那么，根据真实的交换原则，这种商品的实际价格应该是2先令……现在我们假设有人给了这10个没有得到该商品的穷人每个人1先令。这样，所有这50个人都付得起2先令。按照公平交易的每一条真实的原则，该商品的价格必定马上上升。若非如此，我就会问，根据什么原则，能把支付2先令的50个人中的10个人排除出去呢？而根据假设，这种商品只够供应给40个人。穷人的2先令和富人的2先令并没有什么两样；如果我们不加以干预，使商品的价格上升，从而令最穷的10个人无法购买到该商品的话，我们就必须得通过掷硬币、抽签、抽彩票或搏斗来决定谁输谁赢，赢的人才能购买该商品。就一个国家而言，这些方法是否比以货币

---

[1] 马尔萨斯并没有忽略这一因素。他对此做了精彩的处理："为了在一个国家流通相同或接近相同数量的商品，当它们价格较高时，一定需要更多的媒介，而不管这类媒介可能会是什么……因此，如果流通中纸币的数量在过去一年里大大增加，那么，我会倾向认为，它是物资价格高涨的结果而不是原因。然而，流通媒介过多，可能会是阻止价格回落的障碍之一。"

的多寡论输赢这样令人心生厌恶的方式更合理,超出了我当下这篇文章的范围;但可以肯定,按照所有文明和开化民族的风俗习惯,按照商业贸易的每一条原则,这种商品的价格必定要上涨到超过这 50 个人中的某 10 个人购买能力的程度。这个价格可能是半个克朗或者更多,它现在将会成为该商品的价格。如果我们再多给被排除在外的 10 个人每人 1 先令:所有人现在都有能支付得起半个克朗。该商品的价格随后必定会立刻上升到 3 先令或更多,如此往复,情况会一直如此。

这些语言和思想都很质朴。但它是系统的经济学思考的发端。这本小册子还有许多高论,值得全文引述。虽然《人口原理》一书多有伟大的论述段落,但《当前生活物资价格上涨的原因之研究》这本小册子[1]仍算得上是马尔萨斯写过的最好的作品之一;如今此书被广泛征引。在这里,我忍不住要引用《人口原理》(第二版,第 571 页)的一个著名的段落,因为那个段落的思想与这本小册子作品的思想非常相似,只不过语境不同[是对潘恩(Paine)[2]《人的权利》(*Rights of Man*)的批评],文采也要好得多:

> 一个人,他降生在一个各物皆有其主的世界,如果他不能从他的父母那里得到所需的生活物资,如果所在的社会不需要他的劳动,那么,他就没有权利得到一星半点儿的食物,实际上看,这个世界与他无干。在大自然的盛宴中,他就没有立锥之地。这就好比一个人没有拿到宴会

---

[1] 据我所知,这本小册子作品印数极少,从未被重印。
[2] 托马斯·潘恩(Thomas Paine),英裔美国思想家、作家、政治活动家、理论家、革命家、激进民主主义者。生于英国诺福克郡,曾继承父业做过裁缝,后来做过教师、税务官员,37 岁前在英国度过,后移居英属北美殖民地,参加了美国独立运动。在此期间他撰写了铿锵有力并广为流传的小册子《常识》(1776 年)极大地鼓舞了北美民众的独立情绪,并在战争期间完成了系列小册子《美利坚的危机》(1776—1783 年),成为美国开国元勋之一。后来受到法国大革命影响,潘恩撰写了《人的权利》,成为启蒙运动的指导作品之一。——译者注

的邀请函，女主人命令他离开，如果他不能唤起在座宾客的同情之心，很快就会有人过来把他赶走。而如果有哪个宾客起身把座位让给他，那么，马上就会有一群其他的不速之客闯进来，要求得到同样的待遇。若是把宴席上的食物来者有份的消息散播出去，宴会厅就会被希望分一杯羹的人群挤得水泄不通。宴会的秩序与和谐就会荡然无存，先前的充裕转瞬即化为短缺，宾客们其乐融融、觥筹交错的景象就不复再有，大厅之内的每个角落都会是痛苦不堪的拥挤场面，人们彼此怨愤，喧嚷不止。原因是人人被告知能分到一杯羹，却没有分到手。此时，当初让座的宾客一定后悔不迭，悔不该当初去抵制女主人发布的驱逐不速之客的冷酷指令。女主人的本心乃是希望她的宾客们都能享用充足的食物，但她知道，她无法满足所有的其他人，因此，待到她的宴席高朋满座之后，她就要客客气气地把新来者拒之门外。

马尔萨斯的下一本小册子作品，名叫《就其修改〈济贫法建议案〉致塞缪尔·威特布莱德议员的一封信》(*A Letter to Samuel Whitbread, Esq., M. P., on His Proposed Bill for the Amendment of the Poor Laws*)，这本出版于1807年的小册子作品则显得不如人意。这本小册子是对《人口原理》一书中原理的极端推展。威特布莱德先生建议"授权地方政府建造房屋"，简而言之，这就是一项建房计划，这个计划一方面是要应对房屋严重短缺之局，另一方面则是意欲创造就业机会。但马尔萨斯关切地指出，此举是无法纾解"获得住房的困难"的，因为正是住房困难才使得"济贫法并不像预期的那样鼓励早婚"。济贫法提高了地方税，而地方税的高企又阻碍了房屋修建，同时，住房短缺则减轻了济贫法在刺激人口增长方面所带来的灾难性影响。

趋势是男女关系过早发生，而这是充裕的住房条件使然，我几乎从不怀疑人口可能会遇到这样的推动力，并可以及时地使大量劳动力投入到市场之中，至于改善独立劳动者的境况则绝无可能。

经济学是一门非常危险的科学。

1803 年，新版《人口原理》以精美的四开本、共 600 页的面貌问世，定价 1.5 个基尼。直到这个时候，马尔萨斯还没有从事负有具体职责的工作，能够完全自由地投入经济研究。1804 年，他结婚了。[1] 1805 年，在他 39 岁之际，他接受了前一年已经做出的任命，担任新成立的东印度学院的现代史与政治经济学教授职位。起初他居住在赫特福德（Herford），不久后迁居到黑利伯里（Haileybury）。这是英国设立的最早的政治经济学教授职位。[2]

至此，马尔萨斯开始了他作为学者和教师的平静生活。他住在黑利伯里达 30 年之久，一直到 1834 年去世。他住在钟楼下的一所房子里，后来詹姆斯·斯蒂芬爵士（Sir James Stephen）在此居住，[3] 他是马尔萨斯职位的最后一位接任者。马尔萨斯育有几个子女，其中一个女儿夭折，另一个女儿普林格尔夫人（Mrs. Pringle）活到 1885 年，其子亨利·马尔萨斯（Henry Malthus）

1　在《资本论》（*Das Kapital*）的一个脚注（第一卷，第 641 页，转引自前述博纳尔博士书第 291 页）里，马克思告诉我们："虽然马尔萨斯是英格兰教堂的一名牧师，但他已经立下禁欲的独身生活的僧侣誓言，因为这是取得崇信清教的剑桥大学研究员资格的条件之一。在这样的环境下，马尔萨斯与其他的清教牧师相比是很有利的，因为其他的清教牧师放弃了天主教的独身原则。"我不是一名好的马克思主义研究者，在我 1925 年于莫斯科的财政委员会发表演说时，我惊讶地发现，我所提到的人口增长会成为俄国的一个问题的观点在那里很不受欢迎。不过，我本应该记得，马克思在批判马尔萨斯时，曾认为人口过剩纯粹是资本主义社会的产物，社会主义国家不会发生这样的现象。马克思所给出的理由并非全无意义，实际上他的观点非常接近马尔萨斯自己的理论，即"有效需求"可能无法在资本主义社会与产出保持同步。

2　最初的头衔是"历史学、政治学、商业和财政学教授"。

3　莱斯利·斯蒂芬（Leslie Stephen）在撰写《不列颠人名词典》时，对马尔萨斯进行了描述，彼时他是剑桥大学的年轻教师，主要因其在"徒步主义"方面的事迹而为人所知。据记载，马尔萨斯经常从剑桥徒步到黑利伯里看望其父，从不把远途跋涉视为畏途。他父亲在黑利伯里的房子曾长时间由马尔萨斯居住［参看《旧黑利伯里学院回忆录》（*Memorials of Old Haileybury College*），第 196 页］。如果我能请到"老琼斯（Old Jones）"到场就好了！此人在马尔萨斯和斯蒂芬之间担任他们共同的职位达 20 年之久，他有一句著名的布道语："现在，我的弟兄，让我来问你们：你们中有谁没有孵化过毒蛇之卵的？"

是一名牧师，于 1882 年去世，没有子嗣。

《人口原理》在之后的一系列版本中得到了扩充。1814 年和 1815 年，马尔萨斯关于《谷物法》（*Corn Laws*）的几本小册子作品出版。1815 年，他那篇著名的论文《论地租》（*Rent*）发表，马尔萨斯 1820 年出版的第二本著作是《政治经济学原理：由实际应用所做的考察》（*The Principles of Political Economy Considered with a View to their Practical Application*）。[1]

"马尔萨斯夫人那令人宾至如归的晚宴，是伦敦学术精英们经常光顾的场所，这个传统一直在黑利伯里学院得到延续，与学院存续的时间一样长。"[2] "马尔萨斯的仆人一直跟随在左右，直到他结婚后生活安顿下来才离开。"[3] 他的学生们都称呼他作"大大"（Pop）。他是辉格党人；他的布道尤其注重阐发主的仁慈。他认为黑利伯里学院是一个令人感到惬意的地方，认为政治经济学对于那些"不但能理解，而且不觉得枯燥"的学生来说是一项非常合适的研究；他宅心仁厚，性情可亲，品质纯良，情感丰富，是一个天生的乐天派。这证实了 1798 年他在《人口原理》第一版中所得出的结论："一般而言，人生是一件与未来无关的上帝的恩宠……而且我们有充分的理由相信，除了那些在历史进步大潮中必不可少的罪恶之外，世界上再也没有其他的罪恶了。"

与这种描述形成鲜明对比的是，论战中的各种小册子作品的作者都把马尔萨斯描绘成冷酷、邪恶的怪物。对此，马尔萨斯似乎都尽可能地不加理会，但他的一些朋友却非常愠怒，西德尼·史密斯（Sydney Smith）曾对此做过更好的描述，他在 1821 年 7 月给朋友写了这样一封书信：

---

1 马尔萨斯其他小册子作品的书目清单有奥特（前引奥特书，第 Xl111 页）和博纳尔（前引博纳尔书，第 421 页）给出过。他还曾为《爱丁堡评论》和《每季评论》撰过稿。他的《政治经济学定义》（*Definitions of Political Economy*）出版于 1827 年，这是一本没有引起读者多大兴趣的书［可能他对李嘉图实际工资（Real Wages）的定义之抨击除外］。

2 《旧黑利伯里学院回忆录》，第 199 页。

3 摘自奥特在 1835 年于《雅典娜》（*Athenaeum*）周刊上所写的讣告。

上个星期哲学家马尔萨斯来到此地。我为他举办了一场令人愉悦的未婚者们的欢迎会。其中只有一位女士生过孩子。但马尔萨斯性情温和，只要没有发现有身孕的迹象，他总是对每一位女士彬彬有礼……马尔萨斯是一位真正的道德哲学家，如果我能像他那样明智地思考和行动，即使说话口齿不清我也不在乎。

《绅士杂志》的讣告（1835年，第325页）告诉我们：

马尔萨斯先生身材修长，气质儒雅，从内到外散发着一种完美的绅士风度。

约翰·林奈尔（John Linnell）曾在1833年为马尔萨斯画过[1]一幅精美的画像，现在这幅画像的原作为罗伯特·马尔萨斯先生所藏，并经由林奈尔著名的雕版技术而广为人知。画中马尔萨斯面色红润，一头红褐色的卷发，英气逼人，气质超凡。马尔蒂诺小姐（Miss Martineau）[2]在其《自传》（*Autobiography*）中这样描写马尔萨斯：

全英格兰都找不到像马尔萨斯先生这样纯良、充满着内在感染力的至诚君子……世间这么多人里边，不事宣扬而声名不胫而走的，马尔萨斯先生就是其中的一位。马尔萨斯的演说完美已极，让人完全意识不到他唇腭裂的缺陷。当他的一位朋友邀请我去拜见他时，我还有些惴惴不安……我听力不佳，他又不良于发音，我原以为这一定会妨碍我向他表达我的思想，从而令这次会面变得非常尴尬。我完全错了。他一张口，

---

[1] 这幅肖像画挂在阿尔伯里达尔顿山的起居室里，火炉边的墙上挂着的也是由林奈尔所画的马尔萨斯夫人的肖像画。这些肖像画里还有他的儿子亨利·马尔萨斯牧师，是林奈尔在剑桥耶稣学院所画的众多肖像画中的一幅。

[2] 哈尔丽特·马尔蒂诺（Harriet Martineau，1802—1876）是英国社会理论家和辉格党作家，常被誉为首位女性社会学家。马尔蒂诺从社会学，整体性，宗教性，家庭性，甚至最具争议性的女性角度写了许多书和许多文章。——译者注

第一句话语速缓慢而轻柔，字正腔圆，让我彻底放松了下来。我很快发现，实际上他说的每一个元音我都能听得很清楚。字母"i"的音他发得最不好，但我仍然可以毫无困难地听得清他所提出的问题——"你不愿意去基拉内湖（Lakes of Killarney）那边去看一看吗？"[1]这样我就再也没什么可担心的了。

这令人愉悦的一幕使我们恍然如入记忆中的那个年代，这种记忆是被卢梭和休谟造成的鸿沟所隔断的！ 由于受约翰逊博士[2]、吉本和伯克[3]的言论之影响是如此之深，以至于我们轻易地淡忘了 18 世纪最后 25 年中那个年轻而激进的英格兰，马尔萨斯就是这个时期成长起来的；我们也忘记了法国大革命爆发带来的深重的绝望情绪所造成的毁灭性影响（今日俄国革命的结果可能很快会与之比肩）——虽然我们还能从华兹华斯[4]和柯勒律治的诗风变化，以及雪莱那不可遏制的激情喷涌中了解到它——但我们已经忘记了这两起事件在从 18 世纪向 19 世纪过渡中所起到的关键作用。无论如何，随着一个接着一个世纪的逝去，马尔萨斯在我们的生活环境和知识领域中已经完全被遗忘了。卢梭、马尔萨斯之父丹尼尔·马尔萨斯、吉尔伯特·威克菲尔德、1784 年

---

1 这句话中含有多个"i"的发音，所以马尔蒂诺小姐听懂了这句话后就感到安心了。——译者注

2 塞缪尔·约翰逊（Samuel Johnson, 1709—1784），常称为约翰逊博士（Dr. Johnson），英国历史上最有名的文人之一，集文评家、诗人、散文家、传记家于一身。前半生名声不显，直到他花了 9 年时间独力编出的《约翰逊字典》（*A Dictionary of the English Language*），为他赢得了声誉及"博士"的头衔，鲍斯威尔后来为他写的传记《约翰逊传》记录了他后半生的言行，使他成为家喻户晓的人物。——译者注

3 即埃德蒙·伯克（Edmund Burke, 1729—1797），爱尔兰裔的英国的政治家、作家、演说家、政治理论家和哲学家。——译者注

4 即威廉·华兹华斯（William Wordsworth, 1770—1850），英国浪漫主义诗人，与雪莱、拜伦齐名，也是湖畔诗人的代表。其代表作有与塞缪尔·泰勒·柯勒律治合著的《抒情歌谣集》（*Lyrical Ballads*）、长诗《序曲》（*Prelude*）、《漫游》（*Excursion*），被认为是文艺复兴以来最重要的英语诗人之一。——译者注

的剑桥、佩里、皮特,《人口原理》的第一版属于一个不同的世界和不同的文化。他与我们的联系变得很近。他是政治经济学俱乐部的创始成员之一,[1]这个俱乐部至今每个月第一个星期三都还在聚会。[2]他还是皇家统计学会的创始成员,该学会就在他去世前不久成立。他出席了 1833 年举行的英国科学促进会在剑桥召开的会议。阅读过本文的读者可能已经知道了他的一些学生。

马尔萨斯晚年与李嘉图的亲密关系对他个人影响至深,关于李嘉图,他这样写道:

> 除了我的家人,我还从未与任何其他人有如此之深的感情。我们毫无保留地交换看法,我们共同追求的目标是彻彻底底的真理而非其他什么东西,我常情不自禁地想,我们的意见迟早总会取得一致。

玛利亚·埃奇沃斯(Maria Edgeworth)对他们二人均知之甚深,她这样描述这两个人:

> 他们共同探究真理,无论谁是第一个发现了它的人,两个人都会欢呼庆贺,我实实在在地看到,他们一起用自己有力的臂膀摇着辘轳,把眷恋真理的智慧女神从深井中拉了上来。

马尔萨斯和李嘉图之间的友谊始于 1811 年 6 月,[3]当时是马尔萨斯"冒昧自荐",希望"在私底下进行心平气和的讨论,以消弭那些我们本来基本上

---

[1] J. L. 马利特先生(Mr. J. L. Mallet)在其 1831 年的日记中曾提到马尔萨斯几乎从不缺席俱乐部的宴会。

[2] 1924 年 4 月 2 日,就是在这个俱乐部的聚会上,我宣读了本文的一个早期的版本,讨论了这样一个问题:"罗伯特·马尔萨斯牧师是哪一种人?"

[3] 斯拉法先生告诉我,这个时间是正确无误的,博纳尔博士所说的 1810 年 2 月这个时间是不确的。斯拉法先生发现了马尔萨斯这边的通信,这使他能够纠正某些信件中被博纳尔搞错的时间,其中一些信件实际上 1813 年才是正确的日子,但博纳尔博士却标成了 1810 年。

站在同一立场的问题所存在的观点上的分歧,这样做可以避免一场笔墨官司"。他们的亲密关系从未中断。李嘉图在周末频频造访黑利伯里;马尔萨斯到伦敦去的时候,几乎总是会与李嘉图一起待上几天,或者至少要与他共进早餐。马尔萨斯晚年已经习惯和家人一起到李嘉图位于盖特科姆庄园的家中小住几天。很显然,他们彼此之间怀有着最深切的爱戴和尊敬。他们两位在智力天赋上对比很鲜明,相得益彰。在经济学讨论中,李嘉图是一位抽象的先验理论家,马尔萨斯则不喜欢偏离事实验证和自己的直觉太远,他是一位注重归纳和直觉的研究者。不过,在遇到实际的金融问题时,这位犹太裔的证券经纪人与这位有着贵族血统的牧师,在角色上可谓全然颠倒过来了。有一件小事,可以做一个有趣的佐证。众所周知,拿破仑战争期间,李嘉图是参与政府债券运作的辛迪加(Syndicate)的一位主要成员,该组织所做的事情相当于时下所谓的"承销"(underwriting)。他的辛迪加通过参与招标,从财政部获得了一种包括各种期限的债券,然后作为一种投资品逐步向公众销售。在这些时候,李嘉图常常会帮马尔萨斯争取到一些实惠,李嘉图把一部分债券份额记在马尔萨斯的名下,却不要马尔萨斯掏一分钱。[1]这意味着,只要马尔萨斯在一段不太长的时间上持有债券,就可以稳赚一笔,因为辛迪加的初始价格比当时的市价低很多。这样一来,在滑铁卢战役的前几天,马尔萨斯发现自己手中的债券正处于一个小"牛市"。遗憾的是,马尔萨斯的神经过于脆弱,他指示李嘉图,除非"时机显然不对或者你不方便",否则"但凡有一点儿收益,就请尽快把你如此好意承诺给我的份额兑现"。尽管李嘉图照办了,但他并不认同马尔萨斯的看法,因为他自己的债券似乎一直持有到滑铁卢战役那一周的牛市顶峰位置。在1815年6月27日写给马尔萨斯的信中,李嘉图谦逊地说:"与往常一样,我从预料到的上涨行情中斩获颇丰,我是公债的大赢家。""现在让我谈谈我们的老话题。"他接着就沉浸在对商品

---

[1] 马尔萨斯在一封信中谈到,他曾借出去大约 5 000 英镑(1814 年 8 月 19 日)。

价格上涨原因的探讨之中。[1]想来那可怜的马尔萨斯会禁不住心中懊恼。

我承认（他在 1815 年 7 月 16 日写道），我过去认为，第一场战役的胜算是在波拿巴那一边的，他选择了进攻；而从威灵顿公爵排兵布阵来看，波拿巴一度非常接近胜利。然而，就所发生的情况而言，似乎可以肯定的是，法国并没有像他原本应该做到的那样做好准备。如果他们在捍卫独立上能够表现出原本所预期的那种能力和热情，那么，无论多么血腥和彻底，单凭一场战役是不可能改变法兰西的命运的。

由于他们之间的文字往来乃是整个政治经济学发展过程中最为重要的信件，所以，他们之间的这段友谊将永垂青史。1887 年，博纳尔博士发现了马尔萨斯上校所藏的李嘉图写给马尔萨斯的信件，之后出版了他那个著名的版本。但寻找马尔萨斯的信件却一无所获，这些信件本应保存在李嘉图的家人手中。1907 年，福克斯维尔（Foxwell）教授在《经济学刊》（*Economic Journal*）发表了这些散佚信件中的一封，这封信是大卫·李嘉图偶然送给伊斯顿·格雷（Easton Grey）的史密斯夫人的，这位女士喜欢收藏名人手迹。福克斯维尔教授同时还极有先见之明地宣称："马尔萨斯这部分信件的遗失，对于经济学家而言乃是一场文献上的大灾难，其严重性堪比大卫·休谟对《国富论》的评论之被销毁事件。"[2]不过，对于皮耶罗·斯拉法来说，这一切都隐藏不住，为了编辑即将出版的《大卫·李嘉图著作集》的全本和定本（此书为皇家经济学会预备，将于近年出版[3]），斯拉法先生在研究中发现了那些散佚的信件。李嘉图和马尔萨斯两边的信件之出版，极大地提高了对他们的研究兴

---

1 《李嘉图致马尔萨斯书信集》，第 85 页。

2 还有一封信，是李嘉图送给麦克库洛赫（McCulloch）的，现存于大英博物馆麦克库洛赫的文件中，由赫兰德教授（Prof. Hollander）在 1895 年发表于《李嘉图-麦克库洛赫通信集》。

3 实际上，这个"近年"推迟到了 1951 年。——译者注

趣。在这里的确可以发现经济理论的种子，也可以找到分歧的线索——经济学这门科学一开始的观点分歧就如此之大，以至于很难认为它们会有相同的目标。李嘉图研究均衡条件下产品的**分配理论**，而马尔萨斯关注的则是到底哪些因素决定了现实世界中每天的产出量。马尔萨斯处理的是我们生活于其间的货币经济；李嘉图处理的则是抽象的中性货币经济。[1]他们大体上也都认识到了他们之间分歧的真正根源。在1817年1月24日的一封信中，李嘉图写道：

> 在我看来，我们之所以在经常讨论的那些主题上存在观点上的分歧，一个重要的原因在于，你所想的总是一些特殊变化的直接和暂时的影响，而我则把这种直接和暂时的影响搁置在一旁，将全部注意力放在由此导致的事物的永久状态上。可能你过高估计了短期影响，而我则低估了它们。为了使所讨论的主题得到正确地对待，就需要对这些影响加以细致的分辨和处理，把各自的效果区分得分明一些。

对此，马尔萨斯在1817年1月26日做了有力的回应：

> 我同意你提到的我们之间观点分歧的一个原因。我的确倾向于从事物的本质出发去思考，因为这是使自己的著作在实践上能够有益于社会的唯一途径。此外，我确实认为，社会进步是由不规则的运动构成，如果忽略那些能够在八年或十年中促进和阻碍生产发展与人口增长的因素，就等于忽略了导致国富国穷的原因，而这些原因正是所有政治经济学研究要探讨的伟大主题。诚然，一个作者可以做出任何他喜欢的假设，但如果他的假设在现实中根本不存在，那么他就不能从其假设中得出任何有实际意义的推断。你在关于利润的文章中假设实际劳动工资恒

---

1 对此有一个很好的阐发，参看马尔萨斯《政治经济学原理》（第一版）一书中"对李嘉图先生利润理论的评论"一节，第326页。

定不变，而在现实情况里，虽然它们在名义上保持不变，但它们却会随商品价格的变化而变化，而且事实上与利润一样可变，是故，你的推断无法应用于事物的实际情况。[1]在我们周围的国家中，尤其是在我国，我们看到的是时而繁荣、时而萧条、时而衰退，但**从未**见过你所设想的一成不变的社会进步。

不过，造成我们之间观点分歧的更加具体、更加本质的原因，我认为是这样的：你似乎认为，人类的需求和偏好总是预备好了的；但我坚持认为，几乎没有什么比激发新的需求和偏好更难的了，尤其是从旧材料中创造新需求和新偏好，更是难上加难。需求的一个重要因素是人们赋予产品的价值，供给越适合于需求，其价值就越高，一个劳动日所换来的可支配购买力就越强……我坚持认为，在**实际**阻碍生产发展和人口增长的因素中，需求刺激不足更甚于生产能力不足。

如果我们细读此信，就一定能感觉到，在长达一百多年的时间里，马尔萨斯的方法被完全抹杀，李嘉图的方法则取得了完全的支配地位，这对经济学的发展而言，不啻是一场灾难。在这些信札中，马尔萨斯反反复复地谈论着朴素的常识，但李嘉图心不在焉，全然不理解它的价值所在。马尔萨斯一次又一次地对李嘉图提出致命的反驳，但李嘉图的头脑非常僵化，甚至根本不明白马尔萨斯在说什么。不过，皮耶罗·斯拉法先生即将付梓的著作，会向世人说明这一点，即马尔萨斯完全清楚过度储蓄对产量的影响是通过其对利润的影响而实现的，这一点毋庸多言。感谢斯拉法先生的慷慨相助，使我有机会可以做这些摘录。

早在1814年10月9日，即在福克斯维尔教授发表于《经济学刊》的那封信中，马尔萨斯就曾写道：

---

[1] 这个观点在上个脚注提到的"对李嘉图先生利润理论的评论"一节中有进一步的阐发。

我绝不同意你的观察结论:"积累欲望同消费欲望一样会**有效地**引致需求",以及"消费和积累同样促进需求"。的确,我承认,对于利润下降,你一般会从积累上找原因,而我则坚信,这是因为相对于生产成本而言产品价格下降所致,或者说因为**有效**需求减少所致,舍此再无其他原因。

从马尔萨斯写于1821年7月的两封信的摘录中可以看到,到那个时候为止,这个问题在马尔萨斯头脑中清清楚楚,在李嘉图那里则仍然模糊不清:

(1821年7月)

我们在世界的各个地方几乎都看不到生产力的大量闲置,我对这种现象的解释是,由于对实物商品分配不当,造成继续生产缺乏足够的动机。在探讨财富增长的直接原因时,我明确主张应主要探讨动机问题。我一点也不否认,人们有权消费掉全部商品,但根本问题在于,在各个有关主体之间进行分配的方式是否能最大限度地刺激有效需求,从而激发将来的生产。我不怀疑,快速积累的企图必然意味着非生产性消费的大幅缩减,这对通常的生产动机会造成巨大的损害,从而必然过早地阻碍财富的增长。这才是最具有实际意义的问题,至于是否应该把这种不景气称作供给过剩,我认为这个问题倒是还在其次。但如果这种情况变成了现实,即快速积累的企图所导致的劳动与利润的分配几乎摧毁了未来积累的动机和能力,进而摧毁了保持人口增长和为增长的人口提供就业的能力,那么就不得不承认,这种积累的企图,或者说过多的储蓄,实际上可能对一个国家是有害的。

(1821年7月16日)

对于目前我们所讨论的这个问题,看来我们彼此永远也无法得到充分的理解。如果你读过我的最后一章第一节的开头两段,而仍然认为我的主张是"把巨大的生产力投入生产,其结果对人类不利",那么,我对于是否有能力表达自己的见解几乎感到绝望。我明确表示，我的目标是阐明引发生产力的原因；如果我建议保持一定比例的非生产性消费，那不过是认为要给最大限度的再生产提供必要的动机。而且我依然认为，要增加一国的财富，因土壤肥力不同而有所不同的非生产性消费必须占一定比例……在各种生产动机中，最为基本的一个当然是使那些经营企业的人能够获得产出的足够份额。但你却主张进行大规模的暂时储蓄，在利润足以吸引其投入生产时却开始储蓄，这可能会导致产品分配对进一步扩大生产缺乏激励。如果把一段时间内没有进一步增加生产的状态命名为不景气是不合适的，我不知道应该怎么称呼它，尤其是在这种不景气不可避免地使正在成长的一代沦于失业的时候。我们从一再重复的经验中可知，除非有一些工人已经在一段时间内失去工作，否则劳动的货币价格是不会下降的。

问题在于，这种资本的停滞，以及由于在增加的产品中没有使地主和资本家得到适当的非生产性消费的份额而造成的对劳动需求的停滞，在发生时会不会有损于一个国家，会不会导致社会幸福和富足的程度降低，而如果使地主和资本家在社会的自然过剩中得到非生产性消费的适当比例，从而继续保持生产的动机，就会首先避免对劳动的不正常的需求，避免将会发生的这一需求的突然缩减，这样是否导致社会幸福和富足程度的降低呢？ 如果资本和劳动停滞不会导致恶果，那么怎样才能说明，对生产者可能有害的过度节俭反而不会对国家有害呢？ 怎样才能说明，在生产失去动机的时候，增加地主和资本家的非生产性消费不能作为一个适宜的解决办法呢？

如果是马尔萨斯而非李嘉图成为19世纪经济学的领头人，今日之世界将会是何等的开明，何等的富裕！ 为了重新发现显而易见的道理，为了冲决误导的教育对我们的束缚，我们付出了多么巨大的努力。我一直称马尔萨斯是第一位剑桥经济学家,这些信件发表之后,我的同情和崇敬有增无减。

在这些书信里,马尔萨斯实际上仅仅是在重复他于1820年出版的《政治经济学原理》第七章第四节"非生产性消费引发的分配:以此作为增加全部产品交换价值的手段"的论证。但马尔萨斯的重新表述并没能打动李嘉图,也没能影响后世的思想,不过,它还是起到了让马尔萨斯阐发更加清晰的作用。当然,如果我们稍稍重新温习《政治经济学原理》,就很明显发现,论证的实质在这部书里已经得到了阐明。[1] 在同一章的第十节,马尔萨斯继续把这些原理运用于论述"1815年以来劳动阶级的苦难"。他指出,痛苦应当归因于资源的转移,从先前对战争的投入,转向对储蓄积累的投入。在这种情况下,储蓄不足不可能是问题产生的原因。储蓄虽然是一种个人美德,但已经不再是一种公共义务。公益事业投资以及地主和有产者的消费才是适宜的解决办法。下面引述的两段话可以作为对1815年到1820年所发生的事件之最佳的剖析:

> 当利润偏低且不确定的时候,或者当资本家在那些本可安全地使用他们的资本的地方遭受损失的时候,当由于这些原因造成资本外流的时候;总而言之,当这门科学的本性所认可的所有证据都清楚地表明,对国内资本缺乏有效需求的时候,却建议进行储蓄,并且把更多的收入转化为资本,这不是违背了政治经济学的一般原理吗?这不是毫无意义地反对供求原理这一诸多原理中首要的、最重要且最普遍的原理吗?这不是等于在人们食不果腹、流离失所的时候,却建议他们去操办婚事吗?[2]
>
> 总之,我想说的是,被战争雇用的士兵、水手或其他阶级骤然转化为生产性劳动者,会打破生产与消费的均衡,要治愈这一恶疾,最力所

---

[1] 我建议读者去参阅整个第四节,这一节对决定在我们所生活的现实经济环境中的最优储蓄额的条件作了很好的说明。

[2] 参见前引书第495页。

能及且直接有效的良方莫过于雇用穷人参与筑路和公共工程，并让地主和那些有产者致力于建设、改善和美化他们的庭院，或者雇佣工人与仆役。1

关于储蓄与投资平衡的整个问题，已经在该书的序言中提了出来：

> 亚当·斯密说过，资本是通过节俭而增加起来的，每个节俭的人都是公众的恩人，而财富的增长决定于生产超过消费的差额。毫无疑问，这些定理在很大程度上都是正确无误的……但是，十分明显，这些定理并不是漫无止境地正确无误的；过分强调节约的原则，就会破坏生产的动机。假如每个人都满足于最简单的食物，最破敝的衣服和最简陋的住房，那么其他各种较好的食物、衣服和住房就肯定不会存在……两个极端是很明显的，因此，一定有一个中间点，在这一点上，能同时兼顾到生产能力和消费愿望，而最有力地促进财富的增长。尽管政治经济学的能力或许还不能确定这个中间点到底位于何处。2

李嘉图全然没有注意到这一思路的重要性，这当然是一个重大的错误。但马尔萨斯也存在缺陷，那就是他完全忽略了利率所起的作用。早在20年前，我就想反驳马尔萨斯，认为除非利率首先降到零，否则他所设想的事态就不会发生。马尔萨斯一如既往地认识到了什么是正确的，但只有在搞清楚为何过度节俭不会导致利率降为零这一问题之后，他才能完全理解其所以正确的原因。

亚当·斯密、马尔萨斯和李嘉图，三位伟人对于我们这些精神上的后世子孙而言，所唤起的不是普通的情感。马尔萨斯和李嘉图并没有被他们迥然

---

1 参见前引书第512页。

2 参见前引书第8、9页。（此处译文参考了商务印书馆1962年由厦门大学经济系翻译组翻译的《政治经济学原理》第12和13页的译文，谨致谢忱！——译者注）

不同的心智品质所阻隔，而是在自己的一生中始终保持着和平和友好的交流。在李嘉图去世前写给马尔萨斯的最后一封信的末尾，他这样写道：

> 现在，我亲爱的马尔萨斯，我即将走向人生的终点。像其他争辩者一样，在经过多次辩论之后，我们仍然保持着各自的观点。不过，这些争辩丝毫也没有损害我们之间的友谊，即使你能在观点上同我一致，我也不会比现在更爱你。

马尔萨斯比他的朋友李嘉图多活了10年，他在临终前不久写道：

> 我已经把我的观点呈于公众面前。如果我要更改什么，也只能是语言上做些改动，而且我不知道是否会改得更好。

1833年，就在马尔萨斯去世的前一年，马尔蒂诺小姐到黑利伯里拜访他。她非常愉快地看到："绿树成荫的赫特福德郡。工作之余，我们几乎每天都出去，五六个人愉快地骑着马，在林荫道上漫步，尽情享受美丽的风光。其他教授家庭则组成了一个充满欢乐的群体。我们可没兴趣谈论哪一位学生会成为印度未来的行政官。年轻男士开着温和的玩笑，相互之间彬彬有礼，不时爆发出些喧闹声；年轻女士谈论着射箭术；波斯语教授风度翩翩；勒·巴斯（Le Bas）校长渊博的学识和诚恳的学者风范；那诗意盎然、颇具古风的夏夜聚会，如今俱已杳不可寻。"

阿尔弗雷德·马歇尔[1, 2]

I

阿尔弗雷德·马歇尔（Alfred Marshall）于1842年7月26日出生在英国伦敦的克拉彭（Clapham），他的父亲威廉·马歇尔是英格兰银行的一位出纳，母亲丽贝卡·奥利佛（Rebecca Oliver）。[3]马歇尔这一家人是西部的一

---

[1] 本章之译文，得益于滕茂桐先生的《马歇尔传》一书实多。译者在20多年前的大学时代阅读滕先生所译的马歇尔传记，爱不释手，此后一直奉先生的译笔为膜拜之对象。在本章里，我谨根据今人的阅读习惯和本人的文风做了改译，并加注了一些注释，方便今天的读者阅读，有一些细微之处，不敢苟同者，译者坚持了自己的译法。在这里，我要对先生译笔，致以深深的敬意。——译者注

[2] 这篇关于阿尔弗雷德·马歇尔的传记在凯恩斯生前曾经发表在三个地方：1924年9月的《经济学刊》；A.C.庇古于1925年编辑出版的《阿尔弗雷德·马歇尔纪念文集》；1933年出版的《传记文集》。《经济学刊》和《传记文集》中的版本完全相同，很可能后一种版本是根据《经济学刊》上的文章翻印的，当然，我们并没有确切的证据来证明这一点。《纪念文集》中的版本与其他两种稍有不同，其中大多数情况的变动也就是在《经济学刊》版本中原为脚注部分的材料，在这个版本中则改为了正文内容而已。就多数情况而言，何以会做出如此的变动，以及庇古是否以其纪念文集编者的身份对此进行了变动，还不甚清楚。可以认定，目前这个根据剑桥大学出版社2013年版《约翰·梅纳德·凯恩斯全集》而校订的原文，当是凯恩斯于1933年时认为的自己偏爱的版本。可能在1933年，凯恩斯早已经忘记了庇古主编的《纪念文集》所做的增补和删略。——译者注

[3] 在为这本《传记》进行准备时（1924年8月），我得到了马歇尔夫人的大力帮助。她为我提供了许多的论文供我随意地进行选择，并写出了她的个人注解，从中我自由地加以了引用，对此，我深表谢忱。阿尔弗雷德·马歇尔本人在其身后留下（**转下页**）

个牧师家庭，其祖上可以追溯到十七世纪末康沃尔（Cornwall）郡萨尔塔什（Saltash）的教区牧师威廉·马歇尔1，阿尔弗雷德是这位牧师的玄孙。这位先辈还曾担任过德文郡的教区牧师，据传力大无比，颇富传奇色彩，曾空手掰弯过铁马掌，令当地的铁匠为之惊愕不已，大为拜服。2他的曾祖父约翰·马歇尔牧师，是艾克赛特文法学校（Exeter Grammar School）的校长，娶妻玛丽·霍特里，她是查尔斯·霍特里牧师的女儿，艾克赛特天主教副教长和天主教教团成员，伊顿公学校长的姑母。3

阿尔弗雷德·马歇尔的父亲，那位英格兰银行的出纳，是一个个性倔强的老人，思维敏捷，有着最为虔诚的福音派信徒的性格。细长的脖颈，下巴上翘，他曾用一种别具一格的盎格鲁—撒克逊语言，写过一首颂扬福音派信徒的诗歌，以此赢得了诗坛的赞赏，他一生思想专断，以92岁高龄寿终。此人之专断强横，首先受到伤害的是他的家人，其中最易受到伤害的要数他的妻子；但是，实际还不止于此，理论上来说，这位老绅士的机锋所向，还扩及整个女性群体，他曾写过一本小册子，名为《男人的权利和妇女的义务》(*Man's Rights and Woman's Duties*)。在这样的父亲熏陶之下，阿尔弗雷德·

（接上页）了一些自传的片段，我也都做了充分的利用。在1924年，我整理了一份完整的阿尔弗雷德·马歇尔著作目录表，刊登在了1924年12月的《经济学刊》上，后来曾在《阿尔弗雷德·马歇尔纪念文集》（由A.C.庇古主编，1925年出版）中加以重印。

1 在他的教区施洗礼的第一个孩子玛丽·吉特森（Mary Kitson），他曾开玩笑地对她说，日后会成为他的爱妻，果不其然，20年后，玛丽成了他的第三任妻子。

2 这是马歇尔很喜欢讲的关于他力大无比的众多故事中的一个。据说有一次，在德文郡一条狭窄的道路上，他驾驶一辆轻便马车，与迎面而来的另外一辆彼此相遇时，他当即放开小马，用力一提，就把马车举过路旁的栅栏。威廉·马歇尔老年之时，身体笨重，行动颇为不便，连上下楼都成了问题。于是，他就在楼下客厅的天花板上开了一个洞口，这样，坐在椅子上，借助滑轮，通过这个洞口，他上楼去卧室、下楼去客厅就方便很多了。阿尔弗雷德与威廉在晚年生活上颇有相似之处。

3 由是观之，阿尔弗雷德·马歇尔和《货币与信贷》(*Currency and Credit*)一书作者拉尔夫·霍特里（Ralph Hawtrey）是第三代的表兄弟。阿尔弗雷德·马歇尔从敏锐的霍特里家族学到的东西，要比大力士牧师一家所吸收的更多。

马歇尔耳濡目染，要想不受其父亲的影响，只怕极难。因此，在对待妇女方面，他颐指气使，颇类其父，但也有不同之处，阿尔弗雷德对妻子则是钟爱有加，他所处的环境，使得他与妇女的教育与解放保持着极为密切的联系。

II

阿尔弗雷德9岁那年，进入了莫洽特·泰勒学校就读，他的父亲已然觉察到此子之聪敏，此时已经向英格兰银行的一位董事恳请日后将他予以录用。[1]这位父亲对他是既慈爱又严厉，很类似詹姆斯·穆勒之对小穆勒的培育[2]，常常陪伴着阿尔弗雷德晚上做功课，读希伯来语，直至深夜11点钟。的确，由于父亲的管束极为严格，阿尔弗雷德每每觉得不堪重负，他常说，幸好有姑母路易莎可以同他在道利什附近一起度过漫长的暑假，否则的话，他的日子就更难熬了。在假期里，姑母给他游艇、猎枪和小马，任由他玩耍，待到夏末归来，他晒黑了，也长壮了。在莫洽特·泰勒学校时的同班同学、也是班长的E.C.德摩尔说，在学校的时候，阿尔弗雷德身材不高，面容憔悴，衣衫褴褛，神色委顿，人送绰号"蜡烛"，不好动，爱琢磨棋艺[3]，不乐

---

1 "你知道你是在谋求一份年薪两百英镑的职位吗？"这位银行董事曾这样问道，不过最终还是答应了这个请求。

2 詹姆斯·穆勒（James Mill，1773—1836），19世纪著名的苏格兰历史学家、经济学家、政治理论家、哲学家、功利主义伦理学家和功利主义教育思想家。他与大卫·李嘉图一同是古典经济学的创始人。他的儿子约翰·斯图亚特·穆勒也是著名哲学家和经济学家。他根据自己的教育思想对自己的儿子约翰·斯图亚特·穆勒进行培养，非常严格苛刻，在他身上，我们看到了一个天才的学生在无私的老师的鼓励、督促和指导下成长为一流哲学家和经济学家的过程。——译者注

3 马歇尔夫人写道："阿尔弗雷德幼年患有严重的头痛病，唯一的治疗办法就是下棋。因此他父亲曾允许他与他人对弈，但后来又要求他答应再也不下棋了。"阿尔弗雷德终身都信守着这个诺言，虽然每每看到报纸上有关于弈棋的问题时他还是颇为激动，但是总是克制住自己。他认为他父亲强迫他接受这个诺言是正确的。因为否则的话，他会把全部的时间都耗费在下棋这件事上去了。阿尔弗雷德·马歇尔自己也曾说过："我们没有工夫下棋或做其他没完没了的游戏。年轻人享受一下体力或脑力活动的乐趣是有意义的。但是，对于我们来说，时间紧迫，肩头的责任是非常沉重的。"

于交友[1]。

在升到了第三级导生（Third Monitor）后，1861年，按照学校的旧有规章，阿尔弗雷德获得了享受牛津大学圣约翰学院奖学金的资格，3年之后还可以取得研究生奖学金，届时，他即可享受在当时只有伊顿公学的公费生在国王学院和温彻斯特公学的公费生在新学院才能永保的待遇了。这是他得以受任福音派牧师职务的第一步，成为福音派牧师，是他的父亲为其设计的人生规划。但是，对于他来说，这并不是最为关键的地方，真正让他感到痛苦的是，要朝这一方向努力，他就必须得继续苦学古典语言不可。[2]在他的晚年，阿尔弗雷德曾不无苦痛地回忆说，他那专横的父亲非要他夜读希伯来语，而且不准他走上他所迷恋的数学之路。他的父亲是一看到数学书就恨上心头，为了不让父亲看到，阿尔弗雷德总是把波茨所著的欧几里得几何学藏在口袋里，供上下学路上用。途中他看完一个定理，就边走边想，偶尔停下来，用脚尖在地上比画来求解。莫洽特·泰勒中学六年级的课程表中已经有微积分了，这激发了他发自内心的纯真追求。他的数学老师艾瑞说，"他有数学天才"。而对于阿尔弗雷德来说，数学就是解放，他的父亲不懂数学，这一点在阿尔弗雷德内心深处是极为高兴的事情。不！ 他不能让那死去的语言把

1　他的中学好友主要是后来成为圣约翰学院研究员的H.D.特瑞尔和以后成为艺术家的西德尼·霍尔。特瑞尔的哥哥曾给过他一本穆勒的《逻辑学体系》。马歇尔和特瑞尔以极大的兴趣一起阅读了这本书，甚至在吃饭时还在导师和学生专享餐桌上讨论。

2　阿尔弗雷德·马歇尔生前最后的日子里，他曾写下下面这些富有个性的话，谈及他的古典语言研究："中学时代，有人告诉我，在练习希腊文单词的发音时不必考虑声调。我据此认为，因声调问题而加重记忆力负担会占用我可以用作他用的时间和精力，因此就不用查词典来搞清楚声调问题。结果是毕生因此而受到了唯一极严厉的惩罚。这向我说明，古典语言研究是不诱导人们了解时间的价值的。因此，我可能就转向数学，放弃古典语言研究了。晚年我发现，优秀的科学家往往分秒必争，而古典语言学者则似乎漠视时间的价值。我还得补充说明，我的校长是一个宽宏有容的人，他在写作拉丁论文时，不是用英文构思然后译成拉丁文，而是能直接用拉丁文构思的。在这一点上，我实在受益匪浅，胜过他为我做的任何其他事情。"

自己给埋葬在了牛津大学,他要离开,到剑桥去,哪怕是作为一名仆役也行,他要去那里攀登几何学的高峰,一窥宇宙的奥秘。

在这个当口儿,他的那位好心的叔叔赫然降临,慨然允诺,愿意借给他一笔小小的资金(因为阿尔弗雷德放弃了牛津奖学金之后,他的父亲已经无力再供他继续深造了),——这笔借款在他取得学位之后不久即以做私人教师所挣得的薪金偿还了——数额虽然不大,但是加上每年可以从剑桥大学圣约翰学院[1]领取的 40 英镑帕金奖学金[2],数学的大门和剑桥大学的大门向他敞开了。既然 14 年后阿尔弗雷德的美国之行还是全靠了这位叔叔的 250 英镑遗产,那么,在此稍带一笔,顺便说说阿尔弗雷德常常提及的这位叔叔的财富来源,也当在情理之中。他的叔叔查尔斯·马歇尔到澳大利亚谋生并定居之时,恰逢当地发现了大金矿。由于家传的一点怪癖,反而使他间接地取得了立业之道,谋得了利益来源。例如,他不为淘金热所动,选择并坚守牧场业,而且,使左邻右舍感到高兴的是,他把那些当地身强力壮的人一概拒之门外,雇用的都是些有着某种生理缺陷的人,或跛或瞎,或有其他残疾。就这样,淘金热达到高潮阶段时,潜在的利益显露出来了。那些壮劳动力争先恐后地涌向金矿区,查尔斯·马歇尔成了当地保持产业不凋敝的唯一之人。数年经营之后,家道已经颇称得上殷实,他返回英国,随即对他那聪明而又执拗的侄子产生了兴趣。

1917 年,马歇尔记述他当时以及之后年代里所坚持的工作方法如下:

> 我想我是在十七岁左右的时候才真正步入人生的。有一次,我在摄

---

[1] 圣约翰学院院长贝特森博士(Dr Bateson)于 1861 年 6 月 15 日致函莫洽特·泰勒学校的校长何塞博士(Dr Hessey),向其宣布了这笔奖学金,这提供了很早的一项证据,表明贝特森博士——和后来的乔伊特博士(Dr Jowett)一样——始终是对阿尔弗雷德感兴趣的。1877 年,阿尔弗雷德·马歇尔请求去布里斯托尔任职时,贝特森博士写道:"我很仰慕他的品格,他单纯、认真,而且富有自我牺牲精神。"

[2] 同年,他得到了这笔奖学金。

政大街（Regent Street）看到一家商店的橱窗前站着一名工人，他好像在袖手旁观，但是神情却极为专注，于是我驻足观察。只见他走笔在即，用白颜色的笔在橱窗玻璃上勾画出寥寥数语，表明该店经营宗旨所在。由于一笔一画，皆需一挥而就，这样才能使得字迹醒目，所以，每走一笔都有两秒钟的激动，只得停上几分钟，使心跳平静下来。如若一气呵成，这样失去的十分钟是节约了，但是雇主损失的会比付给他的全天工资的价值还要多。这使我深受启发，决心绝不用脑过度，把连续思考之间的休憩当作得到绝对休息所必需。我到了剑桥大学之后，我就完全能自我克制了，读数学我就决定一次就读一刻钟，然后即行休息。身旁随时放有轻松的文学读物，休息时不止一次地通读了莎士比亚的几乎所有著作、鲍斯威尔的《约翰逊传》[1]、埃斯库罗斯的《阿伽门农》（我能不费力地读懂的唯一的一本古希腊剧作），卢克莱修[2]的大部分诗作，等等。当然，我常常会因为数学而兴奋难抑，不停歇地读半个小时或半个小时以上，但情绪高涨之下，也就无害于健康了。

有能力做到专心致志，要长期连续专心致志则精力不济，这是马歇尔毕生的特点。但凡工作量较大的任务，他很少能够一气呵成。记性不够好也是他的一大烦恼，在大学期间记忆数学课本内容就和求解数学题目一样让他大伤脑筋。他少年时期精于算术，但是之后就不再擅长此道了。

1　鲍斯威尔（James Boswell，1740—1795）苏格兰作家，现代传记文学的开创者。鲍斯威尔从23岁起便与约翰逊成了忘年的莫逆之交，他立志把这位文坛巨擘一点一滴挖掘出来，出版了以翔实著称的《约翰逊传》。约翰逊是英国文学泰斗，幽默雄辩的谈话家，著名作家和词典家，仅次于莎士比亚的语言大师，18世纪被称为约翰逊时代。《约翰逊传》是一部举世公认的伟大传记文学作品，"鲍斯威尔"也成为了忠实的传记作家的代名词，被誉为传记之父。——译者注

2　提图斯·卢克莱修·卡鲁斯（Titus Lucretius Carus，约公元前99年—前55），罗马共和国末期的诗人和哲学家，以哲理长诗《物性论》（De Rerum Natura）著称于世。——译者注

正是在剑桥大学圣约翰学院的这段时期，阿尔弗雷德·马歇尔实现了自己的抱负。1865 年，他成为剑桥大学数学学位考试甲等资格生，名列第二，[1]随即入选获得研究生奖学金；同年名列第一的是瑞利勋爵（Lord Rayleigh）[2]。马歇尔打算献身于分子物理学的研究。在此期间，他曾在他十分尊敬的珀西瓦尔（Percival）指导下，在克里夫顿短期担任数学教师，这成为他的谋生手段（而且还了欠他叔叔查尔斯的那笔借款）。稍后，他回到剑桥大学，短期担任数学荣誉学位考试的辅导员。就这样，"数学"，他说，"使我还清了欠款。我可以一门心思攻读我所热爱的功课了。"

马歇尔在克里夫顿这段时期最重要的收获就是他与 H.G.戴金思（H.G. Dakyns）成了朋友，通过他，又与 J.R.莫兹利（J.R.Mozley）成了朋友；戴金思是 1862 年作为克里夫顿学院基金会的助教到那里的。这些友谊向他敞开了步入以西季威克为中心的知识界的大门。此前，没有证据表明马歇尔曾经接触过同时代的知名人士。但返回剑桥大学不久，他就成了名为"格洛特俱乐部"（Grote Club）这个小型非正式讨论会的成员。

格洛特俱乐部所以得名，源于约翰·格洛特牧师特郎平顿住所晚餐后的讨论会。格洛特牧师自 1855 年至 1866 年逝世时止，一直是道德哲学的奈特

1　同年获得剑桥大学数学学位甲等及格生，名列第二等的，还有休厄尔（Whewell）、克拉克·麦克斯韦尔（Clerk Maxwell）、凯尔文（Kelvin）和 W.K.克利福德（W.K.Clifford）等。

2　瑞利原名约翰·威廉·斯特拉特（John William Strutt, 1842—1919），尊称瑞利男爵三世（Third Baron Rayleigh），1842 年 11 月 12 日出生于英国埃塞克斯郡莫尔登（Malden）的朗弗德林园。他的父亲是第二世男爵约翰·詹姆斯·斯特拉特，母亲叫克拉腊·伊丽莎白·拉图哲，是理查德·维卡斯海军上校的小女儿。出身名望贵族的瑞利以严谨、广博、精深著称，并善于用简单的设备做实验而能获得十分精确的数据。气体密度测量本来是实验室中的一件常规工作，但是瑞利不放过常人不当回事的实验差异，终于做出了惊人的重大发现。这就是，1892 年瑞利从密度的测量中发现了第一个惰性气体——氩。1904 年诺贝尔物理学奖授予了英国皇家研究所的这位瑞利勋爵，以表彰他在研究一些气体的密度中发现了惰性气体氩这一重要成就。——译者注

布瑞奇教授。创始成员中除了格洛特之外,还有亨利·西季威克[1]、埃尔迪斯·莱特、J.B.梅耶和约翰·维恩[2]等。国王学院的 J.R.莫兹利和圣约翰学院的 J.B.皮尔逊入会则要稍微晚一些。马歇尔自己与这个讨论会的关系,他写有下列一节文字:[3]

> 在我 1867 年入会之时,当时活跃的成员有 F.D.茅瑞思(F.D.Maurice)(格洛特的继任者)、西季威克、维恩、J.R.莫兹利和 J.B.皮尔逊(J.B.Pearson)……在 1867 年或 1868 年之后,俱乐部曾经有所冷落,但是,W.K.克里福德(W.K.Clifford)和 J.F.莫尔顿(J.F.Moulton)的到来,使得讨论会又顿生朝气。有那么一两年,西季威克、莫兹利、克里福德、莫尔顿和我,是其中积极的成员,我们均是每会必到。当时,克里福德和莫尔顿对于哲学还是刚刚处在入门阶段,因此,在讨论会开始的前半个小时他们总是默不作声,出神地听别人尤其是西季威克侃侃而谈,然后才开始发言,而且讲得极快。要我以逐字报告的形式,来记述一下我听过的十来次最为精彩的发言的话,有那么两三次我是一定会从西季威克和克里福德作为主要发言人的那几个晚上挑选的。还有一次当然是在一次格洛特俱乐部聚会前的茶会上的那次谈话了,当时,发言的实际上只有茅瑞思和西季威克,不过,很可惜,我没有记录(想必是在 1868 年初吧)。西季威克谈兴颇浓,不断地提出话题,引起茅瑞思对 19 世纪 30 年代、40 年代和 50 年代英国的社会政治生活的回忆。茅瑞思神采飞扬,与西季威克有问有答,谈笑风生,我们这些人后来谈起当晚那

---

[1] 亨利·西季威克是 19 世纪英国最重要的道德哲学家,古典功利主义学说的最好阐述者。生于 1838 年 5 月 31 日,1855 年进入剑桥大学三一学院学习,主修古典作品。主有著作有:《伦理学史纲要》《政治经济学原理》《政治学原理》《实践伦理学文集》。——译者注

[2] 维恩博士(Dr Venn)曾谈及关于早期聚会的记载,可参看《亨利·西季威克自传》(*Henry Sidgwick*:*a Memoir*),第 134 页。

[3] 后收入在《亨利·西季威克自传》,第 137 页。

激动人心的情景时都说是全亏了他……

正是在这一时期，以及在这样的影响之下，马歇尔的志向发生了激变，后来，他时常提起这一点。他学习物理学的计划（用他自己的话说）"由于对知识的哲学基础尤其是神学突然产生了浓厚的兴趣而终止了"。

马歇尔在剑桥大学读本科期间是喜欢数学甚于喜欢古典文学的，不过，这丝毫没有妨碍到他早年的宗教信仰，他仍然希望受委任成为一名牧师，并不时向往到国外去传教。他是传教士，这一点终生未曾改变过，但是，经过一番斗争之后，宗教信仰一点一点淡薄了，余生还成了一般所说的不可知论者的一员。这个时期，关于他与西季威克的关系，马歇尔（1900 年 11 月 26 日在三一分会纪念西季威克的集会上）是这样说的：

> 虽然我名义上不是他的学生，但是，在实质上，我确是他在道德科学方面的学生，而且还是当时注册在校的学生中年龄最长的。我是在他的培养下确定道路的。他可以说是我精神上的父母，因为我每逢困窘就会求助于他，一有烦恼就向他请教，而他也从未让我失望过。和他在一起度过的每一分钟都是那么的宝贵，正是这些帮助我生活。尽管披荆斩棘，我们都有过一段相似的奋斗历程，但是论学识，他比我渊博，论功底，他比我深厚，因此很多人理应感谢他，而我也许比谁都更有理由对他感念不已。

我认为，马歇尔在剑桥度过的这一时期，正是历史学家后来称为基督教义背离英国，或至少是剑桥大学严肃的哲学界的关键时刻这样的一段时期。1863 年，24 岁的亨利·西季威克同意了以遵守"三十九条"为享有研究生奖学金的一个条件，[1] 而且正忙于读希伯来语的《申命记》（*Deuteronomy*）[2] 和

---

[1] 1861 年他已决定不接受圣职。

[2] 《申命记》是《圣经》旧约的一卷书，共 34 章。记载了以色列的子孙的前景，他们在约旦河的对岸会遭遇的困难，以及摩西向百姓提出最后训示。——译者注

准备讲授《使徒行传》[1]。对当时青年一代知识界影响最巨的穆勒[2]，1865年出版《汉密尔顿哲学探讨》之前的著作，清楚地表明，凡背离标准宗教讲解的东西，他什么也没写过。[3]大约就在这段时期，莱斯利·斯蒂芬（Leslie Stephen）是英格兰国教会的牧师，詹姆斯·沃德（James Ward）是非国教派牧师，阿尔弗雷德·马歇尔是牧师职位的候选人，W.R.克里福德是高教会派成员（High Churchman）[4]。1869年，西季威克放弃了三一学院的研究生奖学金，以"摆脱教义束缚"。稍后，所有这些人都不能称为基督教徒了。尽管如此，马歇尔和西季威克一样，[5]还是尽可能地不采取"反宗教"的态度。他赞成基督教的行为准则、基督教的理想和基督教的动机。他的著作没有任何形式的诋毁宗教的语句；他对宗教到底持有着什么样的见解，他的学生中几乎无人能说得清。在他晚年最后的日子里，他曾说过，"宗教对于我而言，似乎就是一种观念"，因此，虽然他后来放弃了神学，但他依然信教，而且还越来越虔诚。

19世纪60年代晚期的这场大变更，是一种理智上的变化，而不是属于下一代的那种伦理或情感上的变化，引起这场变更的是一场完完全全知识分子之间的争论。马歇尔常把自己这种思想上的转变之始，归因于由H.L.曼瑟尔（H.L.Mancel）的《班普顿讲演录》（Bampton Lectures）所引发的那场争论的

---

1 《使徒行传》是《圣经》新约的一卷书，共28章。记载了耶稣基督复活、向门徒显现及升天后，他的使徒们传道、殉教的事迹等等。——译者注

2 约翰·斯图亚特·穆勒（John Stuart Mill，1806年5月20日至1873年5月8日），英国著名哲学家和经济学家，19世纪影响力很大的古典自由主义思想家。——译者注

3 穆勒的《论宗教》表明了他最后的看法，这是在他死后的1874年才出版的。

4 高教会派（High Church），基督教（新教）的派别之一，与"低教会派"对立。最早于17世纪末开始在圣公会使用；19世纪一位牛津运动和英国天主教会派的兴起而流传于英国，并被路德宗的瑞典国教会等教会使用。主张在教义、礼仪和规章上大量保持天主教的传统，要求维持教会较高的权威地位，因而得名。——译者注

5 对西季威克晚年关于宗教的态度之最有意思的总结，可以参看其《自传》，第505页；马歇尔那一代另外一个富有个性的反应，可参看W.K.克里福德的《宗教的伦理学》（《讲稿和论文集》，第二卷，第244页）。

结果,最早是 J.R.莫兹利给他的这本书。曼瑟尔对今天这个时代的人来说是微不足道了,但是,在 19 世纪 60 年代,作为把基督教教义建立在理智基础上的那最后一次尝试的提倡者,他却是极为重要的人物。1858 年,曾经担任牛津大学导师并且后来成为圣保罗学院院长的曼瑟尔,"沿用汉密尔顿[1]的独有见解,亦即在英国国教事业中借助康德[2]的影响"[3],这是人类心理的一种古怪的逆转,它在牛津大学整整 50 年之内均有着很大影响。曼瑟尔 1858 年的《班普顿讲演录》使他作为正统派观念一名理智的捍卫者的名声树立了起来。1865 年,马歇尔取得学位,并开始把思想转向天体奥秘的研究这一年,穆勒的《汉密尔顿哲学探讨》一书出版,书中对曼瑟尔讨论汉密尔顿并扩及基督教神学这一点提出了批评。曼瑟尔对此进行了答复。马歇尔说,曼瑟尔为正统派观念所做的辩护"向我表明","有待辩护之处尚且多着呢"。这场大辩论对马歇尔的思想起到了确定其方向的作用,曾一度驱使他钻研形而上学,继而又研究社会科学。

与此同时,1859 年,也即《班普顿讲演录》出版后的第一年,《物种起源》横空出世,从而结束了人们在虚无缥缈中的探索,在尘世之上找到了一条畅通无阻的道路。1860—1862 年,赫伯特·斯宾塞[4]的《第一原理》(此书

---

[1] 1836 年,威廉·汉密尔顿爵士在证实了其家系并获得准男爵的爵位之后,被任命为爱丁堡大学逻辑学和形而上学教授。他在紧接着的八年间,发表了这些著名的讲演,试图完成在苏格兰人通情达理的传统之上再叠加以从康德和德国哲学家那里吸收来的影响这一危险的工作。

[2] 伊曼努尔·康德(1724—1804)著名德意志哲学家,德国古典哲学创始人,其学说深深影响了近代西方哲学,并开启了德国唯心主义和康德主义等诸多流派。康德是启蒙运动时期最后一位主要哲学家,是德国思想界的代表人物。他调和了勒内·笛卡儿的理性主义与法兰西斯·培根的经验主义,被认为是继苏格拉底、柏拉图和亚里士多德后,西方最具影响力的思想家之一。——译者注

[3] 斯蒂芬,《英国功利主义者》第 III 卷,第 382 页。

[4] 赫伯特·斯宾塞(Herbert Spencer,1820—1903),英国哲学家。他为人所共知的就是"社会达尔文主义之父",所提出一套的学说把进化理论适者生存应用在社会学上尤其是教育及阶级斗争。其实,他的著作对很多领域都有贡献,包括形而上学、宗教、政治、修辞、生物和心理学等等。——译者注

在当时和现在一样难以卒读，不大能够读懂），也是汉密尔顿和曼瑟尔争论的结果，它又给出了新的方向，那就是使形而上学融于不可知论之中，并告诫除了那些具有根深蒂固的形而上学思想的人之外，全都不要步入到死胡同里去。[1]形而上学的不可知论，进化论和为前一代知识界所推崇并还保留着的功利主义伦理学，一起把青年一代推到了新的方向上来。

因此，马歇尔即从此放弃了形而上学，转而专注于伦理学。我认为，要说马歇尔从来不曾彻底背离支配他以前那一代经济学家的功利主义观念，无疑是正确的。不过，他是如何谨慎小心地处理这方面的所有问题——这恰好是他远远胜过西季威克，而且又与杰文思[2]适成对照的一点——的，这是非常值得注意的地方。我认为，马歇尔的著作中，没有一段是把经济研究和某种伦理学说联系在一起的。对于马歇尔来说，经济问题的解决，不是得心应手的微积分学的应用，而是运用人类"高层次"能力的优先条件，"高层次"到底指的是什么，无关紧要。经济学家可以提出这样的论点——而且这一论点也已经足以满足他的需要了，那就是"对造成贫穷的原因之研究，也即对造成人类大部分人口堕落的原因之研究"。[3]与此相对应的是，进步的可能性

---

1 根据剑桥大学2013年版《凯恩斯全集》的编者注释，我们知道，在这里，《阿尔弗雷德·马歇尔纪念文集》版本中增加了以下三句话："大约与此同时，《论文与评论》的出版和科林索主教（Bishop Colenso）被开除教籍的公告成为说明教会本身有分裂势力的迹象。查尔斯·莱尔爵士（Sir Charles Lyell）的《地质学原理》出版后不到20年内，经久不衰的信念轰然崩塌，整个知识界的观念彻底改变了，而在此之前是连严肃的哲学家都逐字接受《创世纪》第一章的。父子之间出现了不可逾越的鸿沟……"以上所加的这三句话来自J.R.莫兹利读完《经济学刊》版本后所写的一封饶有兴味的书信，该书信亦在凯恩斯的文件之列。——译者注

2 威廉姆·斯坦利·杰文思（1835—1882），生于利物浦，英国著名的经济学家和逻辑学家。他在著作《政治经济学理论》（1871年）中提出了价值的边际效用理论。杰文思同奥地利的卡尔·门格尔（1871年）、瑞士的利昂·瓦尔拉斯（1874年）共同开创了经济学思想的新时代。边际效用学派的创始人之一，数理经济学派早期代表人物。——译者注

3 《经济学原理》（第1版），第3页和第4页。

"在很大程度上取决于属于经济学领域之内的事实和推断；而这正是经济学研究首要的和最高的感兴趣的事。"[1]虽然这个问题还"部分地取决于人性的道德和政治方面的潜能；经济学家又没有什么特殊手段来测知这些潜在能力的大小；他也只能和别人一样发挥作用，尽其所能地进行猜测"，[2]但是上述的说法依然是正确的。

这就是他晚年的最后立场。不过，他是首先读了伦理学，而后才研究经济学的。在他的暮年，回顾自己的精神发展史时，他这样写道：

> 我由形而上学转向伦理学，而且认为要为社会现状辩护，并不是一件轻而易举的事情。一位读过大量现在称之为道德科学的朋友就常说："啊！假如你懂得政治经济学，你就不至于那样说了。"因此，我读了穆勒的《政治经济学原理》，深受启发。我曾怀疑**机会**不均等，而不是物质生活舒适程度不均是否适当。于是，在假期里，我访问了几个城市的最贫穷的人聚居的地区，沿路走过了一条又一条的街道，见到了最贫穷的人的面孔。之后，我就决心尽我所能，对政治经济学做一番彻底的研究。

关于他转入经济学研究的过程，在1917年前后写下、原打算用作《货币、信贷与商业》(*Money, Credit and Commerce*) 一书"序言"的那几页纸上，[3]他也曾亲笔做出过说明：

> 大约是在1867年吧（当时在剑桥大学担任数学教师），我得到了一本曼瑟尔的《班普顿讲演录》，它使我想到人类的可能性是他的最重要的研究对象。因此，有那么一段时间，我曾潜心于对形而上学的研究；但不久之后我即转向当时看来似乎要进步一些的心理学研究了。它对人

---

1 2 《经济学原理》（第1版），第3页和第4页。

3 那几页纸是马歇尔夫人从纸篓里捡回来的；马歇尔的脑力劳动成果有很多被弃之于废纸篓中。这倒挺像他的曾叔祖查德·马歇尔牧师，据说也是个有才华的人，约他发表作品的人很多，而他呢，极力反对，而且还把它们给烧了，因为他唯恐身后有人出版它们。

类才能得以更高、更快发展的可能性的迷人的探究,让我联想起这样一个问题:英国(还有其他国家)工人阶级的生活条件在满足他们的需求上通常达到了什么样的程度? 年长博学之士告诉我,生产资源有限,不可能有那么多的人享受闲暇和学习的机会。他们还告诉我说,我得对政治经济学做一番研究才行。我接受了他们的意见,到处求索起毫无虚饰的事实来,盼望着迅速回到丰富的理论研究中。但是,越是深入研究经济科学,我对这门科学的了解比起我必须了解的情况来说,就越发显得微不足道。现在,我潜心研究经济学已经接近半个世纪了,我的感觉却是,自己对这门科学比开始研究它的时候还要无知了。

1868年,当他还在继续钻研形而上学的时候,由于一心想读康德的原著,他去了德国。"我的导师康德,"他曾说过,"我崇拜过的唯一之人,然而只此而已。因为除了思想蒙昧之外,还有社会问题在不知不觉之间变得愈发突出起来。少数人享有现实生活中的机会是可以的吗?"他和指导过西季威克的一位德国教授[1]一起住在德累斯顿(Dresden)。黑格尔的《历史哲学》[2]对他产生了很大影响。他还接触了德国经济学家尤其是罗雪尔[3]的著作。最

---

1 1870—1871年冬,普法战争期间,亨利·西季威克再度来到德国,住在柏林。
2 格奥尔格·威廉·弗里德里希·黑格尔(Georg Wilhelm Friedrich Hegel,1770—1831)德国最伟大的哲学家之一,是德国哲学中由康德启始的德国古典哲学运动巅峰,德国古典哲学集大成者,其思想体系是马克思唯物主义辩证法的主要源流。19世纪末年,在美国和英国,一流的学院哲学家大多都是黑格尔派。《历史哲学》一书汇辑黑格尔在柏林大学的多次演讲记录,由其高足爱华德·干斯教授整理而成。自问世以来,学术界公认为进入和研究黑格尔哲学系统的入门书籍。——译者注
3 威廉·罗雪尔是19世纪德国历史学派的创始人,他否认古典学派关于经济发展存在着普遍规律的观点,他认为,如果采纳古典学派经济学说,在自由竞争中,德国的经济必然要被先进的资本主义国家所扼杀。他赞成贸易保护,认为政治经济学不是一门独立的科学,而是"一门论述一个国家的经济发展诸规律的科学"。他根本否认进行理论研究的重要性及必要性,而把政治经济学仅仅归结为对经济发展过程作经验主义的观察和描述。他称政治经济学为"国民经济的解剖学和生理学",把自己的研究方法称为"历史的方法"。——译者注

后,圣约翰学院院长贝特森博士劝说学院为他设立道德科学的一个专门讲座,这对他确立毕生的职业颇有帮助。[1]不久之后,他即决定以后要从事经济学研究了,虽然暂时还讲授道德科学其他分支的短期课程,比如讲授逻辑学和边沁的功利主义学说等。[2]

他投身于经济学研究的抱负,终于可以实现了,这在精神上的欣慰不亚于完成他父亲的愿望。他有过两年心绪纷乱、举棋不定的时间,给他的对人生道路的设想留下深刻的印象。在以后的年月里,他常向他的学生说起这一点。这些学生,他认定有能力从事崇高的职业,亦即以科学的无私精神研究日常生活事务的方式和准则,这种方式和准则在很大程度上决定着人们的幸福和过上优裕生活的机会。

在结束关于他的早期,他尚未成为经济学家的那个阶段的叙述之前,我们来插叙一下他的人生观的色彩,因为当时他的人生观已经确立了。

和他的两位同事类似,亨利·西季威克和詹姆斯·沃德——19世纪最后几十年间剑桥大学道德科学的教授,马歇尔也属于学究牧师一流;同时,还与他们一样,他也具有两重性,也是科学家。作为传教士和牧师,他与其他具有类似天性的人相比并不十分突出;然而,作为科学家,他却是他自己那个领域内百年当中世界上最为伟大的。不过,他自己希望突出的还是他的天性的第一方面。他认为,这第一个自我应当是主;第二个自我,则当是辅。

---

[1] 在他去世前数周,我(指凯恩斯)和他有过一次谈话,谈话间,他特别强调了黑格尔的《历史哲学》和贝特森博士的友情,使他最后决定了他的人生道路。既然剑桥大学第一位"道德科学讲师"J.B.梅耶已在圣约翰学院担任类似的讲师职位一段时间了,而J.B.皮尔逊牧师呢,也是圣约翰学院的人,而且也是一位道德科学家,此时再任命一位这门学科的讲师就显得太不寻常了。亨利·西季威克已经在前一年,即1867年,被委任为三一学院道德科学讲师了;维恩已于1862年回到剑桥大学,担任剑桥大学凯厄斯(Caius)学院的道德科学讲师。

[2] 马歇尔夫人还记得19世纪70年代初,玛丽·肯尼迪(Mary Kennedy)〔R.T.莱特(R.T.Wright)的夫人〕和她在纽纳姆(Newnham)学院读书时,不得不为他抄写"边沁和一位禁欲主义者之间的对话"的情景。

第二个自我为其自己寻求知识；而第一个自我则使抽象的目标服从实际进步的需要。有着锐利眼睛和矫健翅膀的雄鹰，它不能志在天空，还得听从传教士的命令，不时回翔，飞到地面上来。

大略了解他的这种两重性之后，我们就可以明白马歇尔的长处是什么，弱点又在哪里；他有哪些有冲突的目标，因而他又浪费了多大精力；人们对他始终都有两种看法，这看法涉及他同情什么，又厌恶什么。

从另一个方面来看，他天性上的多样性可以说有利无弊。从事经济学研究似乎不需要什么不同寻常的高层次的特殊天赋。知识界不是认为，较之于哲学和纯科学的高深分支学科，经济学要来得容易些吗？然而，优秀甚或称职的经济学家却是凤毛麟角。一门容易的学科，而精通者却寥寥无几！这种吊诡之状，有一个可能的解释，也许是因为杰出的经济学家必须具备极为难得的综合天赋吧。他必须在多个不同的方面都有着很高的造诣，而且还必须集多种难以兼得的才华于一身。他必须是数学家、历史学家、政治家，某种程度上还须是一位哲学家。他必须精通符号、善于辞令。他必须根据一般而思考特殊，在思想的灵光一闪之间触知抽象和具体。他必须根据过去，为了未来，研究现在。人类的天性或者其社会机理，他无不洞察于心。他必须意志果决，胸怀无私，两种品质加于一身；他要像艺术家一样远离尘嚣，志行高洁，有时又要像政治家那样深入民间，洞悉民情。如此种种理想的多重面向，马歇尔虽不是全然具备，但得之也多。不过，最主要的还是他受过的多方面的训练以及自身多重的天性，是这些赋予了他作为一个经济学家所必须具有的天赋中最重要、最基本的素养——他是超群的历史学家和数学家，是在特殊与一般、暂时与永恒之间同时遨游而无窒碍之人。

III

一部著作从最初有所发现及其作为教材向学生口授到最后成书问世，通常要有漫长的间隔期，这使详述马歇尔经济学的发展过程这一工作难以进行。因此，先就他一生中从 1868 年就任剑桥大学圣约翰学院讲师到 1885 年接任剑桥大学政治经济学教授这个时期的外出行踪做一简略考察，当是合宜的。1

马歇尔在圣约翰学院任研究员和讲师前前后后共计 9 年，为他毕生从事的经济学打下了基础，但没有出版任何著作。2 加入格洛特俱乐部之后，他与 W.K. 克里福德3 和弗莱彻·莫尔顿过从甚密。克里福德"锋芒毕露，爱做惊人之举"，但俱乐部成员中最受人喜欢的莫过于他。稍后，马歇尔成为了 "Eranus" 的成员，与西季威克、维恩、福赛特、亨利·杰克逊，以及剑桥大学开放初期的其他领导人有了联系。这个时期，大学暑假他几乎每次都是到国外度过的。马歇尔夫人写道：

> 他随身带着 60 英镑4和一个旅行背包，大部分时间是在步行，漫游那高高的阿尔卑斯山。暑假期间的这种徒步漫游，年复一年，使他的身体由弱变强，明显好转。六月初，他拖着疲倦劳累的身躯离开剑桥，待到十月归来，人也晒黑了，身体也更强壮了，而且走起路来身板笔直。背着背包，身子自然会变直，因此年逾 80，他也还一直保持着笔挺的姿势，对，即便是那个时候，虽然是有点费劲，他也还是尽力挺直身子的。他漫游阿尔卑斯山，每天总是 6 点起床，8 点以前就上路了。背着背

---

1 《经济学刊》的版本和《传记集》的版本都说是"1885 年"；《阿尔弗雷德·马歇尔纪念文集》的版本则说是"1884 年"。

2 这段时期内偶然发表的论文，均包括在我（即凯恩斯）发于《经济学刊》（1924 年 12 月）的马歇尔著作目录表内。

3 克里福德比马歇尔小三岁，1863 年来到三一学院，1868 年当选为研究员，居住在剑桥大学。截至 1871 年，他的住处始终是"许多朋友的聚会地点"［参见 F.波洛克爵士（Sir F.Pollock）的回忆录］。

4 他常估计，作为单身研究员他每年的必要开支在每年 300 英镑，里面包含假期旅行费用 60 英镑。

包,步行两到三个小时,然后坐下,坐处有时靠近冰河,花上很长一段时间读书——歌德[1]的、黑格尔的、康德的,或者赫伯特·斯宾塞的——接着再走,直到下一休息地过夜。这是他进行哲学思考的时期,后来,他提出了国内贸易和对外贸易理论,而酝酿是在这些漫游的途中完成的。带去的一大箱的书籍等等,是着人从一站送到另一站的,他一走就是一个星期甚或一个星期以上,又总是步行,随身携带的也就只是一个背包。衬衫是提着在急流中冲洗,然后搭在肩上扛着的登山杖上晾干。在这孑然一身的阿尔卑斯山之行中,他冥思苦索,日后大多数最深邃的思想即源于此。

这些漫游时代使他对阿尔卑斯山产生了始终不渝的眷恋之情,1920年我们还(最后一次)到南蒂罗尔(South Tyrol)山区[2]一游,山高野阔,他或静坐,或工作,流连忘返。

阿尔弗雷德从来都是在露天完成他最好的著作的。在圣约翰学院任研究员期间,上午10点到下午2点,以及夜里10点到次日凌晨两点,都是他凝神思索的时间。白天他独踞荒野,夜晚则独占修道大院。80年代初在巴勒莫(Palermo)[3]时,浴室遮拦权当凉棚,他是在一家安静旅馆的屋顶上工作的。在牛津大学,他在花园里建造了一个专供研读的"书斋"。在剑桥大学,他先是在阳台,后来在一间活动棚工作,这间活动棚很大,一切按书房配备,取名"方舟"。在蒂罗尔山区,他以很多石

---

1 约翰·沃尔夫冈·冯·歌德(Johann Wolfgang von Goethe, 1749—1832),出生于美因河畔法兰克福,德国著名思想家、作家、科学家,他是魏玛的古典主义最著名的代表。而作为诗歌、戏剧和散文作品的创作者,他是最伟大的德国作家之一,也是世界文学领域的一个出类拔萃的光辉人物。——译者注

2 南蒂罗尔是意大利的一个省,位于意大利境内与奥地利交界,面积近399平方公里,人口50万,归属权曾多次变迁。——译者注

3 巴勒莫是意大利西西里首府,位于西西里岛西北部。西西里岛位于亚平宁半岛的西南,濒临第勒尼安海的巴勒莫湾。——译者注

头、一个折凳和一个气垫,巧妙组合了座处,他称为"宝座"。晚年,我们到那儿去都随身携带帐篷,供他日间写作用。

1875年,马歇尔访问美国,为期4个月,足迹遍及美国东部,远及旧金山。在哈佛大学和耶鲁大学曾和这几所大学的经济学家们长谈,所到之处且得引见,与各界名流频频会面。但对他而言,主要的目的还是"研究新建国家的贸易保护主义问题"。就此多方探问的结果,归期将至,他在写给国内的信中说:

> 在费城我和最重要的赞成贸易保护主义的人士交谈了好几个小时。此时,他们推荐给我读的一些书也已经读完。我认为我对他们的立场是了如指掌了。对此我不相信现在还有或过去曾有过另外一个英国人,能说同样的话。

甫一回国,他就于1875年11月17日在剑桥大学道德科学俱乐部宣读了一篇论述美国工业的论文。后来,1878年,他还在布里斯托尔大学就"美国经济状况"做了讲演。美国之行对他产生了重大影响,他后来的论著无一不留有印记。他常说,此行使他获益匪浅,这倒不在于他的实地考察确有收获,而在于通过考察,逐渐了解到了还有更多的问题需要做进一步的研究,认识到了事物要按比例进行分析,以把握实质,而且能够料到美国行将取得霸权地位并明白其原因和动向了。

在这一期间,他还一直在帮助福赛特——彼时他已经是教授——和亨利·西季威克,参与剑桥大学单独设置政治经济学专业,并把它从道德科学中分离出来的工作。他最早的学生里,有两位和他们3个人一起,担任剑桥大学政治经济学的讲师,他们就是H.S.福克斯维尔(H.S.Foxwell)和稍晚一些于1875年通过道德科学荣誉学位考试的我的父亲,约翰·内维尔·凯恩斯(John Neville Keynes)。

1876年，阿尔弗雷德·马歇尔与玛丽·佩里小姐订婚。佩里小姐是著名副主教的曾孙女，马歇尔以前的学生，纽纳姆学院的经济学讲师。[1]马歇尔1879年出版的第一部著作《工业经济学》（*Economics of Industry*）就是与她合著的。实际上，当初这本书是她的著作，而不是他的，这是应剑桥大学函授部一部分讲师的请求而写的一部教科书。他们于1877年结婚。婚后47年，夫妻相敬如宾。她的一生，在某种程度上可以说是无私地奉献给了他和他的工作，他们二人心心相印，他们的朋友和以前的学生很难分清他们各人的成就，或者说很难区分她那卓越的才华在他的学术成就中所起的重大作用。

婚后，由于失去了研究员的职位，马歇尔只得暂时离开剑桥大学[2]而去了布里斯托尔，担任大学学院的首任校长和政治经济学教授。

> 当时正值（马歇尔记述）牛津大学贝利奥尔学院和新学院在布里斯托尔组建第一所"大学学院"，亦即专为一个没有自己的大学的大城市创办、旨在向城区范围内的居民提供高等教育机会的学院。我当选首任校长，上午是夫人给学员以女士为主的一个班讲授政治经济学，晚上则由我给成员以年轻实业家为主的一个班授课。

除了这些常规的授课之外，他还讲授若干公共夜校课程，[3]包括就亨利·

---

1 佩里女士系五位先驱之一，是纽纳姆学院成立前，1871年就住到摄政大街（Regent Street）74号，在克拉夫女士（Miss Clough）指导下读书的。这处住所是亨利·西季威克为此目的购置并配备的。佩里女士和布利女士（Miss Bulley）是作为"剑桥大学促进女子高等教育协会"的学生，参加1874年的道德科学荣誉学位考试，成了这批女生中最早获得剑桥大学荣誉学位的两个人。

2 曾有那么一到两个星期，马歇尔真想做一名剑桥大学候补传教士以此作为一种维持生计的手段。但"我越是用扑克牌来占卜，越是不喜欢这个差使"。有那么很短的一段时间，他的确曾经当过圣约翰学院的膳务员。

3 有一讲是谈"水是国民财富的一个要素"的，尤其引人入胜，该演讲的内容已经重印了。

乔治（Henry George）的《进步与贫困》（*Progress and Poverty*）[1]开设的一个系列讲座。马歇尔夫妇在布里斯托尔的工作深孚众望，乃至辞离此地后很久，马歇尔的事迹全城人民都还记忆犹新。但行政工作，尤其是筹措资金事务，由于该学院财力薄弱而成为校长的主要职责之一，这无疑使他厌烦，不愿久留。再加上婚后不久，他的健康和精力由于肾结石的影响而开始衰弱。因此，他急于辞去校长职务，但又苦于没有适当的机会。直到1881年，拉姆齐教授应聘到化学系任职时，这才有了合适的继任者。接着，他便与夫人一道去了意大利，在那里住了将近1年的光景，先是在巴勒莫的一家小旅馆的屋顶安静地工作了5个月，后来又去了佛罗伦萨和威尼斯。1882年，他回到布里斯托尔，因为他还是那里的政治经济学教授，此时他的健康状况已经大有好转，然而他终其一生都是一个疑心病患者，总以为自己身体快要垮掉了。事实上，他的体质还是非常之好的，一直到耄耋之年，他仍然能够照常写作，工作不辍。但是，他的神经系统则相当脆弱，一旦用脑过度，兴奋异常，或是与人发生争论和意见分歧，其功能就会失衡。连续地专心致志于艰巨的脑力劳动，他已力不从心。现在他只得按部就班，连一时兴致和爱好都得有所调节了。说实在话，他的确常常感到，展现在他面前的研究领域是无限之广阔的，他也确有成竹在胸的篇章，只待公之于众而已。然而支撑他连续专心致志工作的体力和耐力，却不能不使人有功败垂成之虞。1877年，在他35岁时，他业已独自打下了基础，可望形成一门差不多是崭新的、对人类有重大意义的学科了，然而随后五年间，他本应相继将这些一一奉献于世

---

[1] 亨利·乔治（Henry George）是美国19世纪末期的知名社会活动家和经济学家。他认为土地占有是不平等的主要根源，提倡征收单一地价税的主张，曾经在欧美一些国家盛行一时，颇有影响。他主张土地国有，征收地价税归公共所有，废除一切其他税收，使社会财富趋于平均。19世纪70年代，亨利·乔治在欧洲和美国的经济危机期间游历澳大利亚、印度、英国、爱尔兰，及美国的纽约、旧金山等地。他深感物质进步没有缓解贫困，为此撰写《进步与贫困》一书，宣扬自己的主张，该书出版后风靡一时，曾对孙中山先生民生主义思想产生过较大影响。——译者注

时，健康和体力却每况愈下，尽管这没有摧毁他的决心，但勇气是部分受挫了的。

布里斯托尔大学学院董事中，有担任牛津大学贝利奥尔学院院长的乔伊特博士（Dr Jowett）和亨利·史密斯（Henry Smith）教授；他们定期到布里斯托尔执行公务时，总是客居在马歇尔夫妇家中。乔伊特对经济学始终都有着强烈的兴趣。担任贝利奥尔学院的导师期间，他讲授过政治经济学的多门固定课程，而指导本学科本科生的学习则一直进行，直到去世。[1]乔伊特在大学学院董事会会议后，总会与马歇尔彻夜长谈，两人遂成莫逆之交。1883年，阿诺德·汤因比（Arnold Toynbee）[2]一去世，乔伊特随即邀请马歇尔担任牛津大学贝利奥尔学院研究员和政治经济学讲师，给驻印度行政机构候选文职人员授课，也就在情理之中了。[3]

马歇尔在牛津大学供职的时间很短，但是极具声望，吸引了大批才华出众的学生。此一时期，他所做的公开讲演，听众的热心程度及其所属阶层的广泛性，为一生各个时期所仅见。在不同场合的公开辩论中，他还曾有幸与

---

1 乔伊特去世后，马歇尔在《经济学刊》（第3卷，第745页）撰写了一篇文采斐然、言简意赅的亡者传略，他写道："他参加了大多数激励现代经济学家的问题的讨论；但他自己的导师是柏拉图和李嘉图。凡是他们所说的，以及由他所说的所直接引起的一切，他都特别关注……在理论经济学中，他专心致志的论题是货币，而且还对新近有关货币的争论有浓厚的兴趣。他的见解通常是保守的，而且从来不赞成金银复本位制。但无论李嘉图指向哪儿，他都绝不偏离。在不久前写的一封信中，他还提出了世界是否不会发展得不再需要用黄金作为它的价值尺度，因而不得不采用使吉芬先生（Mr Giffen）恼怒的那些人为尺度之一这样一个问题。"

2 这位阿诺德·汤因比（1852—1883）是后来著名的历史学家阿诺德·约瑟夫·汤因比的叔父，也是一位历史学家，专门研究经济发展史，这位侄儿的名字正是为了纪念这位早逝的叔父而起的。其侄儿阿诺德·约瑟夫·汤因比（Arnold Joseph Toynbee，1889—1975）是英国著名历史学家，曾被誉为"近世以来最伟大的历史学家"。汤因比对历史有其独到的眼光，他的巨著《历史研究》（12册）讲述了世界各个主要民族的兴起与衰落，被誉为"现代学者最伟大的成就"。——译者注

3 乔伊特一直很喜欢阿尔弗雷德·马歇尔，马歇尔夫妇离开牛津大学后，他访问剑桥大学时通常总是和他们待在一起的。

亨利·乔治以及海德门（Hyndman）[1]不期而遇，这使他在牛津大学的身份显赫起来。然而，1884年11月，福赛特去世了，1885年1月，马歇尔遂回到剑桥大学，接任政治经济学教授一职。

IV

马歇尔深入研究经济理论，是从1867年开始的；到了1875年，已然卓尔不群，1883年最终定型，自成一家。但在1890年出版《经济学原理》以前，他的著作还不见有一部分完整刊行，而其中落笔最早、1875年已经近乎完稿的《货币、信贷与商业》，则更是历经近50年，直到1923年方才问世。在这期间研究中显现的思想他没有秘而不宣，而是通过授课和交谈，毫无保留地与朋友、学生分享了。而且由于有私人印行小册子，再加上学生著文介绍，它们的流传范围不断扩大。还有收录于皇家委员会征询录中的。既如此，待到原著正式发表竟不见有什么震撼力，世界各地读了出版物才获悉马歇尔其人的经济学家也许觉得难以理解他在英国同时代人及其传人中何以享有如此崇高的威望，也就势所必然了；倘或在一代人以前就出版了，其著作的独创性、开拓性无疑会引起轰动的。因此，纵令资料不敷所需，叙述难以全面，但探索他思想的变化历程并说明导致其著作不幸延误问世的原因或理由，这在我是责无旁贷的。

---

[1] 此人当是指亨利·迈尔斯·海德门（Henry Mayers Hyndman, 1842—1921）英国第一个马克思主义者，改良主义者，社会党的右翼领袖之一，对其他主要的英国社会主义者有强大的影响。海德门于剑桥大学三一学院毕业，1871—1880年在伦敦做记者，1880年阅读《资本论》后开始信仰马克思主义，1881年与几个激进分子创办民主联盟。他为第一次联盟会议所写的《英国是全体英国人民的英国》，是19世纪30年代罗伯特·欧文的改革运动衰落后英国的第一部阐述社会主义的论著。1884年将该盟改组为社会民主联盟，许多人，包括W.莫里斯、J.E.伯恩斯和乔治·兰斯伯里等，都是在海德门引导下走向社会主义的。但不久，莫里斯等人在恩格斯协助下与之决裂，另组社会主义联盟。虽然他在英国社会主义者中的权威有所动摇，但由于一般人相信是他领导了1889年的伦敦码头工人罢工，因而其名声达到最高点。——译者注

马歇尔 1867 年开始深入研究经济学。我们来看看诸位经济学大师的著作年表：约翰·斯图亚特·穆勒的《政治经济学原理》，[1]1848 年第一版问世；1871 年出版第七版，这是穆勒 1873 年逝世之前亲自重订的最后一版；马克思的《资本论》出版于 1868 年；杰文思的《政治经济学理论》[2]出版于 1871 年；门格尔[3]的《国民经济学原理》也出版于 1871 年；卡尔恩斯[4]的《要义》出版于 1874 年。

由是观之，马歇尔起步之时，穆勒和李嘉图雄威犹在，仍为不祧之祖。另外举足轻重的唯一人物，是马歇尔常常说起的罗雪尔。运用数理方法研究经济学这种意见在流传中，但尚未产生重要成果。古诺（Cournot）[5]的《财富理论的数学原理研究》(1835 年)，马歇尔在《经济学原理》初版绪言中是作为对他有过特别影响的著作提到的，但我不知道他首次得到这本书是在什么时候。[6]

---

1 这部名著的成书过程表明它同马歇尔的《经济学原理》之间存在着的多么明显的一种对比！穆勒的《政治经济学原理》1845 年秋开始写作，不到 1847 年底就全部就绪可以付印了。在这两年稍多一点的时间里，中间还有 6 个月时间，穆勒是为《早晨记事报》（*Morning Chronicle*）写稿（有时多达每周五篇）论述爱尔兰农民问题，写书只得中止。同时，穆勒还得整天在与印度事务有关的一个机构上班。(参见穆勒的《自传》)。

2 杰文思的《金价暴跌状况的探究及其社会影响》于 1863 年发表，《价格变动》于 1865 年发表，现代指数法即起源于这两篇论文。他探讨经济危机周期性的主要论文，发表的时间要晚一些（1875—1879 年）。

3 卡尔·门格尔（Carl Menger，1840—1921），奥地利著名经济学家。现代边际效用理论的创始者之一。——译者注

4 即约翰·艾略特·卡尔恩斯（John Elliott Cairnes，1823—1875），爱尔兰经济学家，他常被称为是最后一位古典经济学家。——译者注

5 安东尼·奥古斯丁·古诺（Antoine Augustin Cournot，1801—1877）法国数学家、经济学家和哲学家，数理统计学的奠基人，他最先力图用数学方法解决经济问题，是数理经济学的创始人之一。——译者注

6 有关数学探讨的最初线索和先兆的完整书目，见欧文·费雪所编的古诺著作的附录。弗莱明·詹金（Fleeming Jenkin）1868 年的短篇论文，直到 1870 年才广为人知，不过当时马歇尔是肯定知道了的［见他在《学术界》（*The Academy*）杂志对杰文思著作的评论］。杰文思的《略论政治经济学的一般数学理论》，1862 年递交不列颠协会剑桥会议，1866 年在《统计学杂志》发表，但这篇论文实际上就根本没有包含任何数学探讨。其目的在于暗示一下"效用系数"（也就是最后效用）这个概念，并声称有了这个概念，作为微分学的数学延伸，经济学的基础即可奠定了。

古诺的影响以及李嘉图对当时剑桥一名数学家的潜移默化的作用[1]——这或许能使人想起穆勒《政治经济学原理》第3篇第18章[2]论述"国际价值"处的算术例题而用代数分析的缘起——便是马歇尔涉足经济学领域最初所必须融合的全部因素。说到这里，还是引用原文比较好，[3]这是他就1867年起到1875年美国之行为止这一段时期里自己思想的变化历程所做的记述：

> 尽管还担任私人教师，辅导数学，[4]他已尽可能多地把李嘉图的推理改用数学语言表述，并力图使之浅显些。这其间，他还注意到罗雪尔等等德国经济学家和马克思、拉萨尔（Lassalle）等等社会主义者的经济学新论，并对之产生兴趣。但在他看来，虽然历史学派经济学家以为他们所揭示的经济变迁的原因就是真正的原因，然而他们所用的分析方法并不总是很彻底的，还不足以证实这一点。实际上，他是认为，预测经济的未来固然很难，解释经济的过去几乎是同样困难的。社会主义者呢，他又认为他们是低估了他们的问题的困难程度，急于求成，以为消灭了私有制，人性的诸多缺陷即不复存在了……有鉴于此，他要更深入接触各行各业，了解工人阶级的生活，一方面旨在掌握每一种主要工业的技术的一般特点，另一方面又意欲追求和工会主义者、工团主义者以及其他工人阶级领导人相处。但由于直接研究他们的生活与工

---

[1] 这是克拉克·麦克斯维尔和W.K.克里福德的时代，参加剑桥大学数学荣誉学位考试的这些学生正忙于设法把数学应用到实验科学中去。扩大应用范围，道德科学引进数学也在变得明显起来。在这同一方向发挥重要影响的，还有早一些的布尔（Boole）和莱斯利·艾利斯（Leslie Ellis）。马歇尔原就学的数学，又是W.K.克里福德的好友，1867年，注意力一转向李嘉图，就侧重图解和代数是必然的。因此也就没有必要再提别的解释或影响了。

[2] 尤其是第6到第8节，这是穆勒为第三版（1852年）增添的。

[3] 这一段是马歇尔交由一个德国人放入著名经济学家照片和生活片段汇编的一段话。

[4] 1867年。

作，这是需要多年努力才能结出硕果的，他于是决定利用其间的闲暇，撰写一部国际贸易专著或是一篇专题论文，这方面的主要材料从现有印行的文献中即可以得到。他原计划以此为第一本，写出一组专著，分门别类，讨论各种经济问题，最后再经压缩，推出一部在篇幅上与穆勒的《政治经济学原理》相仿的通论来。是在开写这部通论以后，而不是以前，他想到还是写短篇一般论著得心应手。先写小的，再写大的，这是最好的写作顺序，这种想法，他从未改变过；然而由于环境所迫，他的计划未能实现，而且差一点就背弃了。他是写了讨论国际贸易的一部专著的第一稿，而且，1875年，还遍访了美国的重要工业基地，目的就在于研究一个新兴国家的贸易保护主义问题。但这项工作因结婚而中止。而当与夫人一起着手编写《工业经济学》小册子——为了便于工人阅读，力求简明扼要；很费时间——时，他又得了重病，一度感到再也不能承担繁重工作了。稍后，他以为重写经济问题的图解说明在体力上已经能够承受了。尽管已故的瓦尔拉斯教授1873年前后曾敦促他发表这些图解，但他没有照办，因为他怕图解与实际情况的一切具体研究问题有直接关系，比事实上存在的还要直接。因此，他开始说明使用图解的部分所需的必要的限制因素和条件，这成为他的《经济学原理》第五篇的核心。从这个核心出发，这第五篇的内容向前、向后做了逐步的扩充，日臻完善，成了1890年出版的这部《经济学原理》的全书。

放弃先写出"一组专著，分门别类，讨论各种经济问题"的计划，一开始就写出一本大部头著作，这是马歇尔做出的关键性的决定。作为一部长篇论著，它应该是全面的，经过了一个经济学巨人（Jove）[1]的头脑的严密思考的，尤其是还得把马歇尔最早研究的经济专题即货币与对外贸易按照

---

[1] 这里Jove原意是指"朱庇特主神"，这里取其意译。——译者注

逻辑放到本书最后章节中去，结果是本书从开始写到出版经历了 50 年之久。

马歇尔的研究成果，大略可以分别表述如下：1867 年，他开始提出图解方法，尤其是围绕对外贸易问题进行这种研究，这主要是受李嘉图和穆勒影响的结果。此外，他从事这方面的研究，还受古诺以及在较小的程度上还有冯·屠能（von Thünen）[1]的影响，是他们使他十分重视下列事实：

> 我们对自然界的观察，在精神世界和在物质世界一样，涉及总量的都不如涉及增量的为多，尤其是对一物的需求，它是连续函数，其中的"边际"增量，在稳定的均衡状态下，是与其生产成本的相应增量相抵的。在这点上，如果不借助于数学符号或图解，对连续性要有个清楚、充分的估量是不容易的。[2]

到 1871 年，他关于这些问题进行的研究已大有进展。他向学生阐述这些新见解，他的图解经济学的基础已然得到了真正的奠定。这一年，杰文思出版了《政治经济学理论》，这是他独立完成的研究成果。本书的出版势必成了马歇尔失望和烦恼的根源。本书汲取了马歇尔刻意求精、逐渐形成的那些新见解在独创性方面的精华，而在马歇尔看来又没有给这些新见解以充分或准确的论述。然而，发表与"边际"（或者按照杰文思的说法，即"最后"）效用有关的那些见解的优先权无疑还是让给了杰文思。马歇尔提出这个优先权问题时，在态度上是极为谨慎的。尽管他直接然而又十分明白无误地指出就他自己的著作来说，对杰文思几乎没有什么要感谢的，但他还是注意不对杰

---

[1] 约翰·海因利希·冯·屠能（Johann Heinrich von Thünen, 1783—1850），德国人，农学家。除了一些短小的论文之外，屠能一生主要是写成了《孤立国》这样一部影响深远的著作，《孤立国》的第一部分出版于 1826 年，第二部分第一编是在他逝世前的 1850 年出版，至于第二部的第二编和第三部则是他殁后，由他的学生许马策（H.S. Chumacher）整理刊行的。——译者注

[2] 《经济学原理》第一版序言。

文思的论点展开讨论。[1]

1872 年，马歇尔在《学术界》(The Academy) 杂志上著文对杰文思的《政治经济学理论》做出了评论。[2] 这篇评论，[3] 虽然不是采用否定的语气，但颇为冷淡，而且还指出了几个明显的错误：

> （评论最后说）本书最重要的意义，不在于它那长篇大论，而在于它对若干次要问题的富有独创性的论述，它那些富有启发性的陈述和周密分析。书中新瓶装旧酒之处屡见不鲜……例如，任何一种商品的总效用都不是与其最后效用程度成正比的，这原是人们熟悉的真理……而杰文思教授把这当成了主题，还为此而花样翻新地展示了大量经济事实。

但后些年当马歇尔开始写《经济学原理》时，他正确对待杰文思，彻底消除妒忌心理的愿望是显而易见的。诚然，在《经济学原理》的一节中，[4] 他

---

1 尤其见：(1) 他关于他所用"边际"这个术语的脚注（《经济学原理》第一版序言）。在那里，他含蓄地指出，"边际"一词他是在读屠能的著作后想起的（虽然屠能实际上并没有用到这个词），那是在杰文思的书（指《政治经济学理论》）出版以前（杰文思在 1862 年提交不列颠协会、1866 年发表的论文中还是用的"效用的系数"）。该书出版后，他又一时沿用了杰文思的"最后"一词（例如，在第一部著作《工业经济学》），后来想起还是他最初所用的词好，于是又复用"边际"（而"边际效用"与门格尔所用"Grenznutzen"即"边际效用"几乎一字不差）。(2) 他在《经济学原理》第三篇第六章第三节论述消费者地租（或消费者剩余）处的脚注。在这脚注中他写道 [斜体为我（即凯恩斯）所加]："消费者地租有个度量的问题，这个概念是 1844 年杜普伊特 [即 Jules Dupuit (1804—1866)，法国工程师，政治经济学家。——译者注] 发表的。但他的著作，人们已经忘却。用英文著述清楚分析总效用和边际（或最后）效用的关系的第一个人，是杰文思（1871 年），当时，他没有读过杜普伊特的著作。**作者马歇尔**是在古诺、屠能和边沁的影响下研究用数学语言解释需求和效用时想到消费者地租这个概念的。"

2 据我（凯恩斯）所知，马歇尔毕生只写过两篇书评，即 1872 年评论杰文思著作的这一篇和 1881 年评论埃奇沃思的《数学心理学》的一篇。

3 本文据我所知是阿尔弗雷德·马歇尔第一篇公开发表的作品（时年 30 岁），它的重要之点也许是本文有很多方面预示了他对这门学科的持久不变的态度。

4 《经济学原理》第三版，第 166 页。

是曾写过："令人遗憾，这里和别处一样，杰文思总是一意孤行，这使得他所得出的结论不仅不准确，而且还造成了损害……"但在别处他又说：[1]"在接近于达到李嘉图那光辉的独创性方面，当代学者中几乎没有人比得上杰文思的，"而且，"思想家中也几乎没有什么人比得上杰文思，他才华横溢，贡献良多，有资格接受我们的感激之情。"

说句实在话，杰文思的《政治经济学理论》是一部卓越而又由于仓促成书故而显得不那么准确、不完善之处颇多的小册子，他与马歇尔的不厌其烦、全面求工、极端负责、默默无闻的态度，是有着很大差别的。这本书阐述了"最后效用"以及劳动负效用与产品效用相平衡这些概念，对此，人们不会忘记。但是，本书做出的这一贡献，如果与马歇尔孜孜不倦、百折不挠的劳动同科学的天才相结合所造就的巨大的工作机器相比较，那它也就是在那有很多光辉思想的世界上名噪一时而已。[2]杰文思看到水壶烧开时是用孩子般的欢快的声音大喊大叫的，而马歇尔也看到壶水烧开的情形，不过他默不作声，只是坐看，联想建造发动机的方法。

同时，马歇尔还继续致力于概括他阐述对外贸易和国内价值纯理论的论文所揭示的图解法。这些论文中多数想必在1873年前后即已完成，而且就在那个时期向学生［尤其是向H.H.坎宁安（H.H.Cunynghame）爵士］讲授过。它们被选入《对外贸易理论兼及与自由放任主义相联系的若干有关问题》一书中，成了该书的不连贯的几章。[3]大致上本书是他自美国返回后的1875—1877年间完成的，收录了自1869年起他的很多研究成果。[4]1877年他又着手和马歇尔夫人合著《工业经济学》了。1879年，因马歇尔有可能从他手中夺

1　《论李嘉图的价值理论》，这大致是对杰文思的回答。

2　我们现在取得的这些光辉思想的成果，不过是在把经济科学降低为边沁微分学在数学上的应用，这多么让人感到失望！

3　"对外贸易"的最后一个命题，是命题 XIII，"国内价值"的第一命题，变更为 XVII 命题。

4　"主要在1869年与1873年间"——见《货币、信贷与商业》，第330页。

取优先权而惊恐的亨利·西季威克，利用私人渠道印行了图解法有关的那些文稿，并向国内外著名经济学家赠送了很多册。[1]原件现在已属罕见的这几章，虽然从未全文公开发表过，[2]但其中最重要的部分已收入《经济学原理》第五篇的第十一和第十二章，并（在其发表后50年）收入《货币、信贷与商业》的附录J中了。

马歇尔在经济理论这个领域提出的数学和图解方法，不仅具有易于掌握、论述全面和科学严谨这样的特点，而且远胜于他的前辈提出的"光辉思想"；由此可见，我们称他为现代图解经济学的创立者，可以说他是当之无愧的。图解经济学是这样的一种极好的工具，它对聪明的初学者通常具有强大的吸引力，我们不仅把它作为我们的直观事物的吸收器和校正器，而且还把它作为我们研究成果的速记器。不过一旦我们进一步深入研究经济学这门学科深层的问题时，它又通常变成我们必须参照的背景了。马歇尔的研究成果系一次一滴地渗向外界，以完整形式流传所及的范围而又有限的这种实际情况，不仅使他失去了不少原本可以赢得的国际声誉，而且也许还阻碍了本学科的进步。然而，仔细想来，我以为我们是能理解马歇尔之所以不愿孤零零发表他的图解工具、使自己成为举世瞩目的人物的原委的。

因为，尽管它是他研究这门学科之方法的一种主要的辅助手段，但公开这种方法，强调或提高它的重要性，那是同他早年认为的研究经济学的正确态度背道而驰的。另外，马歇尔是剑桥大学数学学位甲等及格者第二名，又是立过志攻读分子物理学的，对构成数理经济学的十分"浅显"琐碎的初等

---

[1] 参见《经济学原理》第一版序言；杰文思1879年出版的《政治经济学理论》第二版也提到了这件事；潘塔列奥尼（Pantaleoni）的《理论经济学原理》翻印了其中的很多内容（1889年）。

[2] 伦敦政治经济学院1930年出版了这两篇论文的和原件惟妙惟肖的复制本，作为《政治经济学珍本重印本》丛书的第一辑。

代数、几何和微分学,始终都有点轻蔑之感。[1]例如,经济理论梗概中,可以用数学形式表达的这些部分,与物理学不同,比起关于复杂而又不完全已知的经验事实的经济解释,它们是极其容易的,[2]而在引导人们证实有用的结果方面,作用又微不足道。

马歇尔对这一切深有感触,他的学生则未必尽然。初等数学对于他来说是轻而易举之事。他想的是进入那庞大的世界实验室,以便有机会听到它的反响,分辨各种不同的音色,用实业家的语言说话,而又以天使的眼睛观察一切。因此,"他决心",如他自己的话所表明的,"更密切地接触实业界和工人阶级的生活"。

由此可见,开始的时候,马歇尔创立了现代图解方法,最后,他又主动割爱,把它们放在了应有的位置上。《经济学原理》出版时,图解只有在脚注中才能见到,充其量也就只在简单附录这样一种场合出现。早在1872年,在评论杰文思的《政治经济学理论》时,他就写过:

> 我们能够提出若干重要建议,这固然是靠了英国还有欧洲大陆出色的数学家在应用他们得心应手的方法探讨经济问题这方面所写出的很多研究论文,但是,在他们的推理和所得结果中凡是重要的,几乎没有例外地都是可以用普通语言描写的……摆在我们面前的这本书,如果去掉

---

1 数理经济学对技术性的数学知识修养不够而攻读本学科的学生,常有着很大的魅力和影响。它不仅简易明了,差不多人人都能理解,而且,在小范围的情况下,还能使学生很高兴地领悟纯理论的构成,并得心应手地排列各种玩具,从而使得尚未见过摩天大楼和经过分分秒秒雕琢而成的现代数学不朽著作的人产生一种新的兴奋点。

2 著名的量子理论创始人、柏林的普朗克教授曾和我(即凯恩斯)说起,他早年曾有过学习经济学的想法,但后来感到太难了! 那么,数理经济学的各个领域普朗克教授是用不了几天就能轻易掌握的了。他可没有这个意思! 但是,进行最高级形式经济解释所必需的大量逻辑关系和直觉知识,以及广泛知识范围内的事实——其中大多数不是精确可以计算的——对于那些人来说,毫无疑问,是绝对难以处理的;这些人,他们的天赋主要在于具备这样一种能力,即他们能够最大限度地设想和探究比较简单、但高度精确的事实的实质和优先条件。

数学而保留图解，就会好一些。

1881年，在评论埃奇沃斯的《数学心理学》时，开头表达了"本书显示出作者天分的明显迹象，并表明将来他有可能做出很大贡献"之后，他紧接着又说："特别是，如果了解一下他在多大程度上能够做到既不放弃数学，又始终不看现实经济问题，那会是很有意思的。"最后，1890年，在《经济学原理》的序言中，他又首先强调他宁要图解而不要代数，接着，又让前者得到有限利用，[1] 而后者则降到便于个人利用的地位。[2]

无论在他反对过分醉心于这些方法的这一方面，还是就（一种不那么令人满意的心理）担心把"实业界吓得不敢读他的著作"这一点来说，马歇尔都有失误的地方。说到底，要是"有很多纯理论上的问题，这些问题又是没有一个曾经学过使用图解的人愿意以另外任何一种方法加以处理的"，那么，这种图解构成经济学每一门高级课程的一部分内容就不仅不言而喻，[3] 而且还应该以可能的最详细、最清楚的形式供学生使用。[4]

但是，尽管马歇尔不愿发表他最早的研究成果，主要是由于他对他所从事的这门学科在其最高、最有用发展阶段上的真正特点所做的研究深奥难

---

1 "正文中的这个论点丝毫也不取决于图解；图解完全可以略去。但经验似乎表明，有很多重要的原理，如果借助于图解去理解它们，那要比不用图解去理解来得透彻。而且还有很多纯理论的问题，是没有一个曾经学过使用图解的人愿以别的任何一种方法去处理的。"

2 "纯粹数学在经济问题上的主要用途，似乎在于帮助一个人迅速、简短、精确地写下他的想法，以满足自己的需要……人们花很多时间去读不是通过自己的理解而是由别人用数学表述的冗长的经济学著作，这是否就有用，这似乎还很难说。"

3 马歇尔自己在授课中从来都是运用自如的。

4 马歇尔以前的两个学生，亨利·坎宁安爵士和A.W.弗拉克斯（A.W.Flux）先生在满足这一需要方面已经做出了一定的努力。但50年过去了，而这方面的理想教科书我们还是缺乏的。鲍利教授（Professor Bowley）新近出版的《经济学的数学基础》由于从总的来看强调代数方法比较多，强调图解方法比较少，因此也还是不太符合马歇尔的本意。

懂，而他又不愿意敷衍塞责，致使他公之于世的著作并不符合他本人的思想，然而，《对外贸易理论兼及与自由放任主义相联系的若干有关问题》没能在1877年以未成稿的形式出版，则还是很令人遗憾的。[1]毕竟他是原就从事这个领域的研究的，因为当时"这方面的主要资料从现有印行文献中即可得到"，而这些资料，再加上他访美期间得到的有关一个新建国家贸易保护主义实况的第一手资料，可以肯定说是足以构成一部专著出版了。因此，令人信服的解释部分在于下列实际情况，这就是他健康恶化时，他以为他只有几年可活了，而这几年呢，他认为必须用以整理他有关价值和分配的基本思想。

马歇尔的货币理论推迟到耄耋之年当他已经失去创新思想、已经没有锐气和精力来做出阐述时才出版，这更是使我们深感遗憾。货币理论体现马歇尔的独创性和研究重点，体现马歇尔与同时代人相比在洞察力和学识上所具有的优势，其深刻、全面之程度，是经济学的任何一个领域都比不上的。

货币理论也是经济学范围内适于独立成篇，写成专著的半独立的一个领域。然而，除了引入他为皇家委员会所做的证词和不定期发表的文章之外，以他自己的语言、以他自己的风格适时发表的就一星半点也没有了。因为货币从七十年代初起就一直是他最喜欢的讲题之一，所以他的主要见解，一般来说，他的学生都是知道的，[2]结果是剑桥大学先是由于马歇尔自己的讲课，

---

[1] 事实上，他为什么放弃出版本书的要求，就是现在也还是不那么十分清楚。直至1877年年中为止，他无疑还是打算出版的。我父亲（指内维尔·凯恩斯）1877年2月8日的日记中写道："马歇尔带来他在写的关于论述对外贸易的一本书的部分手稿让我看。"西季威克和杰文思也曾读过本书原稿，对它有很高评价，这可以从他们在1877年6月马歇尔申请去布里斯托尔任职时所写的推荐书中看出。西季威克写道："我相信他即将完成的新著，会使他在英国当前一代经济学家中一举成名。"杰文思写道："你即将问世的论述对外贸易的著作，是了解其内容的人们怀着很大的兴趣在期待着，它将使你跻身于本学科最有创造性的作者之列。"

[2] 他的不规则的讲授法使得一般甚至优秀的学生都很难连贯或完整地记下讲课笔记。

在他退休之后又由于庇古教授的讲课，形成了一个口述传统，这一传统，不仅不同于，而且（我认为可以断定）还优于直至最近通过印发书本进行传授这种方式。[1] 说到这里，概述一下马歇尔对货币理论所做出的主要贡献，也许是合宜的。

在金银复本位制度争论之前，马歇尔没有出版过任何关于货币理论的著述，[2] 而且即使那场争论，他也是等待了相当长时间后才参与进去的。他就这个问题首次认真发表的见解，包含在他对皇家委员会 1886 年就贸易和工业的萧条状况印发的问题单所做的回答中。接着便是他在 1887 年 3 月《当代评论》（*Contemporary Review*）上就论述一般价格波动的对策所发表的文章。稍后，还有 1887 年和 1888 年他为金银委员会所做的大量证词。1899 年又为印度通货委员会提供证词。直至 1823 年《货币、信贷与商业》出版，他才对他的理论做出了系统的阐述。到那时为止，他的主要见解在他人的著作中几乎都已有表现了。当时，他已年逾八旬，心有余而力不足，只能对早年的断简残编做做整理工作了。这样形成的著作，由于难点和复杂之处都已小心回避了的论述枯燥无味，与 20 年前[3] 或（更早一些）30 年前原来所要写的著作相比，自是大为逊色。但是，马歇尔 1871 年前后写的现存最早的手稿，恰巧是讨论他的货币数量理论的。这是说明他的思想从 1867 年和 1877 年之间萌发起始终具有连贯性的一个极好的例子，他的《货币、信贷与商业》第一篇第四章的全部内容就由此而来，它极为全面，在解释和说明方面花去了极大的精力。这在 50 年后是很难应付裕如的。我没有什么根据来表明构成他在《当

---

[1] 欧文·费雪教授就几种情况说都是第一个人以出书的方式发表了与马歇尔相似的见解，不过马歇尔发表的时间要早得多。

[2] 《工业经济学》（1879 年）原就不打算写这部分内容，只是简单提一下。不过，本书谈到贸易周期（trade cycle）问题，则是重要的。

[3] 我从个人的回忆对此有发言权，因为稍后（1906 年）我就听过他讲授货币问题。

代评论》上所发文章或他为金银委员会所做证词的基础之主导思想是什么时候就有了的。1 但是，《工业经济学》里论述"商业危机"（Commercial Crises）、他在回答贸易萧条问题政府特派员问时所不时引用的那些段落，足以表明他在 1879 年就已有相同的想法了。下面是马歇尔对经济学的这个领域所做出的最重要、最有特色的创造性贡献。

（1）**对货币数量论作为一般价值论一个组成部分的解说**。他总是教导人们，货币价值一方面是货币供应量的函数，另一方面是人们对货币的需求量的函数，这个需求量，可以用"每个人愿以某种成品方式保存的可支配的商品量"来衡量。他还说明了每个人又怎样根据以这种成品方式保存与以它种形式的财富保存的**相对利弊**而决定到底保存多少可支配的商品量。

> （他在上面提到过的 1871 年的原稿上写道）英国全部货币的交换价值，恰好等于社会全体成员决定以这种成品方式保存的可支配的全部商品的交换价值。例如，就银币而言，如果我们知道流通中的银的盎司数，那么用其他商品表示，1 盎司银的价值是多少，我们就可以用银的盎司数除上述一定量商品的价值求得。假设一个社会的每个个人都决定平均以其年收入的十分之一，以某种成品方式来保存可支配的商品，那么，此例所假设的唯一通用的银这种货币，它在英国的价值就将等于全年收入的十分之一。假设人们的习惯改变了，而且也没有能力使各项需求一产生就都得到满足，人人就在更大程度上愿为在其他方面有所得，而决定平均仅以其收入的十二分之一，以某种成品方式来保存可支配的商品。由于银的流通量没有变化，但按原来的价值计算，未投入使用的

1　在向委员会解释他的"金银合成本位制（Symmetallism）"时，他说（回答第 9 837 个问题）："我有我自己的金银复本位制兴趣……我十年前就有这种兴趣了"——这个兴趣使他在 1878 年前就产生了这些想法。

有这么多，所以它的价值必然下降了。因此，工业用银就会增加，而银矿山的产量则要减少。1

他指出这种方法有显著优越性，可以避免考虑"流通速度"这个棘手问题（虽然他能表明下列两种概念之间的确切的逻辑关系）："但是，当我们试图证实'流通速度'和货币价值之间的联系时，问题就极复杂化了。穆勒先生知道这一弊端（《政治经济学原理》第三篇第八章第三节），但他没有提出补救办法。"2 马歇尔也在很早之前就详细说明了公众对某种货币的不信任导致他们储存这种货币的数量减少，从而促成货币价格提高的情况——这一现象鉴于最近的事态发展，已引起人们的关注；他还知道，价格波动是伴随经济循环发生的，是和公众愿意保存的"即时可取现金"3的数量的波动相一致的。

(2) "实际"利率和"货币"利率的区分，以及货币价值波动时这一区分与信贷周期的关系。对此所做的明确说明，我认为首先见于《经济学原理》（1890年）第六篇第六章的最后一个注解。4

(3) 现代信贷制度下货币供应量每增加一个单位从而影响货币价格的因果顺序以及贴现率所起的作用。对此所做的叙述中常被人引用的章节和多年中学生可参考的唯一详细的阐述，是马歇尔1887年为金银委员会所做的证词（尤其是证词的前半部分），再加上他1899年为印度通货委员会所做的证词，是货币理论的最基本部分之一，而在大约25年的时间里，学生居然只有

---

1 1906年我听他的课时，他常以很漂亮的一些图解来说明这一理论。
2 这一段摘录以及上一段摘录，皆引自1871年的手稿。
3 这是马歇尔的叫法，我称其为"实际余额"（real balances）。
4 在向印度通货委员会重复这一注解的内容时（1899年），他大大方方地提到了欧文·费雪教授的《货币升值与利息》（Appreciation and Interest）（1896年）对此见解在当时来说的最新解释。类似的见解，另见马歇尔的第一部出版物《工业经济学》（1879年），第三篇，第一章，第五和六节。

从证词、为关心某个暂时的实际问题的某个政府委员会以问答形式所做证词的字里行间才能找到，这是怪事。

(4) 阐明"购买力平价"（Purchasing Power Parity）说，从而一举解决了如何决定不可兑换货币在国家间的兑换率这个问题。从本质上说，这个理论应归功于李嘉图，但卡塞尔教授[1]以适用于现代情况的形式对这个理论所做的重新表述，则不如马歇尔的备忘录[2]发表得更早；备忘录附于他为金银委员会所做的证词（1888年）之后。这个理论在他于1899年提交印度通货委员会的结论中也占有重要地位。下面是马歇尔对金银委员会发表的意见的一段摘录，它概括地说明了他的理论："假设B国通行一种不可兑换的纸币（比如说卢布）。在每个国家，货币价格都决定于货币量与这种货币必须起的作用之间的关系。卢布的金价则取决于这样一种贸易过程，贸易恰好按A国的金价对B国的卢布价格（减去运费）所具有的那种比率进行。"

(5) 编制指数的"连锁"方法。此法首先见于他的《物价波动的对策》（1887年）一文最后一节（题为《如何估计一个单位的购买力》）的一个脚注。

(6) 关于以金银合成本位制为基础的发行纸币的建议（与李嘉图的发行

---

1 即古斯塔夫·卡塞尔（Gustav Cassel, 1866—1945），瑞典经济学家。曾在乌普萨拉（Uppsala）大学、斯德哥尔摩大学学习，并于1904—1933年在斯德哥尔摩大学任经济学教授。在理论研究中，摒弃英国和奥地利经济学家的边际效用价值说。多次出席国际间经济会议。由于1920年在布鲁塞尔会议中解决世界货币问题及1921年在国际联盟财政委员会工作中成绩卓著，赢得国际盛誉。——译者注

2 题为《各国间货币差异对国际贸易产生的影响备忘录》（*Memorandum as to the Effect which Differences between the Currencies of Different Nations have on International Trade*）。他是以英国金镑和俄国卢布与印度银币作为例证来说明这种影响的。他认为，长期背离购买力平价（他没有使用这个术语）的情况不大可能出现，除非存在"对俄国经济前途的普遍不信任，从而导致投资者从俄国撤回资本"——这是对当时事态的一个出色的预见。这个备忘录的部分内容，作为《货币、信贷与商业》附录G的第一部分，被复制印刷出来了。

经济可靠货币的建议相似)。这一建议首先见于1886年他的回答商业萧条问题政府特派员之问中。他认为,普通金银复本位制总有起到替代"金属说"(alternative-metallism)的作用的倾向。

> [他接着说]我认为,我们要是为了实行金银复本位制而使我们的货币产生极大波动,我们就活该受到惩罚……我的另一可供采用的方案来源于(李嘉图),也就是使重2000克的银条和重100克的金条相结合;而政府企业则又时刻准备用某个固定数量的货币购买或卖出经过结合的成对金、银条……金条相结合;而政府企业则又时刻准备无须等待它国同意。

他没有极力主张立即采用这种本位制,而是提了出来,认为至少比金银复本位制可取。1887年,在他探讨《物价波动的对策》的论文中,和1888年在他为金银委员会所做的证词中,都重申了这个建议。[1]

(7)关于就长期合同而论的备用法定指数本位制的建议。此项建议,第一次见诸一篇论文的附录。论文提出了不连续就业的对策,是1885年马歇尔在"工业报酬会议"(Industrial Remuneration Conference)上宣读的。[2] 对此,1886年在他的"答商业萧条问题政府特派员问"中,他又做了重复和补充。

> [他写道]工业发展存在不连续性的一个主要原因是不确知一个短时期后一英镑的价值会怎样变化……采取经济学家长期提倡的方法,可以使这种严重状况大为改观,但要帮助企业。政府应该公布尽可能确切地表明黄金的购买力的信息表,应该促进依据固定购买力的单位来签订

---

[1] 也可以参看《货币、信贷与商业》,第64—67页。
[2] 题为"可补救的那些原因对(a)持久就业,以及(b)工资率,产生的影响不利到什么程度?"

支付合同……这种固定总购买力单位，合同双方可以自由选择，一经选定，差不多一切的利息支付合同和货款偿还合同，以及很多地租合同和工薪合同，便皆可适用，合同双方可以自由选择，一经选定，差不多一切的种类的制约，而且也不要求对它做任何改变。我承认这种方法对国际贸易来说，适用的很少。但它作为一个起稳定作用的因素对国内贸易可以具有如此重大的意义，再加上实施起来又如此容易，导致政府干预企业时常有的那种种弊病的可能性又如此少。因此，我自然要冒昧地强烈要求你们非密切关注它不可。

这项重要建议还在马歇尔的《物价波动的对策》这篇极为出色的论文中，做了进一步的阐述，这我们已经在上面提到了。这篇论文的前三节分别题为：1.**波动价值尺度的弊病**；2.**贵金属担当不起好的价值尺度**；3.**与金银无关的价值尺度**。在他的全部著作里，马歇尔都有一种独特的习惯，即总要用脚注来表明他要说的最新颖或最重要的意思。[1]下面就是这篇论文一个脚注的摘录：

> 调节货币供应量以期保持币值不变的每一种办法，我认为都必须是全国性的，而不是国际性的。这样的办法，我就简述两种，尽管哪一种我也不赞成。采用第一种办法，货币即成为不可兑换的。每当一个英镑价值超过一个单位，一个以自发的行动为特征的政府部门就会用货币买进长年债券；而当一个英镑价值不足一个单位时，它就卖出长年债券换回货币我就简述两种，尽管哪一种我也不赞成。采用第一种每英镑纸币持有者有权向政府部门兑换价值相当于当时的半个单位的黄金再加上价值当时相当于半个单位的白银。[2]

---

[1] 读马歇尔的大部头著作，最好就读脚注和附录，正文从略，而不是相反。

[2] 本句最后一部分是假定采用金银合成本位制的。第二种办法与欧文·费雪教授的"美元补偿"计划差相仿佛。

《经济学人》（*The Economist*）杂志[1]嘲弄了金银复本位制和备用法定指数本位制；马歇尔总有点怕被认为不切实际或比那位"实业家"（即那个传说中的怪物）还有才智，而没有坚持己见。[2]

V

马歇尔提出图解法、对外贸易理论和货币与信贷原理的理论及方法后很久才告出版，这有种种原因或理由，对此我在上面说过还要详加阐述。这原因，我以为有属于好的一类，也有属于不好的一类，有的且适用于说明他一生各个时期的成败得失。我们且先谈好的一类吧。

如前所述，马歇尔很早就认为经济理论如果只有梗概，那是没有多大价值的，人们也不能指望借助于它的几个最简略的要点，就在得出有用、可行的结论的方向上前进了一大步。全部问题在于应用这些要点去解释现实的经济生活。这就要求对工业和贸易的实际状况要有深刻的了解。然而这种实际

---

1 《经济学人》是一份由伦敦经济学人报纸有限公司出版的杂志，于1843年9月由詹姆士·威尔逊创办。杂志的大多数文章写得机智、幽默、有力度、严肃又不失诙谐，并且注重于如何在最小的篇幅内告诉读者最多的信息。杂志主要关注政治和商业方面的新闻，但是每期也有一两篇针对科技和艺术的报导，以及一些书评。杂志中所有文章都不署名，而且往往带有鲜明的立场，但又处处用事实说话。主编们认为：写出了什么东西，比出自谁的手笔更重要。从2012年1月28日的那一期杂志开始《经济学人》杂志开辟了中国专栏，为有关中国的文章提供更多的版面。——译者注

2 1923年12月，我寄给他我所著的《货币改革略论》，他回信说："随着时间的推移，看来越来越清楚的是应该有一种国际货币；而——本身很可笑——黄金是价值的'自然'代表物这种迷信竟然起到了极好的作用。我自命为业余货币医生，但有关那种资格，我自己连一封尚好的证明书都开不了。我是所剩时间无几了，但如有机会，那是不管你们是否已经找到医治货币癫疾的良药我也要邀你们这些后起之秀（new-comers）来天上一游的。"至于是采用国家货币好还是采用国际货币好，我认为还是他1887年所写的话对一些，也就是说，一种价值不变的货币，他首先，至少必须是一种国家货币。

状况以及个人同它们的关系,那是瞬息万变的。从他在剑桥大学的就职演说（Inaugural Lecture）[1]中摘录几句,就可以说明他的观点:

> 当代经济学观点业已发生变化,这是由于人们发现人类本身在很大程度上是环境及其变化的产物。本世纪初英国经济学家的主要过失,不是他们忽视了历史学和统计学,而在于他们可以说把人看成了常量,不遑顾及人的变化。因此,在他们的笔下,供求力量的作用变成了无意识且恒定不变的,而实际上它们所具有的作用远非如此。他们最主要的错误,是没有注意到工业的特性和组织制度是多么易变。但社会主义者深切感觉到了这一点,他们知道经济学家所无视的人类行为这种潜藏的活力。他们沉思冥想,提出了很值得哲学家和经济学家研究的尖锐的看法和富于想象的意见。本世纪初英国经济学家著作的这种狭隘性,铸成了很多不良后果,其中最不幸的也许是社会主义者因此而有机会断章取义地滥用经济原则。李嘉图及其主要追随者没有让人明白——他们自己甚至也并不清楚——他们所建立的并非普遍真理,而是方法,即普遍应用某一类真理于发现当中的方法。尽管我是认为经济推理的主要方法普遍适用,而且是无懈可击的,但我没有赋予经济原则以普遍适用性。经济学不是具体真理,而是发现具体真理的工具。[2]

由于持有这些见解,再加上又是生活在经济学家遭逢反对的一个时代,因此,他自然是不乐意单独发表经济学图解而不附以适当的应用说明的;在那个时代,上述引文中提到的他的前辈的错误,在起着极其有害的作用。如果孤零零地发表了,图解和纯理论本身只会使数学科学的对象与方法之间和

---

1 《经济学的现状》（*The Present of Economics*）,1885年。
2 这是一节多用途的引语——是我把不连贯的一些句子混合而成的。这篇演说的若干部分,差不多已逐字抄录在《经济学原理》第一篇第四章。

社会科学的对象与方法之间的关系更加混乱，从而导致弊大于利、产生他认为的正好突出了错误一面的这样一个结果。只发表纯理论，而不认真考虑如何发现其与现实世界的接触点，那他就会是不仅在效法坏的典型，而且自己也在树立坏的典型了。从另外一个方面来说，有关实际情况的材料又是极难获得的——与现在比难多了。19 世纪 70 年代和 80 年代尤其就美国的情况而言，事态发展极为迅速，有组织的资料来源现在是很多了，当时还是奇缺的。自 1875 年至 1895 年的 20 年间马歇尔事实上是在大大加强驾驭实际材料的能力和判断经济问题的能力。因此，他的著作要是 1875 年与 1885 年间发表，那么它的质量，与 1885 年与 1895 年间他所能出版的相比，就差远了。

另一个确凿的原因是自身的。在生活的关键时刻，马歇尔的健康突然恶化。康复后，备课、辅导学生等，又每每使他不得不长时间搁笔。他行文严谨，措辞简洁，难成敏捷的作家。他尤其不善于集录零星的资料、并根据这些资料相互之间的联系不断改写。他总想写出大部头著作来，但又力不从心，既做不到（像约翰·斯图亚特·穆勒那样）下笔千言、倚马可待、一气呵成，又不（像亚当·斯密那样）富有艺术灵感，能够通权达变，而要完成鸿篇巨制，这都是不可或缺的。

说到这里，我们应该解释一下我们必须承认是属于不好一类的原因了。既然马歇尔认为经济学不可能有什么不易之论，而现实世界又是在迅速变化的，既然他文思欠敏捷，而著书的余暇又颇有限，那么，一改撰写独立成篇的专论的初衷，执意筹划大部头著作，岂非是铸成大错的决策？我认为是的，而促成此项决策的，正是他固有的某些弱点所致。

马歇尔自认为就能力而论，他比同时代还健在的经济学家占有明显优势。在 1885 年的就职演说中，他就说过："12 年前，英国有一个国家在一个时期所曾有过的也许是最出色的一批经济学家。但现在，穆勒、卡尔恩斯、白芝浩（Bagehot）[1]、克利夫·莱斯利（Cliffe Leslie）[2]、杰文思、钮玛奇（Newmarch）[3]和福赛特，他们一个个都相继故去了。"当时，在才干上堪与马歇尔比肩或接近于他的一个都没有留下。马歇尔为自己的学生——他们是要支撑未来的经济学的——呕心沥血，心甘情愿。但要他向他人公开他那些未最终定型的东西，相信10个人10条心也能合作得好，以及听任上流社会从他那里吸取营养，他可是不愿意。他这不是在违背自己的原则，试图使自己的著作成为某种不可能的不易之论吗？经济学的鸿篇巨制或许有很大的教育价值。我们也许的确需要每一代都有自己的洋洋洒洒的大作。但考虑到经济实况材料具有瞬息万变的性质，经济原则一孤立起来又是空洞洞的，从经济科学的进步及其日常用途出发，开拓者和创新者难道就不应要求自己搁置撰写大部头著作的计划，而致力于小册子或专题论文吗？杰文思的《政治经济学理论》在我看来是不屑一顾的，因为它也就是一本写得不错的小册子而已。然而，正因为杰文思愿意和盘托出思想，不失时机地公之于世，他才赢得了崇高的个人地位，而成为英国经济学界有重大影响的人物。杰文思的每

1　白芝浩（Walter Bagehot），英国最著名的经济学家、政治社会学家和公法学家之一。生于1826年2月23日；死于1877年3月24日，享年51岁。曾被誉为《经济学人》历史上最伟大的主编，为纪念他的卓越贡献，后来闻名于全世界的《经济学人》将其有关英国政治的专栏命名为"白芝浩专栏"。英国政治研究协会（Political Studies Association）每年给政治与公共行政领域的优秀论文颁发"白芝浩奖"。白芝浩一生的著述，都采取了评论的形式，文风简洁明晰而又机智风趣，时有警句。这些文章后来被编成5本文集，即《英国宪制》（The English Constitution，1867）、《物理与政治》（Physics and Politics，1875）、《伦巴第街》（Lombard Street，1873）、《文学研究》（Literary Studies，1879）与《经济研究》（Economic Studies，1880）。——译者注

2　克利夫·莱斯利（Cliffe Leslie，1826—1882），英国经济学家，看重历史方法对经济学研究的重要性，他与穆勒等人一样，都注意到历史和制度的条件对于竞争和分配有重要影响。——译者注

3　威廉·钮玛奇（William Newmarch，1820—1882），英国银行家、经济学家和统计学家，生于约克郡的瑟斯克。在推动英国皇家统计学会的成立上厥功甚伟，并曾担任该协会主席（1869—1871年），另外，他也积极参与了政治经济学俱乐部的活动。——译者注

一种经济学论著都具有小册子的性质。马尔萨斯的《人口原理》(*An Essay on the Principle of Population*)，原本称得上是部杰作的，但第一版之后，改成了大部头，就给毁了。李嘉图的最伟大的著作，都是在短时间里写成的小册子。穆勒凭借特有的天赋，写出恢宏的《政治经济学原理》，经济学固然受到了影响，而教育学所受影响还要多，然而结果还不是像又一个时代的《一千零一夜》故事中的古怪航海家辛巴达（Sinbads）[1]，成为人们要摆脱的人？[2] 经济学家应该让亚当·斯密一人饮誉鸿篇巨制，必须不失时机地多写专著和短论，这样或许倒能流传后世。

此外，马歇尔才华横溢，尽可以有作品随时问世，然而他非不刊之论不发表，这不是误解他特有天赋的真实性质了吗？"经济学"，他在上面所引的那一段中说，"不是具体真理，而是发现具体真理的工具。"这个工具，我们今天也还在用着，它在很大程度上是马歇尔的创造。在公之于世之前，他早就把它交给他的学生了。制成这一工具，这是马歇尔特有天赋的主要成就。至于"具体真理"，他虽然既不承认，又不是特别有能力去发现，但追求也还是追求过，而且是如饥似渴地追求过。我父亲，作为马歇尔的学生和同事，对马歇尔的思想变化历程，他是自始至终有着切身体会的。马歇尔如何执拗地拒绝了解他到底有些什么与众不同的优缺点，以及他又怎样为他的不切实际的抱负所驱使，终至耽误了他向世界贡献出用他的心灵和智慧凝结而成的真正有价值的著作，如此等等，他自然感慨万端。对此，我很早，差不多在我明白何谓经济学之前，就有印象了。马歇尔的脾气假如稍有不同，那么，全世界的经济学的发展原是可以快得多，他自己的权威和影响也会大得多的。

---

[1] 《一千零一夜》(*Tales From The Thousand And One Nights*) 是阿拉伯民间故事集，又名《天方夜谭》。辛巴达是其中《辛巴达航海历险记》故事的主角。——译者注

[2] 就因为不得不讲授穆勒的《政治经济学原理》，而且是拿它作为圣经一样的教科书来讲授，你看杰文思对穆勒是多么地不喜欢！

马歇尔还有两个特点必须提到。首先，他谨小慎微，不容批评，一有争论——哪怕是在无关紧要问题上的争论——就坐立不安。斤斤计较，这使他难有宽容批评者或对手的雅量。这种因为担心别人指出有错而总要先声夺人的心理，还会他的使其他种种脾气显得更加乖僻起来。然而，间或有错，说到底并无坏处，若能及时发现，更是如此。再说，这一素质也只是他始终坚持科学求真求是的这种高标准的情况下的缺点，这种高标准，是使学生对他肃然起敬的。

其次，马歇尔行善心切。经济学中与人类福利或工人阶级生活状况等等虽有极为重要的**间接**联系，但缺乏**直接**联系的理论研究，他是鄙视的，并且认为，要是他也在进行这种无的放矢的研究，那他就有违献身于经济学研究的这一崇高志向了。这种心情，是前面已经提到过的那种冲突的结果，就是智力与完全不同类的通常不言而喻的抱负之间的冲突，这里的智力，它实实在在，有感情，但不会因感情变化而有所增减。当他孜孜不倦，研究图解以及对外贸易和货币时，他内心潜藏着一个福音布道的小魔鬼，它行事鲁莽，总不同意他如此使用自己的智力。晚年，当智力衰减，福音布道的小魔鬼益发神气活现，为他终生用脑、始终处于高度紧张状态鸣不平时，他曾说过："如果我还得再一次度过70或80年的岁月，我定当专心致志地研究心理学。经济学和理想联系太少。而理想的东西说多了，实业家中又不会有我的读者。"这些想法他一经产生，便没有消失过。他常讲起下列他早年的一个故事："大约是在我第一次决定尽我所能彻底研究政治经济学（"经济学"一词不是当时提出来的）的时候，我看到一家商店橱窗里有一幅小小油画（画中人形容憔悴，表情若有所思，是一个'落魄者'的形象），我花了几个先令买来，把它挂在了学校里我的宿舍壁炉架上，后来还叫它做'我的守护神'。我是决心献身于教育的，使那些像油画中人一样的人们能有快乐的去处。在这期间，我对理论经济学中数学方面的内容兴趣大增，因此担心成为思想肤浅的人。但一看到我的守护神，我就好像是醒悟了，走回正路了。油画给我以思索这一点，在我已从研究终极目标转向研究金银复本位制等等那些一度在经济学领域居于支配地位的问题以后，对我特别有用。这些问题我是轻视的，但'求知的本能'使我很想研究一番。"这就是他相对而言更重要的那另一面素质，即崇高的无私和热心公益的精神——它使学生感动不已——的不足之处。

VI

不管怎么说，1877 年，马歇尔是在帮助夫人撰写《工业经济学》（1879年出版）。按原计划，该书是马歇尔夫人为剑桥大学函授部讲师编写，做教材用的；但随着编写工作的进一步深入，喧宾夺主的局面出现，教材的编著以他为主了。后些年，马歇尔对这本小册子采取了很不尊重的态度。《经济学原理》出版后，他不仅禁止该书的发行，而且还于 1892 年以同名但内容几乎完全不同的一本书取而代之。这后一本书，在很大程度上亦即《经济学原理》的节本，旨在"使之适应于低年级学生的需要"。马歇尔这样做，我认为是由于他考虑到他初次问世的价值理论，有必要写得又简明，日后又有扩充完善的余地，然而一成书，原封不动竟然达 11 年之久，他的价值理论外界只得从旁推测，这在他又是始料不及的。他 1887 年和 1888 年与读过这本小册子的美国经济学家在《经济学季刊》（*Quarterly Journal of Economics*）上的论战，加深了他给人的具有这样一种心情的印象。后来，认为从事函授教育的缺乏经验的讲师，[1]借助成书过程不够认真的著作，也可以简单草率地为初学者编写出经济学教材这种见解，他也是扬弃了的。1910 年他给 1879 年出版的《工业经济学》的一位日本译者写信道，"本书编写之初，是期待着或许有可能做到简明性和科学精确性兼备的。但简易读物固然可以有选择地围绕若干论题

---

[1] 但是，马歇尔不仅仅赞成支撑函授运动的理想，而且从一开始就同它联系在一起，并曾亲自在布里斯托尔讲授函授课程达五年之久。

写成，重要的经济学理论著作则不是简易读物，因而也就不能这样写。"

然而，要是把这本书说成是一本简易读物，这断断然是不公允的。它曾赢得有资格的行家的高度赞扬，而且在其绝版前的整个时期内，始终是可供利用的最好的小型教科书。[1]假如我们果真要有一本初等教科书，那么这一本，不论有与同它同代的还是与比它早的相比，都可能是已有的最好的一种，它比福赛特夫人或杰文思所著的入门书或是先于它问世的很多同类初级读本的任何一种都好得多。而且，本书第三篇后面部分，即论述商业联合、行业协会、商务争议和合作的章节，还是就当代这些重要问题所做的最早的，令人满意的论述。

这本书[2]脱稿之后，马歇尔健康状况极差。1881年出国休养期间，他的思想没有回到货币或对外贸易上去，而是集中在了那最终组成《经济学原理》的几个重要理论上。[3]到牛津任职，回剑桥执教备课，参加金银复本位制激辩，和为金银委员会做证词等等，变动频繁，头绪纷乱，但紧接着的这9年他还是主要用在准备《经济学原理》上。

马歇尔起初打算以一卷的篇幅就把整个经济学领域讲清楚。他的分配理论，1883年和1884年处在形成过程中。[4]1885年夏（在湖区），回剑桥后的第一个暑假，本书开始最后定型：

[他写道][5]这一年所做的工作不尽如人意，这部分是因为我逐渐觉

1　公众是非常喜欢这本书的，绝版前有1.5万册已然销售一空。

2　序言提及《工业经济学》有一本姊妹篇，即《贸易金融经济学》（*Economics of Trade Finance*），但从未动笔写过。

3　马歇尔夫人写道："论述需求的第三篇大部分构思并写于巴勒莫的旅馆屋顶，这时间在1881年11月到1882年2月。"

4　见于1884年夏大约用两天写成的一篇论文的提纲，当时他住在格恩西岛的罗夸米湾（Rocquami）。这就是发表于1885年《合作年鉴》（*Co-operative Annual*）的《工资的理论与事实》一文，同年重印作为他在工业报酬会议宣读的一篇论文附录。

5　下列摘录取自他结集总结他自1885—1889年工作的一些笔记。

得本书提出的见解已经过时,且过于狭隘,构成经济学支柱的抽象推理还没有占据显要位置,而我又还没有鼓起勇气,马上投身于撰写一部分为两卷的著作,这部著作(逐渐加以润色后)应该成为我一生著述中最主要的成果。1

1886年:

我主要的工作是重新安排本书的结构。这一工作在夏季暂住克罗姆(Cromer)附近的谢林海姆(Sheringham)期间告一段落。接着,确定本书内容,至少就一卷而论是达到了定型的程度。随后,我第一次开始费心安排各章顺次,以期付印。

1887年[在格恩西岛(Guernsey)]:

写书稿,字数可观;与麦克米伦出版公司2商定了出版事宜,我即于本学年末开始向出版商送校样:全书除第六篇有一半外,其余都用打字机打印好,虽不是随时可以出版,但是随时可以付印——我是说情况相当正常,一切准备实际上是停当了的。

1888年:

暑假临末,第五篇交付出版商,第四篇完工在即。稍后,我决定要在论述"正常价值或分配或交换"这一篇之前,添加进一步讨论"生产

---

1 还因为"夏间的工作受设计马丁里路(Madingley Road)新宅这一事务的严重干扰"。

2 英国麦克米伦出版公司(Macmillan Publishers Limited)1834年成立于英国伦敦,是一家具有100余年历史的大型综合性出版社。百余年来,麦克米伦出版公司以其高质量的图书和期刊服务于社会并因此赢得了来自世界各国、各界读者的拥戴。目前,其业务已遍及世界各大洲,分设在各国的子公司和销售部达四十余个,是世界三大英语语言教学(ELT)出版机构之一。——译者注

费用"的一个新篇，[1]把原拟留待关于"正常价值"的这一篇后来部分讨论的内容（稍作补充）放入这一篇内。这就是本书现在的第七篇。做出这个决定是很费了些时间的，因此这一学年取得的进展就不是很大的了。

1889年：

1889年前4个月写第六篇，先是写出了前四章的初稿，并修改了第五篇。其间还在数学附录上花了不少工夫，有很大一部分付印了。暑假，有八周是在波尔多港度过的，主要用于第六篇第五、第六两章以及第七篇的第一至五章。

现在本书的写作速度加快，并最终完成了，出版时间是1890年7月。

1890年，马歇尔声威大震，[2]《经济学原理》[3]第一卷[4]因为是世界所期待的，它的出版立即获得了圆满的成功。全国各大报刊纷纷发表社论和长篇评论，竞相评价本书。报刊记者虽然区别不出它对经济学都做出了哪些贡献和创新，但他们极其敏锐地看出了它宣告了一个经济思想新时代的到来。"这是一件了不起的事情，"《蓓尔美尔街新闻》（Pall Mall Gazette）[5]说，"在我们众多古老大学中的一所如今出了一位教授，他献身于把政治经济学改造成为

---

1 《经济学原理》第一版后，这一篇并入了第五篇，因此，《价值》又成了第六篇。

2 "现代还鲜见，"《苏格兰人报》（The Scotsman）说，"有人是在出版著作不多这样一个薄弱的基础上赢得了作为权威的这样一种崇高声誉的。"

3 这是英国以实价出版的第一本书，从而在出版业历史上赢得了重要的地位。（参见F.麦克米伦爵士的《实价书协定》（The Net Book Agreement），1899年，第14—16页。）他首创发行量经久不衰的引人注目的实例。出版后前30年供销售了2.7万册，战争年代除外，每年销售量几乎都在1 000册。后10年则是每年销售2 000册，一共销售出了2万册。（截至1932年）已经印刷了5.7万册。

4 1910年第六版时，后缀第一卷才删掉。

5 《蓓尔美尔街新闻》是1865年由乔治·穆雷·史密斯（George Murray Smith）于伦敦成立的一家晚报，蓓尔美尔街是伦敦一条汇聚了多个绅士俱乐部的街道。1923年《蓓尔美尔街新闻》并入《标准晚报》（Evening Standard）。——译者注

使社会臻于完善的科学"。新的政治经济学诞生了,旧的政治经济学,这门"把人当作纯粹自私的和贪婪的动物,又把国家看作不过是这些动物的集合体"的沉闷的科学消失了。[1]"它将有助于",《每日新闻》(*Daily Chronicle*)[2]说,"恢复政治经济学业已败坏的名誉,它将有可能对当代人产生深远的影响,而穆勒的《政治经济学原理》则是影响了上一代人的一生的。""它已经使得同类其他著作几乎都陈旧过时了,"《曼彻斯特卫报》(*Manchester Guardian*)说,"预言马歇尔教授的著作将成为政治经济学发展史上的一座里程碑,而且将对经济学研究的方向和特征产生有利无弊的影响,这已不是为时过早的言论了。"异口同声做如是说者,不胜枚举。

对于我们这些始终是在马歇尔及其著作影响下成长起来的人们,要评价政治经济学在穆勒的《政治经济学原理》和马歇尔的《经济学原理》之间漫长的空白期内所处的地位以及阐明后一著作的出版对此到底产生了多么大的影响,是颇有些困难的。下面试图借助埃奇沃斯教授的评论,就这部著作对经济学做出的明显一些的几点贡献做一说明。[3]

(1) 最终澄清了经济学发展史上关于需求和生产费用在决定价值中各自所起的作用的那场不必要的争论,争论是由于李嘉图用词含糊,而杰文思又对此抓住不放引起的。一经马歇尔分析,疑义冰释。

[埃奇沃斯教授写道] 生产费用新说使人们能更清楚地看到它在价值决定中所起的重要作用,以及古典作者,正如马歇尔曾经说过的,在

---

[1] 并非旧的政治经济学果真如此,而是记者表述马歇尔的观点在他们身上留下的影响的方式。

[2] 该报是一家存续于1872—1930年间的英国报纸,后与 *Daily News* 合并后,改名为 *News Chronicle*。——译者注

[3] 包括早期著作中的提示和预言;正如埃奇沃思教授在评介《经济学原理》第一版时所写(《学术界》,1890年8月30日):"马歇尔教授的主要思想中,有的在他此前出版的一本书(薄薄的《工业经济学》)以及在某些虽然没有公开发表,但已广为流传的论文里多少已经得到了充分表达。"

直觉的支配下强调供给的力量甚于强调需求的力量，是正确的。老一代的作者得到昭雪——他们是在上一世纪70、80年代遭到杰文思、庞巴维克[1]等人极力贬低的——这给了《经济学原理》第一版评论者这样一种印象："因一时非议而引起的迷雾驱散了。永恒的山脉再现了天然的雄姿，而这是同源的高峰所期待的。"

(2) 价值由供求的均衡点决定，构成这一命题基础的一般概念体系，经过马歇尔的扩充，现在可以用来揭示整个哥白尼体系了；按照哥白尼学说，组成经济宇宙的各个因素是由于它们之间存在着互相抵补、互相影响的关系而各得其所的。[2]一般经济均衡理论，它作为一种分析方法，由马歇尔导入了两个有影响的辅助概念即"边际"和"替代"（Margin and Substitution），而更有力、更灵验了。"边际"这个概念被他引申超出了效用的范围，以说明任何一种经济因素在一定条件下的均衡点，这个均衡点可以被认为是允许在一定的价值条件下有少量变化，或者可以认为是处于与一定价值函数关系之中。他导入"替代"这个概念，是用以描述恢复或引起均衡的过程。尤其是，不仅存在于各种消费品之间，也存在于各种生产要素之间的**边际替代**这个概念，使用效果极好。

此外，还存在着各种生产要素互相起作用的双重关系。一方面，它们在利用上常常是互相排斥的，效率与成本之比一种比另一种高，前者就可

---

[1] 欧根·冯·庞巴维克（Eugen Bohm-Bawerk，1851—1914），奥地利学派经济学家，奥地利学派的主要代表人物之一，曾就读于维也纳大学法律专业，后在海得尔贝格大学、莱比锡大学和耶拿大学攻读政治经济学。1881年任英斯布鲁克大学的经济学教授。1889年进入奥匈帝国财政部，任币制改革委员会的副主席。自1895年开始，曾3次出任奥匈帝国财政部部长。1904年辞去财政部部长职务，任维也纳大学经济学教授。——译者注

[2] 旭日东升之前，曙光早已普照。1872年，马歇尔评介杰文思短篇论文时，就已有经济因素相互依存的想法了。"正如太阳系每一种物体的运动，"他写道，"它既影响其余每一种物体的运动，又受其余每一种物体的运动的影响，经济学问题各种因素之间的关系也是如此。"

能取代后者并因此而降低后者的需求价格。另一方面，它们又都互为利用领域，要不是有其余各种生产要素提供利用领域，任何一种生产要素都不可能有利用领域；国民总所得是各种生产要素的总产值，它随其中每一种供给的增加而增加，而且还是对其中每一种的需求的唯一来源。[1]

采用这种方法，工资和利润，正如前面对货币理论的归类一样，就可以归入价值、供给和需求总规律中了。同时，决定工人工资或资本家利益的供求作用的特点也可以得到全面分析了。

(3) 把"时间"这个要素作为一个因素引入经济分析，这主要应归功于马歇尔。"长期"和"短期"的概念，是他提出的。他引入时间因素的目的之一，是要追溯"一条贯穿于始终，并把供求的一般均衡论的作用与长短不同时期连接起来的连线。"[2] 同长短时期有关的，还有几个区别，这几个区别，我们现在认为对于澄清思想是至关重要的。首先对它们做出明确阐述的，尤其是就"外部"经济和"内部"经济、[3] "主要"成本和"辅助"成本做出区别的，是马歇尔。《经济学原理》出版时，这几对区别中使人们恍然大悟的一对概念，我认为是第一对；后一对概念，则是此前如果不曾在经济分析中出现过，在工业词汇中也已经存在了的。

借助于长期和短期的区别，人们知道"正常"价值的确切的意思了；借助于马歇尔独创的另外两个概念——准地租和代表性企业——的结果，"正常利润说"形成了。

这一切都是具有开拓性的思想，没有这些思想，想看清上述有关问题，谁也别想做到。然而，这也是马歇尔的分析中相对说来最不透彻、最不尽如人意，因而缺憾最多的地方。正如他自己在《经济学原理》第一版序言中所

---

[1] 《经济学原理》，第六篇第十一章第五节。

[2] 《经济学原理》，第六篇第十一章第一节。

[3] 这一区分对于报酬递增条件下正确的均衡理论的极端重要性，现在当然是明显得很了，但在《经济学原理》出版前则不是这样。

说，时间因素"几乎是研究每一个经济问题都要遇到的主要困难的"。

(4)"消费者租"或"消费者剩余"这个特殊概念是从杰文思的思想中派生出来的，实际应用的结果也许已经证明它并不像初看起来那样富有说服力。[1]但思想体系里缺了它这一组成部分又是不行的，而且，由于使用这个概念的结果（用埃奇沃斯教授的话来说）"表明了自由放任主义，即完全竞争条件下得到的可能最大利益，不一定就是可能得到的最大利益"，它在《经济学原理》中占特别重要的地位。马歇尔证明，在某些条件下，自由放任主义作为社会最大利益的一条原则，它不仅在实践上是行不通的，而且**在理论上**也是行不通的，这一点具有重大的哲学意义。不过这个与众不同的论点马歇尔没有做很深入的阐述，[2]而是留给了他的得意门生和继承人庇古教授[3]去做进一步探讨了。庇古教授以其对此论点进行的深入探讨，表明了马歇尔的分析给予像他这样的学生的是，在满目荆榛的领域开出一条路来的如此有力的一

---

[1] 然而，埃奇沃思教授指出："即使在《经济学原理》出版前，马歇尔就已经懂得——该理论的批评者还没有都懂得，而且它的捍卫者也还没有充分强调——这里所说的这个尺度只有当所做的交易规模小、不会使货币的边际价值受到干扰的情况下，才准确适用。"

[2] 但《工业与贸易》只是部分地说明了这一点。"本书，"他在本书序言里说，"基本上论述现在还是对地方性和阶级的自私心理有利的影响；论述指导每个人在最有利于他人的那些行业采取行动的有限自私的倾向；论述现在还残留着的资本家、其他实业家和雇为调节产量而采取联合行动以及通常出于地方性的利益而不是国家利益的要求而采取行动的倾向"。

[3] 庇古（Arthur Cecil Pigou，1877—1959），英国著名经济学家，剑桥学派的主要代表之一，出生在英国一个军人家庭。他是这个家庭的长子，青年时代入剑桥大学学习。最初学的专业是历史，后来受当时英国著名经济学家马歇尔的影响，并在其鼓励下转学经济学。毕业后投身于教书生涯，成为宣传他的老师马歇尔的经济学说的一位学者。他先后担任过英国伦敦大学杰文思纪念讲座讲师和剑桥大学经济学讲座教授。他被认为是剑桥学派领袖马歇尔的继承人。当时他年仅31岁，是剑桥大学历来担任这个职务最年轻的人。他任期长达35年，一直到1943年退休为止。退休后，他仍留剑桥大学从事著述研究工作。另外，他还担任英国皇家科学院院士、国际经济学会名誉会长、英国通货外汇委员会委员和所得税委员会委员等职。他的著作很多，比较著名的有：《财富与福利》（1912年）、《福利经济学》（1920年）、《产业波动》（1926年）、《失业论》（1933年）、《社会主义和资本主义的比较》（1938年）、《就业与均衡》（1941年）等。——译者注

种手段，这些学生经过培养，已经心领神会地懂得这一论点。

(5) 马歇尔关于垄断的分析也应在这里提一下；而且他关于报酬递增，尤其是关于存在外部经济情况下报酬递增的分析，也许也在这里谈一谈要比在上面我那样来谈，要好一些。

但是，马歇尔在这一领域的理论上所得出的结论，及其对社会主义者的见解所表示的强烈的同情心，同关于竞争力量强度的某种老式意见，并不矛盾。埃奇沃斯教授写道：

> 我第一次会见马歇尔——我想是早在80年代吧——他坚定不移地表示深信竞争作为价值的一个主要决定因素所处的支配地位将长期保持下去时，他给我留下的强烈印象我可能是很难忘怀的。诚然，这不是他的原话，但它们与他在论文"老一代经济学家和新一代的经济学家"[1]里所包含的格言是一致的："当一个人愿以某种价格出售某物，而另一个人又愿照价购买此物时，这两个人会不顾国王或议会或是某个托拉斯或工会的官员的阻止，设法走到一起。"

(6) 在经济学术语和研究手段的创新方面，比起明确引入"弹性"这个概念来，我不认为马歇尔还帮了经济学家什么更大的忙。引入"需求弹性"[2]定义的《经济学原理》第一版（第三篇第三章），实际上是就这样一个概念所做的最早的论述，[3]如果没有这个概念，价值和分配的高深理论就决不能取得进展。当然，需求或以大于成比例的幅度，或以小于成比例的幅度随价格变

1　《经济学季刊》，1896年，第十一卷，第129页。

2　附录中增添了数学注释。

3　严格而言，最早提到"弹性"的，见于马歇尔为《皇家统计学会五十周年纪念册》所写的《论统计学的图解方法》（1885年）一文，第260页。他在这里只是在结尾的一个简单注释中对弹性做了介绍，旨在说明衡量弹性的大小有一种简单图示的问题。在这种图示中，弹性亦即位于两轴之间的需求曲线的切线被切点所分成的两段的比率。马歇尔夫人告诉我，"弹性"这个概念，他是在巴勒莫坐在屋顶遮荫处时想到的，他当时极为高兴。

动而变动,这种观点自 19 世纪初讨论小麦的供给与价格的关系以来人们就已经熟悉了。[1] 事实上,无论是穆勒还是杰文思,他们都没有更清楚地阐明这个观点,这完全是出乎意料的。[2] 然而,情况确实如此。至于 $e = \dfrac{dx}{x} \div \left(-\dfrac{dy}{y} \right)$ 这个概念,更是百分之百由马歇尔提出来的。

马歇尔引入弹性这一概念,但人们看不出这个概念是个独创,这是发人深省,而又体现着马歇尔特色的。用"弹性"这个思想工具开辟的这个研究领域又一次是这样一个领域,收获累累硕果的又是庇古教授,而不是马歇尔本人。

(7)《经济学原理》的历史部分,值得加以评介。在第一版的第一篇由两章组成,篇名为《自由工业和企业的成长》。最后几版,这两章撤下的内容中大部分都归入附录了。对此,马歇尔始终是犹豫不决的。一方面,他对经济学主题不断变化的性质所持的看法使他十分重视历史背景,把它看成对那种认为今天的原理就是永久不变的看法起矫正作用的一个因素。德国历史学派[3]

---

1 穆勒在这个问题上引证的是图克(Tooke)的《物价史》。(*History of Prices*)

2 埃奇沃思教授在为帕尔格雷夫所编的《词典》撰写的"弹性"词条中,特别提到了穆勒的《政治经济学原理》第三篇第二章第四节,以及第八章第二节,把它们作为马歇尔以前论述弹性问题的代表。这几节中首先提到的一节指出,需求对价格的变动可能做出的反应的不同幅度;其次提到的一节(实际上)讨论对货币的需求的单一弹性问题。现在,埃奇沃思教授提到第三篇时又增加了第十八章第五节,在这里,穆勒实际上是论述弹性对国际需求平衡方程式的影响的。在这一章的其他地方,穆勒还说到需求是"价廉则扩展性大"(第四节)和"它们(外国)对它的(本国)商品的需求的可扩展性"(第八节)。

3 19 世纪 40 年代至 20 世纪初期在德国出现的经济学流派。它强调经济发展的历史性和国民经济的有机体现,形成对英国古典政治经济学的对抗。开创者为李斯特,他在《政治经济学的国民体系》(1841 年)一书中指责英国古典经济学不强调经济生活中国民有机体的重要,是"世界主义"和"个人主义"的经济学。他的国民经济学则强调经济生活中的国民性和历史发展阶段的特征。他反对古典学派的抽象、演绎的自然主义的方法,而主张运用从历史实际情况出发的、具体的实证的历史主义的方法。在经济理论方面,李斯特提出发展国民生产力的理论,批判斯密的单纯"交换价值"的理论。在经济政策上则主张采取国民主义和保护主义的贸易政策。李斯特的这种历史主义的经济发展阶段论,形成了德国历史学派的传统和基本特征。主要代表人物有罗雪尔、希尔德布兰德、克尼斯,后期主要有施穆勒、布伦塔诺、瓦格纳以及韦伯、桑巴特等。——译者注的著作虽属精深之作，但流于杂乱，他也不满。另一方面，他又怕在这些问题上费时过多（有一个时期他已着手从历史角度进行研究，其规模之大，他说得有六卷才能容下），因而削弱了《经济学原理》基本问题的论述。他忙于经济史研究时，还极少可资利用的现成材料，因此，徒然地沿着历史小路踟蹰，在本书重点的安排上是否突出历史背景这个方面举棋不定，这或许浪费了他很多的精力。尝试再三，结果还是采取了折中的办法，这就是《经济学原理》的最后形式，而这是并不十分令人满意的。一切都做了压缩，留下的也就是笼统的结论，立论的依据呢，他没有那么多篇幅展开来写。[1] 马歇尔从历史角度进行论述的最出色的著作，恐怕要数《工业与贸易》了，这是大部分内容已经写成多年之后，才于1919年出版的。《经济学原理》涉及历史的章节，威廉·坎宁安博士在皇家历史学会发表的一次演讲中曾予以粗暴攻击，讲演刊登在《经济学刊》第二卷（1892年）；而马歇尔一反常态，打破了对批评置之不理的惯例，以公开答复来了结这场争论，取得成功，答复就刊登在同一期《经济学刊》上。[2]

马歇尔《经济学原理》的写法独特，这是一干粗心读者所不能注意到的。它没有故弄玄虚，落笔自然。它用词言简意赅，淡雅无华。全书犹如一条平静、明澈的小溪，一直流入读者的心田，几乎没有什么章节是理解力不高的读者读不下去或者感到迷惑不解的，哪怕他对经济学这个领域还涉足未

---

[1] 马歇尔自己（在答坎宁安博士，《经济学刊》，第二卷，第507页。）写过："我曾打算写一部经济史专著，还为此花了多年工夫，搜集了资料。后来，我选定了资料中有助于说明为什么工业的现状和问题中有很多只是最近才成为问题的部分，并把它们写成了有关的几章。但它们占用的篇幅远比计划安排给它们的多，因此，我重写并把它们压缩了；在此过程中，原有论述的尖锐性和行文的缜密性，无疑是有减无增的。"

[2] 克拉彭博士（Dr Clapham）写道："读《工业与贸易》的附录时，正如30年前发生那场争论时所已经知道的，我深深感到马歇尔对17世纪以来的经济史的精通的程度。我敢断定从17世纪到19世纪的史实他比坎宁安了解得多，而且，不用说，他对这些史实的定量分析是一清二楚的，对此，坎宁安从来都是一窍不通。"

深。就作者本人而言,他是绝无自命不凡、标新立异之意的。[1]把错误都归咎于他人,这样的章节绝无仅有。对于那些早些时候声誉卓著的大家,无论他们曾经具体怎么说,在他看来都一定会认为那是言之成理的。[2]经济因素之间的连贯性和连续性,诚如马歇尔的两个座右铭——"自然界没有突变"和"万物归于一,一寓于万物"[3]——所示,是经济学难题的症结所在。但是,即使如此,本书留给初学者,尤其是只读前四篇的读者的主要印象,很可能还是他们在读一种关于十分浅显易懂的问题的解说,一种既明白,又恰当,而且娓娓动听的解说。

正因为文风纯正,马歇尔终于达到了部分目的。本书成了雅俗共赏的读物,提高了经济学在公众中的声誉,而争议却极少出现。一般评论者喜欢作者对待他的论题、对待他的前辈和对待他的读者的态度。评论界还有使马歇尔感到欣慰的地方,这就是:它还向读者展示了他是怎样正确地强调了经济分析中还必须引入道德因素,以及又怎样通过他的努力使得政治经济学这门令人感到忧郁的学科[4]在实现了向亟须的人性方向的转变的同

---

[1] 正如一位有眼力的评论者所说(1890年10月15日《卫报》):"本书有两个方面。一方面,它是为发现真理而做的一种锲而不舍的努力;另一方面,鉴于真理已没有不暗含于前辈作者,尤其是李嘉图的著作里了,因此它又是一种足智多谋的尝试,旨在免戴发现真理的桂冠。"但那些著作中包含的思想,大部分他还是吸收了。下列引语就很说明问题(《每日新闻》,1890年7月24日):"马歇尔先生对新发现或新方案无动于衷,他只承认也就是根据更新的研究成果对原有学说做出新的阐述。"

[2] 对此,马歇尔有些夸大其词。但他始终坚持的一点乃是一个基本的事实,即在经济学上有某种特殊天赋而且具有深厚的经济直觉知识的人,他们所得出的结论和所做的含蓄的推断,往往要比他们所做的解释和他们的率直的陈述正确。这就是说,他们的直觉知识胜过他们的分析和他们的术语学。因此,他们赢得了极大的尊重,那就应归功于他们的全面的思想方法,而喋喋不休,使人生厌,加重了他们记忆力的负担,则是无聊。马歇尔自己的经济学直觉知识原就过人,再加上他又宽容前辈显而易见的错误,他自己在今后得到同样的对待就将是理所当然的。

[3] 或许也可以译为"理一分殊",意思当是庶几近之。——译者注

[4] "dismal science"是19世纪英国著名的知识分子托马斯·卡莱尔送给经济学的称号,通常被译为"沉闷的科学",滕茂桐先生也持这种译法,但是,究其本意,卡莱尔是指经济学的结论让人感到悲观、忧郁,故本处采取了现译。——译者注

时，[1]又无须担心本书的学术价值。而且，非但无须担心，随着时间的推移，本书悄然无声地对整个英国经济思想产生了深刻影响，影响所及，轻易不可忽略。

从另一方面来说，这种写法也有严重缺点。全书重点欠突出，明暗不显豁，虽谈言微中但锋芒磨尽，结果是，有最富新意的蕴蓄却显得文风平淡，读者展卷览读，不无乏味之感，失去了应有的魅力。就此而论，他就像一只离开水面的鸭子，一抖身子，滴水不沾，然而鸭子还是鸭子，思想仍未冲去。难点隐藏了，最棘手的问题用脚注解决了，深奥而新颖的见解平铺直叙了。作者笔力纵横，是既无推销术的痕迹，又不虚设悬念，令读者苦思冥想。学生可以读《经济学原理》，他会因流畅的文笔而入迷，而且会以为是读懂了；然后，一个星期过去，他会蓦然发现原本自己是一知半解。连原就是根据《经济学原理》培养的学生，偶一碰见某个新问题和新的解决办法，回头再查阅这部著作时，发现当中竟是原来就曾谈及过的问题，而且还有更可取的办法的说明，而自己呢，居然一直未曾注意到——这种现象，并不鲜见！这就是说，就读者而言，想要知道这个知识宝库，即马歇尔的《经济学原理》的字里行间秘藏着的一半真知灼见，就必须刻苦攻读再加独立思考。

VII

1885年，马歇尔夫妇回到了剑桥大学，此时正值剑桥大学实行改革，最终取消研究员不得结婚的限制不久。[2]他们建造了一所规模不大的住宅，给它

---

[1] 风气在变！大概30年后，《工业与贸易》出版时，有一个评论家写道（《国家文艺杂志》，1919年10月31日）："它最不能令人满意的一个特点也许就在于它的教导道德的格调。这倒不是因为这种格调低下——恰恰相反，而是因为在一部科学著作中，一种教导道德的格调，不论把它提得多高，看来也还是不得其所的。"

[2] 在英国的大学里，引进院士必须独身的戒律，是英国女王伊丽莎白一世的创设，这一戒律只有院长例外。从1570年起，这一禁止结婚的命令就被纳入了大学的规定，正式延续一直到1861年。伊丽莎白女王信奉新教，终身未婚。——译者注

取了个名字，叫贝利奥尔·克罗夫特（Balliol Croft），位于马丁里路，用的是圣约翰学院的土地，靠近巴克斯河（Backs），不过就在巴克斯镇的郊区，因此在它的一边，有开阔的农村向马丁里山伸展开去。在这所住宅，马歇尔居住了将近40年。住宅的周围是一个大花园，没有按照常规设计构筑，为的是采光尽可能多，也就仅够住下他们夫妇俩和一名忠实的女仆。书房的两边，书架上装满了书籍，壁炉附近才有地方放下两把椅子。他和学生无数次地促膝谈心，就是在这里，附近凳子或搁架上放着一杯茶和一块蛋糕，是天色将晚时款待学生的。人多一些的聚会就在楼下进行了，如举行宴会，可以合用餐厅和马歇尔夫人的起居室。这样的一种永不改变的布局，即楼上是书籍和层层叠叠放满文稿的抽屉；楼下，家具上镶嵌着西斯廷教堂[1]可以见到的米开朗基罗[2]的画像，门口迎面站着女仆萨拉（Sarah），[3]使马歇尔的住宅就像是圣人的小修道院或小礼拜堂，对年复一年前来拜谒老师的那些学生具有某种迷人的魅力。

1　西斯廷教堂始建于1445年，由教皇西斯都四世发起创建，教堂的名字"西斯廷"便是来源于当时的教皇之名"西斯都"。教堂长40.25米、宽13.41米、高18米，是依照《列王纪》第6章中所描述的所罗门王神殿，按照比例（60∶20∶30）所建。西斯廷教堂是罗马教皇的私用经堂，也是教皇选出仪式的举行之处。教堂的穹顶，是米开朗基罗所画的《创世记》，是其在大厅天顶的中央部分按建筑框边画的连续9幅宗教题材的壁画。由"上帝创造世界""人间的堕落""不应有的牺牲"三部分组成，每幅场景都围绕着巨大的、各种形态坐着的裸体青年，壁画的两侧是生动的女巫、预言者和奴隶。整个画面气势磅礴，力度非凡，拱顶似以因无法承受它的重量在颤抖。——译者注

2　米开朗基罗·博那罗蒂（Michelangelo di Lodovico Buonarroti Simoni, 1475—1564），意大利文艺复兴时期伟大的绘画家、雕塑家、建筑师和诗人，文艺复兴时期雕塑艺术最高峰的代表。与拉斐尔和达芬奇并称为文艺复兴后三杰。他一生追求艺术的完美，坚持自己的艺术思路。他于1564年在罗马去世，他的风格影响了几乎三个世纪的艺术家。——译者注

3　她差不多亲密无间地和他们一起生活了40多年。她的判断力和智慧常常得到马歇尔的称赞。他亲自把小小的厨房设计得像船上客舱，在贝利奥尔·克罗夫特住宅时期她就住在这里。这里也是乔伊特与马歇尔夫妇团聚时会见萨拉，同她讨论她在宗教信仰上的困难的地方。马歇尔深受仆人和剑桥大学校工的爱戴，他平等待人，并同他们谈他自己感兴趣的东西。

在剑桥大学，由夫妇组成的第一代社会，当各学院在职院长的夫人和少数几位教授的夫人的狭小圈子第一次得到扩大时，有几位最知名的研究员，尤其是道德科学系的研究员，与纽纳姆学院的学生结婚了。丈夫之间和夫人之间的这种双重联系，把一批人数不多、成员单一而又声誉卓著的文人学士结合在一起。在我的少年时代，这个小社会正处于鼎盛时期，当我年龄稍长，能应邀赴午餐或晚宴时，我去的就是这些人的家里。我记得当时有一种气氛，置身其间，既让人觉着就像在家一样，又能学到很多东西，这在今天的规模庞大、成分复杂的剑桥大学是难以出现了。后来，马歇尔夫妇通常是为欢迎经济学某位同行——常常是某位外国杰出经济学家——而设宴，出席这种小型午餐会作陪的一般有两三个本科生，再加上纽纳姆学院的一名学生或青年讲师。在像这样的场合，会见到阿道夫·瓦格纳（Adolf Wagner）[1]和N.G.皮尔逊（N.G.Pierson）[2]等人的情形，我至今记忆犹新，他们是现在差不多都已作古的一代经济学家的代表人物。马歇尔不太愿意到别人家做客；他兴致最浓的，是在自己的斗室里热情款待客人，此时，他兴高采烈，谈笑风生，而且还不忘摆出一副东道的架势，支使夫人忙不迭地穿梭于餐厅与厨房之间，室内弥漫着乐陶陶的气氛，没有人会感到拘谨不自然。

早些时候，尤其是1885年和1900年之间，他还喜欢邀请工人领袖来家

---

1 阿道夫·瓦格纳（Adolf Wagner，1835—1917）是德国最著名的财税学家，优秀的经济学家，近代财政学的创造者。代表作有《政治经济学教程》（1876年）、《财政学》（1877—1901年）。瓦格纳根据其所处政治经济及社会背景，通过吸收、整理、总结以前社会政策学派史泰因、谢夫勒等人的思想及观点，逐步形成了自己的以社会财政、税收思想为核心的理论体系。他把社会经济组织分为"个人的经济组织""共同的经济组织""慈善的经济组织"三种。财政是"共同的经济组织中由权利共同体构成的强制共同经济"。并据此提出了新的国家职能观。认为国家的职能应有发展文化教育和增进社会福利的职能，国家应为"社会国家"。——译者注

2 即尼古拉斯·杰拉尔德·皮尔逊（Nicolaas Gerard Pierson，1839—1909），荷兰经济学家，自由派政治家，曾于1897年到1901年期间担任荷兰部长会议主席。他任教于阿姆斯特丹大学，担任经济学和统计学教授，主要著作有《社会主义社会中的价值问题》等。——译者注

共度周末，托马斯·伯特（Thomas Burt）[1]、本·梯利特（Ben Tillett）[2]、汤姆·曼恩（Tom Mann）[3]等人，都曾是马歇尔的座上客。有时候，这些来访者应邀来到他家，恰逢社会问题讨论会开会，还要在会上发表演说。就这样，他结识了过去一代大多数重要的工团主义者和工会主义者（Trade Unionists）。实际上，他对工人运动和对社会主义的一切——学术思想除外——（就像J.S.穆勒一样）都是表示同情的。[4]

马歇尔现在所处的环境和氛围是不会改变的，而他也是随遇而安。从1885年到1908年辞去教授职位，他一生中这一段时期内的几件大事我们必须择要做一叙述。

如前所述，1885年到1890年这几年间，他主要是忙于写《经济学原理》。但此外还有几项活动，1885年特别值得提出的是向工业薪资会议提交一篇论文，1887—1888年为金银委员会做证词，以及1889年在工团主义者代

---

[1] 托马斯·伯特（1837—1922），英国工会主义者，议会中第一位工人阶级代表。——译者注

[2] 即本杰明·梯利特（Benjamin Tillett，1860—1943），英国社会主义者、工会领袖、政治家。——译者注

[3] 汤姆·曼恩（1856—1941），著名的英国工会主义者，自学成才，在工人运动中，曼恩成为了一位成功的组织者和颇受欢迎的公共演说家。——译者注

[4] 他在《工业与贸易》的序言里写道："10多年来我一直相信，和'社会主义'这个词联系的种种建议，是最重要的研究课题，如果不是对全世界而言是如此，至少对我是这样的。但社会主义者的著作使我厌恶的程度，又几乎与它所吸引我的程度相等；因为它们远离现实。也许正是为了这个缘故，我决定现在对此一言不发，直到我做了深思熟虑后再说。现在当我年老、进行思考和发言的时间所剩无几的时候，我从各方面看到了工人阶级的本领已有惊人的发展，实现社会主义设想的基础因此在一定程度上比穆勒写这个问题时更加广泛和坚实了。但是还没有一种社会主义的而又是先进的设想，看来既为保持高度的企业和个人的具有相应特点的能力做了充分的准备，又使人们能够指望工商企业增多和其他物质生产手段会有足够迅速的增长……我以为，建立从理论上说完美的社会组织这个遥远的目标而努力并已取得切切实实成就的人们，是那些尽力设法克服挡住前进道路的特殊困难的人们，而不是那些挖空心思，企图绕过这些困难的人们。"

表大会（Co-operative Congress）上发表主旨演说。1890年夏，他向设在利兹的不列颠协会经济组发表引人入胜的主旨演说，论述"竞争的若干问题"。此外，上课占去了他很多时间，因此这5年是他一生中最活跃多产的时期。

他每周讲两次普通学科，讲一次专题理论学科，但三学期中只有两个学期是有课的，所以一学年下来总共也就是45讲。公告说，每周有两个下午，从4点到7点，马歇尔教授"在家接待剑桥大学来访学生，不论他们是否听他的课，一律可望得到劝告和帮助"。80年代后期，他的普通学科听课学生在40到70人之间，而专题学科听课人数则为上述的一半。但他的教学方法，不大认真的学生适应不了，是有意无意排斥他们的，所以学年临末，听课人数总不如开始时多了。

写成讲稿，这不是马歇尔的习惯做法。

> [马歇尔夫人写道] 他除讲授经济史外很少用草稿。当然有时他上课前也准备一下草稿，去教室的路上还会仔细想一想的。他说他之所以有这么多善于独立思考的学生，是由于他从来不愿有条不紊地讲课或传授知识。上课时，他愿做的是引导学生同他一起思考问题。他每周出题一次，内容是他还未讲过的，然后就在课堂上回答这些问题。用红笔大段大段批改学生的答案，他煞费苦心。[1]

讲课不拘泥于形式，我认为这在他是随着岁月流逝而愈见突出的。当然，在1906年当我听课的时候，要想带回有条理的笔记已经是不可能的了。但这也确是他一贯的方法。他不像西季威克，授课亦即成书的过程。顺便说一句，这一做法也许正是导致他的著做出版迟缓的原因。但他称道的严格区分，通过书本指导和通过讲课口授的教学方法，对优秀学生和人数不太多的

---

[1] 我还留有我写的经他过目的论文，上面他的红笔批注和我的答案所占篇幅几乎相同。

班级，是极有刺激作用的。班上的人一超过 40 人（我记忆中，我听过他授课的班是 20 多人，而不是 40 人）这种方法就难以奏效了；如果学生不是真正热爱学习经济学，这种方法就不合适（现在很多经济学系的课程主要是根据这类学生的兴趣而设计的。）下列他回到剑桥后不久接着所开课程的名称，就说明他打算涉及的领域：

1885—1886 学年

秋季学期：对外贸易和货币

春季学期：投机、赋税等（穆勒，《政治经济学原理》第四篇和第五篇）

1886—1887 学年

秋季学期：生产与价值

春季学期：分配

1890 年《经济学原理》出版后，他做的第一件事就是，做节略本的准备工作，书名《工业经济学》[1]，1892 年初出版。[2]同时，他还花了很多时间，不断修订《经济学原理》，1895 年的第三版和 1907 年的第五版是本书做过最重要改动的版本。在修改过程中作者是花费了巨大精力的，但本书是否就达到了与之相应的提高的程度，人们是表示怀疑的。这些修订，成了他按原计划撰写《经济学原理》第二卷的极大障碍。

但是，他未能按原计划写作第二卷，主要障碍还在于 1891—1894 年间，他担任了皇家劳工委员会委员的工作。他很高兴有此机会，得以搜集同他所

---

[1] 本书曾一版再版，1896 年和 1899 年又两度出了修订版。截至 1932 年底已经印出 10.8 万册。本书问世后年销售始终稳定在 2 500 册左右，而且出版 40 年后，年销售量依然不减。大约这连同《经济学原理》的畅销情况，成了表明马歇尔近半个世纪内对经济学教育所发挥的绝对影响的尺度。

[2] 讨论"工会"的最后一章超出了《经济学原理》的范围，还从早期完成的《工业经济学》吸收了若干材料。

研究的问题有关的材料,而且在起草委员会最后报告中确也起了很大的作用。最终报告中,有关工会、最低工资和不规则就业的这几个部分的内容,都是他负责写的。

同时,他还接着致力于修订《经济学原理》的工作。

但他有很多时间给浪费了[马歇尔夫人写道],因为全书论述的方法他改动得太频繁了。1894年,他是依据历史发展着手进行论述的,后来他管这一部分成文材料叫"白象"(White Elephant)[1],因为它的规模太大了,这样写,非得有很多卷才能写完。后来,在《工业与贸易》的描写部分,他用上了"白象"的一些资料。

马歇尔担任劳动委员会工作,这只是他先后参加过的一些政府政策咨询活动中的一项。1893年,他还曾为皇家救济年老穷人委员会做证词,建议慈善组织委员会应与济贫法管理机构联合。1899年初,则是经过精心准备,为印度通货委员会做证词,他在货币理论方面的证词,在某种程度上不过是重复了他11年前为金银委员会所做的证词,但他本人认为,新的提法有改进,是他对货币理论的最好表述。具体到印度问题,他还积累了很多统计图表以资说明。他对印度经济和货币问题的兴趣,最初还是在牛津大学时产生的,当时他负责为派驻印度文职文员见习生授课。他对于他对印度问题有详尽而如实的了解很感到满意;[2]一大包一大包的印度图表,有的是还未出版过的,是他书房珍藏件的一部分,随时都在手边,用起来很方便。

1899年,这同一年的晚些时候,他为皇家地方税务委员会准备了关于帝国税和地方税的分类和影响范围的备忘录。1903年,正值有关关税改革的辩论处于高潮之时,他应英国财政部的请求,写了《国际贸易的财政政策》这

---

[1] 比喻昂贵而无用的东西。——译者注
[2] 他有许多忠实的印度(还有日本)的学生。

份脍炙人口的备忘录。1908年，这份备忘录由于当时的财政大臣劳合·乔治先生的建议而作为议会文件印发，他认为"写得实在有独创性"。出版日期整整推迟了5年，马歇尔别具一格地说明原因如下：

> 对这份备忘录所做的很多补正，1903年8月在国外邮局遗失了，1 待到秋天，重读备忘录未经勘误的印样时，我大失所望，因此，虽已有感情允诺在先，我还是没有趁机独自付印。原稿仓促写就而又陈述简短，这在一定程度上是造成全文布局不当，且多武断个人见解的原因，在这几方面多做些缜密的分析、推敲是适当的。原稿这样写，违背了我回避有争议的问题的惯例，而且，没有像学生完成作业时所应该做的那样，设法弄清原因，而主要是探究直接原因及其结果了。因此，我决定对财政问题保持沉默，直到我能以更缜密、更全面的论述来体现出在此问题上我所要说的意思时为止。我现在做的就是这件事。但进展缓慢，而光阴似箭。

马歇尔受到的牵掣日渐增多，因而左支右绌，这从上面这段话的字里行间可以看得出来。要让他畅所欲言，达到泰然自若的程度，困难重重，而且几乎是变得不可克服的了。1908年他辞去教授职务，就是期待着从教学重负下解脱出来后，情况会有好转。

VIII

在剑桥大学担任了23年的教授期间，他参加过三项重要的活动，这些均值得分别记述，那就是：创办英国经济协会（即现在的皇家经济学会），关于剑桥大学授予妇女学位的争论，以及创建剑桥大学经济学荣誉学位的考试。

1. 题为《成立英国经济协会的建议》的这一封公开信，是阿尔弗雷德·

---

1 为了信封上的邮票，它们被蒂罗尔山区当地一家邮政局的女局长偷走了。

马歇尔 1890 年 10 月 24 日单独署名签发的（当然有他人合作），[1]它是成立皇家经济学会的第一个众所周知的步骤。协会邀请英国所有大学或学院的经济学讲师，伦敦、都柏林和曼彻斯特统计学会理事会成员，以及伦敦政治经济学俱乐部成员，同包括不列颠协会 F 分组委员会成员在内的另外一些人一起，参加拟于 1890 年 11 月 20 日在伦敦大学学院举行的一次私人聚会。会议主席是财政大臣戈申勋爵[2]，会议的议程是"讨论创建英国经济学会或协会并出版经济学杂志的建议"。最早的这封公开信拟定了该学会成立后实际上遵循的总路线。[3]会上唯一持异议的是 G.萧伯纳先生，[4]其余人一概赞成，但提出，"戈申勋爵好是好，可是学会的负责人不应是加入国家任何一个政党的绅士"。

2. 授予妇女学位的争论，1896 年，争论使剑桥大学分为两派，马歇尔加入了反对满足妇女要求的营垒。由于他的夫人和西季威克夫妇的关系，纽纳

---

1 马歇尔，我认为主要是以他是不列颠协会 1890 年会议经济组的主席身份署名的；会上创办经济学杂志的呼声很高。

2 乔治·戈申（George Goschen），第一代戈申子爵（1st viscount Goschen），生于 1831 年，卒于 1907 年，英国德裔政治家、金融家。1886 年起曾担任英国财政大臣。——译者注

3 一开始就暴露的有关该学会范围的意见分歧说明如下："至此为止存在意见分歧的几乎可以说是唯一的问题，就是凡对经济学感兴趣、且又愿意认捐学会的基金的人，学会是否都应该吸收入会……有的认为学会的总路线应该是英国'学会'的总路线，而有的则主张采取美国经济协会的总路线，美国经济协会是很少开会，入会也不明言要授予什么样的一种称号的"。会上，一致通过了考特尼先生（Mr Courtney）提出、西季威克教授和埃奇沃思教授支持的一项决议，决议说："凡是愿意推动学会实现宗旨的人，学会理事会都可批准吸收入会"。学会章程的措词虽然有两种意见之间某种折中的痕迹，但实际上遵循的还是美国经济学会的先例。

4 1888 年，萧伯纳先生在不列颠协会经济组宣读了一篇论文，据（当时协会秘书）L.L.普莱斯（L.L.Price）先生说，他讲到，从在街头发表演说一跃而向学术团体宣读论文，是时代的大趋势。正是这一次的情况，西季威克写道："协会委员会请来了一位活跃的社会主义者，他热情奔放，如他所说，是'来自街头'的。他做了一场真正光辉的演说，向与会者概述了现代社会可以迅速采取的一系列步骤，从而和平进入社会民主制度。整个演说慷慨激昂，而又华而不实，总之是不同凡响的——这个人，就是萧伯纳。迈尔斯说他写过很多值得一读的书。"（《亨利·西季威克传记》，第 497 页）

姆学院一成立，他就同它有着最密切联系。到布里斯托尔去，用他自己的话说，也是"主要由于它是英国第一所向女生开放的学院这一事实而被吸引到那里的"。他过去的学生有很大一部分是女生。在他第一篇公开发表的论文（《工人阶级的未来》，1873年）中，头一段就与穆勒相呼应，提出了一个支持妇女解放的有说服力的论点。穆勒所举的全部事例，"都旨在说明，"他的论文写道，"假如我们能够解除禁锢妇女思想的一切人为风俗束缚，并给予她们向世界尽责的自由机会，我们的进步就将怎样地加速起来。"因此，马歇尔的态度是对他自己那一小圈子的一个沉重打击，而且由于为对方所利用，在导致反对派最终彻底失败中是起了很大作用的。马歇尔采取这种态度，这可以从他的思想上找到很好的说明。是的，是他向校评议会成员散发了那份冗长的传单，传单虽然语气温和、富有礼貌，但确实提出了鲜明的，而且也许是令人信服的，反对完全同等对待男女教育的理由的。不过，在一个男人在54年生活中积蓄了神秘力量的天然偏心，它对于最终立场所起的作用，还是比顺从的理智所起的作用大。

3. 最后，是马歇尔在创办剑桥大学经济学系中的贡献。

1885年，当马歇尔回到剑桥大学之时，道德科学荣誉学位考试和历史学荣誉学位考试都有政治经济学的考题。[1] 20多年之前，这两门学科分别建立，这在促进剑桥大学学术自由方面，已经是一场大革命。[2] 但是，马歇尔差不多

---

[1] 19世纪80年代后期听马歇尔课的，除了因为对经济学有好奇心而被吸引来的，其他学系的学生和文学士外，还有12个或不到12个道德科学的学生，以及24个或不到24个历史系的学生。

[2] 马歇尔在他的《请求设立经济学课程》（1902年）一文中，总结这个问题的变动过程如下："在外国，经济学始终是与历史或法律、或政治学、或这些学科的某种搭配紧密联系在一起的。"首批（剑桥大学）道德科学考试课程（1851—1860年）包括伦理学、法律、历史和经济学；而不包括心理学或逻辑学。但1860年，哲学和逻辑学被引入了，同伦理学放在一起，而历史与政治哲学、法学与政治经济学倒是另一组成部分。1867年，法律与历史做了其他类型的安排，而心理学和逻辑学则随后成了道德科学荣誉学位考试的决定基调的课程。

一任教授就强烈感到,采取进一步行动的时间到了;他特别对现行课程表的安排抱有反感的态度,经济学被安排成了一门副课,满足于其他课程需要的一类学科。1885 年他一回到剑桥大学,就反对他的课程必须适应某种考试的需要这种意见,按照这种意见,经济学只是其中的一个组成部分。[1] 实际上,他的就职演说也提了一个要求,即经济学应该具有新的地位,这与西季威克的看法不谋而合。他的就职演说中,下列声明具有重要的历史意义,因为在为赢得经济学在今天看来几乎到处都已具有的独立地位而举行的斗争中,它差不多起到了第一次出击的作用:

> 现在缺少的是博大精深的科学知识,是一种研究方法,它比通行的要锐利、要彻底,更能分析当代经济问题,并更有助于解决这一问题。正确提出和应用这种研究方法是我们的当务之急,而这要求所有专业人员都具有科学头脑。在经济学这一行中,很多出类拔萃的人过去一直处于被荒废的状态。他们原是无可挑剔的;问题在于,现在最亟须的是,保持头脑的冷静和清醒,有能力去探索和分析多种综合因素所起的综合作用。天才即已被弃之不理,这种能力也就少见,除非到在更高深学科中,在有过严格工作经历的那些人中去找。这样的人,世界各大学中,数剑桥大学最多。但是,哎呀! 他们当中几乎没有人是在做着这种工作。这部分起因于经济学有极其重要作用,可发挥的唯一课程是道德科学荣誉学位考试课程。而最适于从事最高级、最艰巨经济学工作的人中,又有很多对居于该荣誉学位考试课程核心的形而上学不感兴趣。

马歇尔的这一主张符合他对支配了他工作的这门学科的看法。马歇尔是前所未有的第一位真正伟大的经济学家;是毕生致力于把经济学建设成为有

---

[1] 他与西季威克在这个问题上的争论(以及西季威克爽快而半幽默地对待批评的一个典型例子),参见《亨利·西季威克传记》,第 394 页。

其自身的基础、科学精确度水平与自然科学或生物科学一样高的一门独立学科的第一个人。最后设法使"特里默夫人（Mrs Trimmer）[1]、马尔塞特夫人（Mrs Marcet）[2]或马尔蒂诺小姐（Miss Martineau）[3]永远不必再把经济学原理改成某种问答或是讲成某种简单故事才能博得好名声，聪明的家庭女教师借助于经济学原理，就能向偎依在她身旁的孩子们讲清楚经济实情"的，还是马歇尔，[4]如此等等。但必须指出的远不止于此。马歇尔以后，经济学是永远不可能再成为一个道德哲学家而能轻而易举驾驭的若干学科之一，诸如穆勒、杰文思和西季威克所能轻而易举驾驭的道德学科几个分支之一了。他是对这门学科采取这种专业科学态度的第一个人，其意义不仅是影响当时有关该学科地位的争论，而且还导致经济学与政治学的分离，就像生理学脱离开普通医学一样。

随着时间的推移，政治经济学终于占据了道德科学荣誉学位考试第二部分的位置，一种接近于马歇尔理想的位置。但是，直到1903年，由于经济学和政治学相关学科独立学系和荣誉学位考试建立，他取得了彻底胜利，他这才真正满意。[5]

由此可见，从正式意义上说，马歇尔是剑桥大学经济学系的奠基者。比这重要得多的是，他还是剑桥大学与很多代学生的非正式关系的奠基者，这种关系无论对于他毕生的工作，还是在决定他们毕生工作的方向上，都是起

---

[1] 即萨拉·特里默（Sarah Trimmer，1741—1810），18世纪英国儿童文学作家和批评家，也是一位教育改革者和积极的慈善家。——译者注

[2] 即简·马尔塞特（Jane Marcet，1769—1858），英国颇为著名的科普书作家。——译者注

[3] 即哈瑞特·马尔蒂诺（Harriet Martineau，1802—1876），英国社会主义理论家、辉格派作家，常以第一位女性社会主义者而为人所称，之前在马尔萨斯的传记里我们曾提到过她。以上三位女性作家，均以科普书或者小说之类的著作介绍社会科学思想而著称。——译者注

[4] 录自他的论文《老一代经济学家和新一代经济学家》，载于《经济学季刊》，1897年1月。

[5] 西季威克临死最终同意了这个思想。马歇尔的经济学教育理想，是在他的"请求设立经济学课程"和"经济学荣誉学位考试介绍……"中提出来的。

了极重要作用的。

在同事们看来,马歇尔有时似乎不仅令人生厌,而且还很顽固;在外界看来,他给人的印象似乎不是傲慢武断,就是不切实际;然而,在他的学生看来,他过去是,而且始终是一位真正的、无可厚非的圣人和老师,是他们精神上的父亲,是他们赖以得到鼓舞和安慰的唯一源泉。他的那些怪癖和个性,可能使他与外界格格不入,但对于他们来说,却是他们所喜欢的。正是这些怪癖和个性构成了有关他的趣闻轶事[知情的恐怕首推费伊先生(Mr Fay)莫属],而且,这些趣闻轶事勾勒出的马歇尔的形象不达到惟妙惟肖的地步,学生们是不会相信的。如果他们的苏格拉底[1]不那么古怪,年轻人反倒不会满意的。

他所产生的影响或他产生这种影响的方式,用书面形式是难以形容的。来访的学生回来时,总感到他是做了最有趣、最重要的一次环球航行,心情异常激动。沿着马丁里路回到住处后,他就会如饥似渴地读起书来,坚信书中自有值得他终生研究也未见得就能研究到家的课题,这些书是拜会老师时老师一本又一本地从书架上取下来,都是他好不容易才带回来的。马歇尔的双重性格,即表露心态时,既不拘于形式,又大方自然,使坐在身旁的学生如沐春风,感受到双重启迪。知识分子的某种标准的正直气概和不计较得失的心理一起展现在年轻人面前,使他们在理智上和道德上同时得到熏陶。师生交谈,话题广泛,三言两语又引出一个新问题的可能性很多,言不及义、不着边际的情况则是绝无仅有的。"一切都是那么融洽,那么无拘无束",桑格尔先生(Mr Sanger)记述过这些时刻的情况(《新政治家与民族》杂志,1924年7月19日):

> 从不装腔作势地把经济科学看成已有定评的科学,像是语法学或代

---

[1] 苏格拉底(Socrates,公元前469—前399),古希腊著名的思想家、哲学家、教育家、公民陪审员,他和他的学生柏拉图,以及柏拉图的学生亚里士多德被并称为"古希腊三贤",更被后人广泛地认为是西方哲学的奠基者。——译者注

数学那样，学就是了，无须批评，而总是把它看作一门尚在形成中的学科。每逢阿尔弗雷德·马歇尔要把他的一本名著给一个学生时，他总要写上："某某惠存，期待着在适当时候他有新著取代它。"这完全不是客套话，而是执着地表示他的信念，即经济学还是一门新兴科学，迄今尚无不刊之论。

千万不要以为马歇尔对待学生是一视同仁的。他批评学生可是厉害的，而且甚至是动辄挖苦的。他也想鼓励鼓励，但实际上往往正相反。学生晚年把自己的著作送给他时，都还是惶恐不安的，不知道他会怎么说、怎么想。下面这则有关他上课时洞察入微、细心观察的轶事是克拉彭博士讲述的："你们学院有两个很有趣的人在听我的课，"他对一所学院的一位导师说，"我一严厉了一点，A.B.就自言自语了，'我受不了了，我不想学了。'C.D.呢，想学，但没有弄懂。"马歇尔大声说完，爽朗地笑了。三言两语，活现出了这两个人的智力和脾气。

马歇尔成为当代英国经济学之父，主要是由于他培养了众多的学生；撰有宏富的著述，倒还在其次。早在1888年，福克斯韦尔教授就有言在先了："英国有一半经济学教授职位是被他的学生占据的，而全国一般经济学教学职位，他们所占的份额还大于此。"[1] 今天，通过他的学生，再通过他学生的学生，他在这个领域的影响则更是达到了主宰一切的程度。只要以他的成就同他在1885年就职讲义结束语中给自己确定的目标做一对比，人们就可以知道，他在离开人世时，比多数人更有资格含笑九泉：

> 作为培育英才的伟大母亲，[2] 剑桥大学向全世界源源不断、与年俱增地输送人才，竭尽绵薄（之力），这就是我的最大夙愿和最高理想——这

---

[1] "英国的经济学运动"，载于《经济学季刊》，第二卷，第92页。
[2] 对于这一说法，乔伊特博士是很不以为然的。

些人，他们头脑冷静而又富于同情心，愿为消除周围的社会苦难而呕心沥血；他们在向人类彻底说明开发物质资源、维系优越体面生活的可行性程度之前，决不肯让步退缩。

IX

1908年，马歇尔66岁时从剑桥大学政治经济学教授职位上退休。他所处的时代，薪水低，退休无养老金；但是，他还是从教授年薪（包括他的大学评议员报酬在内，共计700英镑）——他虽然参加政府机构的政策咨询活动，也给报刊写稿，[1]但没有分文额外收入可资增补——中拿出一笔钱来，自费维持一个小型的本科生公共图书馆，建立一项3年一次的优秀论文奖，奖金60英镑，[2]鼓励创造性研究，而且，还每年给一位，有时是两位青年讲师提供私人津贴100英镑，以稳住经济学系的教员，学校无此专项拨款。他自己呢，则是借助于出书收入，[3]才有一定积蓄，而且也才敷退休后一应所需。只是到了《工业与贸易》出版，稿费收入变得相当可观后，他晚年的生活这才比以往任何时候都殷实，他常说，麦克米伦出版公司年末送来支票时，他简直都不知道该怎么花这笔钱了。他把他亲手建的经济学图书留给了剑桥大学，最终归于学校的还有他的大部分财产和他的著作权所可能带来的未来收入，旨在促进经济学的研究。

退休后，教学工作和管理学生的职责不必承担了，现在，[4]他能自行支配

---

[1] 当然，他为国家提供的一切服务，完全都是无偿的。

[2] 1913年，他向剑桥大学转拨了一笔本金，足能以永续年金的形式提供一笔相当的收入。

[3] 他始终坚持他的书索价低于规模和性质相似的著作。他是个粗心的清样校对员，用铅字发排总要费多年才出版的。《工业与贸易》的部分文稿保持清样状长达15年之久，全书才告出版，因此被说成是创"纪录"的。他从来不认为书籍是生利产品，只是偶尔才卖书的。

[4] 直至第一次世界大战爆发为止，他始终还要在下午接见学生，不过老学生（当时是大学的年轻导师了）也许比青年学生还多。

时间和精力,再做最后一次努力,可望搜集整理盛年所获成果了。《经济学原理》出版后 18 年来,他已积累了事实的资料,是综合、压缩成书的时候了。在确定晚年这几卷著作所涉及的范围和内容上,他的主意常变,积累的材料如此之多,他组合起来确是心有余而力不足。对此,他在《经济学原理》第五版(1907 年)序言中解释说,1895 年他是决定把那些材料编成三卷的,即第一卷,《现代工业与贸易的状况》;第二卷,《信贷与就业》;第三卷,《政府的经济职能》。到了 1907 年,他又认为必须编成四卷了。既如此,他干脆决定,集中全力编出其中的两卷,即第一卷,《现代工业与贸易的状况》;第二卷,《货币、信贷与就业》。这是最后的方案,只是随着时间的推移,有过从第二卷中略去**就业**、代之以国际贸易或**商业**这样一处变动。即使如此,《工业与贸易》也还是过了 12 年后,在他 77 岁上才告出版的。

在这期间,马歇尔很少受到杂事的侵扰,能够专心致力于手头主要工作。他也就偶尔给泰晤士报写过信,包括《论述劳合·乔治先生的预算方案》(1909 年),《与卡尔·皮尔逊教授争论"酗酒与效率"》(1910 年),《第一次世界大战前夕(1914 年)的论"战斗到底"和"战争中的平民"》,以及《论述"有奖债券"》(1919 年)等。1916 年致信《经济学人》,是敦促提高税收以支付战费的;1917 年则为 W.H.道森先生(Mr W.H.Dawson)所编的《战后问题》(*After-War Problems*)写了一章,《战后的国家税赋问题》。

战争爆发前夕马歇尔给泰晤士报所写的信,很有意义。实际宣战前,他曾被要求在一份声明上签名,声称我们不应参战,因为即将爆发的战争我们无利可图;他的回答是:"是和是战这个问题,我认为我们不应只看重于我们的利害所在,我们还必须同样强调国民义务。我认为我们应立即动员起来,并宣布如果德国人侵占比利时我们就宣战;而德国人要侵占比利时是人所共知的。"多年来他一直是严肃看待泛日耳曼主义野心的,他去信的标题就是"战斗到底"。由此可知,他是采取彻底反绥靖主义态度的,而且从未有过动摇。但他又激烈反对煽动国家主义情绪。他记得他过去"了解并热爱日耳曼人",认为他们是一个"异常诚实正直的民族"。[1]因此,他认为"尊重他们并向他们清楚表明我们需要他们的友谊,然后又必须全力以赴同他们斗争,这既是我们的义务所在,又与我们利害攸关"。同时,他又"忧心忡忡,生怕诸多公开讲演的结果,群情激愤,无助于保障胜利且不说,反倒大大增加双方死亡人数,成为抗击德国侵略性所必须付出的沉重代价。"他的这些观点,招致了粗暴的爱国者的愤怒。

1919年,进入大多数人早已辍笔安享天年的高龄时,《工业与贸易》终于出版,而成为表明作者意志和决心的一部名著。

本书是完全不同于《经济学原理》的一种著作,大部分内容带有记述性。其中就有整整三分之一的篇幅用于记述过去的东西,总结了他在该领域长期劳作的成果。把几部分合为一卷,这完全是人为的。这种组合,困难很多,到底也并未真正克服了,这么多年他举棋不定,原因就在于此。本书与其说是结构上统一的一个整体,不如说是一个机会,凭借这个机会,马歇尔得以把若干部分相关的问题汇拢起来,传布于世,内中不乏独特见解。就其十六个附录而论,尤其如此,它们是他的独创,是可以写成若干专著或论文的。其中有的,未及本书出版,早就写好了,是完全适合于独立成篇印行的;然而竟秘藏如此之久,这在我们看来不能不认为是他的错误之举。

本书由三篇组成,它们同附录一样,也是分开发表而不至于大有减色的。第一篇,题为《当前工业贸易问题的若干起因》,概述主要发生于19世纪下半叶的英国、法国、德国和美国之间争夺工业领导地位的历史。第二篇,《企业组织的主要趋势》,尽管不完全是谈历史的,但大致上也还是叙述

---

1 "凡是,"1914年8月22日他在《泰晤士报》写道,"了解并热爱日耳曼人,即使在他们反对在那里要比在这里更普遍存在的张牙舞爪的军国主义时,也应该坚持我们没有理由蔑视他们,尽管我们有充分理由与他们战斗……作为一个民族,我认为他们是异常诚实正直的,能对职责的召唤做出敏锐的反应,在家庭关系上和睦相处,对待朋友忠实可靠。因此,他们是强大的,可吓不可侮的。"

19世纪下半叶企业组织形式的演变过程。第一篇按国别叙述该时期的经济发展史;第二篇则从技术角度叙述该时期的经济发展史。第三篇,《垄断趋势及其与公共福利的关系》,讨论更深入,涉及同一时期交通和托拉斯、卡特尔以及联合企业等方面产生的特殊问题。

本书由三个独立单篇组成而终于不乏一致性,这得归因于它们都涉及1900年前后在西欧确立的种种个人主义资本主义制度形态,涉及这种种形态怎样演变而来,以及它们又在多大程度上为公众利益服务。全书还有助于说明马歇尔始终注意强调的东西,即种种企业组织的过渡性和易变性,以及经济活动种种具体形态的这种性质。他要求人们尤其要注意到英国赖以建立工业领导地位的基础的不稳定性和暂时性。

本书的主要价值不在于此,而在于表达主题,它的行文含而不露,由浅入深。它是马歇尔对很多不同问题的研究成果的集大成,含有精辟的见解。它是一处矿山,尚需开发,而不是一条铁路,即可利用,在这一点上,它与《经济学原理》一样,有地下宝藏,需经挖掘和搜寻才能找到。它还像《经济学原理》一样,好似易读,实则不然,同样读它,我以为有一定基础的读者或许有心得体会,初学者则可能不知所云。它富有启发性,读这样的书,是进行很多研究的起点。对于启迪读者进行独创性研究来说,没有再比本书处置得当的书了。诚然,本书由于笼统地下结论多,不那么言简意赅,用词文雅,且多独到之见,难以引起初学者的兴趣。

《工业与贸易》是一本畅销书,出版不久,即须印刷第二版,截至1932年年末,已经印行了1.6万册。书不胫而走,读者遍于各地,但未见苛刻评论;这对于年迈的作者既是鼓舞也是莫大的安慰。他由此感到时间这个敌人终于败北,年届古稀他还能有著作问世。

但是,岁月终究不饶人。"老年,"他在《工业与贸易》的序言中写道,"说明容我著书立说的时间不多了。"构思文章,这不像绘画构图,是耄耋之年也还能继续着笔丹青的;他还有很多构思完整的著述,怕是断难发表了。

他壮心不已，并以事实表明，老虽老，他还是能够再沽余勇，重出一书的。

无论如何，他的专心致志的能力和记忆力开始迅速减弱了。就为着实现上述夙愿，他越来越珍惜时间，决不浪费每一点精力。来客应接不暇，不仅使他疲惫不堪，而且严重干扰他的工作。久而久之，马歇尔夫人不得不出来挡驾。他因此得以在夫人独自陪伴之下，争分夺秒，或伏案写作，或长时间休息，听听自己喜欢的自动钢琴乐曲，这成为他最后十年间的一大享受，或让夫人反复诵读某部熟悉的小说。每天晚上他都要独自沿马丁里大街的幽暗处散步。78岁生日时，他说他不大向往来世。夫人问及到时候是否每隔比方说百来年就想回来看看人间的情况，他回答说，纯粹出于好奇心，是要回来看看的。"现在我所关注的，"他接着说，"是日益转向那地球变得可居住前或许就已达到高度文明水平的那数以百万计天体，以及太阳冷却、地球不再适于居住后可能达到相似发达程度的另外数以百万计天体了。"[1]他说，使他最难以相信人死后还有来世的因素，是他不知道来世一说是在人类存在的哪一个阶段开始的。人们几乎不能相信类人猿甚或早期树居人类是有来世的。那么，诸如来世一类的巨变，到底是在人类存在的哪一个阶段开始的呢？

马歇尔毕生都为消化不良所苦，晚年益发严重。1921年10月，他80岁时，曾做了如下记述：

> 一工作就觉得头痛、厌倦这种趋势，有增无已，使我深感苦恼。在我力所能及的范围内，只要可能，我还得在工作上两个整年（或4个半年）。随后，我就可以说"永别"了。寿命是长是短，我是不在乎了；再有两年，我只是想借此权衡一下工作的轻重缓急，增加一点机会，好让我把我认为最重要的东西整理出来。

1922年8月，80寿辰过后不久，《货币、信贷与商业》脱稿，次年，即

---

[1] 参看《货币、信贷与商业》，第101页上醒目的脚注。

1923 年出版。[1] 本书涉及的范围与原来设想的不同，没有写入"关于可利用资源对人类生活和工作的影响的研究"，却又包括了他在货币与对外贸易理论上的主要贡献。本书主要由早年的未完成稿组成，其中有的写于 50 年前，如前所述，也是总结他在这些领域所做的主要贡献的。在某种程度上，本书已见老年的印记了，而《工业与贸易》则还没有。但本书资料翔实，创见也多，且有不少章节是学生无法得到或难以得到的。"虽然本书大部分写于 19 世纪 80 年代，"埃奇沃斯教授在《经济学刊》上著文评介说："直至 20 世纪 80 年代它们还是值得一读。"

"虽然我已经进入垂暮之年，"马歇尔在《货币、信贷与商业》的序言里写道，"我还是希望看到我就社会进步可能性问题提出的一些理论终于能够出版。"直至最后病倒之前，尽管记忆力锐减，身体又极其虚弱，他还是勉为其难，企图再出一本书，并拟名为《进步：它的经济条件》（*Progress：its Economic Conditions*）。然而终因年事已高，他到底还是力不从心。在某种程度上，他是老而弥坚，写封短信什么的，一切都还很正常。82 岁了，有一天他还说要看一下柏拉图的《理想国》[2]，因为他想写出一本柏拉图活着会乐于接受的那样一种性质的《理想国》来。然而，说归说，他照旧坐在那里，虽说要写，进展是不可能的了。

在那最后的日子里，他眼眶深陷，然而目光炯炯，白发苍苍，却又头戴黑色的帽子。一派学究或先知的仪表，比以往任何时候都更引人注目。体力终于衰减了，但每天他还是黎明即起，毫不顾及年老体弱的状况，一心想着照常开始一天的工作。1924 年 7 月 13 日，离 82 岁生日还有两个星期，他与世长辞。

1　5 000 册很快售罄，到 1932 年末共印行 9 000 册。
2　《理想国》是古希腊著名哲学家柏拉图（Plato，公元前 427—347 年）重要的对话体著作之一。一般认为属于柏拉图的中期对话。本书分为十卷，在柏拉图的著作中，不仅篇幅最长，而且内容十分丰富，涉及其哲学的各个方面，尤其对他的政治哲学、认识论等有详细的讨论。——译者注

弗朗西斯·伊斯德罗·埃奇沃斯

(1845—1926)

弗朗西斯·伊斯德罗·埃奇沃斯（Francis Ysidro Edgeworth）出身于一个著名的家族，他几乎是该家族最后一名男性成员——这可以解释他对平均律的偏爱；其高祖弗朗西斯·埃奇沃斯娶了三任妻子，[1]他那位有名的祖父理查德·洛威尔·埃奇沃斯娶了四任妻子，[2]生下了22个孩子，他去世时尚有有七子八女在世。F.Y.埃奇沃斯本人就是老埃奇沃斯的第六子的第五个儿子。然而，到了1911年，其他的继承人死去时都不曾留下男性子嗣，[3]于是他就继承了朗福德郡埃奇沃斯镇的家业。此镇的名称取自埃奇维尔（Edgeware），即从前米德尔塞克斯的埃奇沃斯，始建于伊丽莎白女王统治时期。他继承家业之后，热衷于搜罗和整理族谱，希望埃奇沃斯镇的庄园能够在一位已婚的外甥女蒙塔古夫人的看顾下恢复昔日的传统。不过，他每年夏

---

1 《理查德·洛威尔·埃奇沃斯回忆录》(*Memoirs of Richard Lovell Edgeworth*) 第一卷第15页，其中我们可以发现很多有关埃奇沃斯的祖上的有趣故事。这位弗朗西斯在旧大陆已经没有男性后裔了。

2 他的最后一任妻子，也就是F.Y.埃奇沃斯的祖母，一直活到1865年才过世，此时距离她丈夫出生已经有121年之久，她自己也已经96岁高龄。埃奇沃斯在埃奇沃斯镇祖母所居住的祖宅度过了他一生中的前20年。

3 理查德·洛威尔的长子在青少年早期是按照卢梭倡导的教育原则接受教育的，后来他移居美国，死于其父之前，理查德·洛威尔剥夺了他的在美国的孙子们的遗产继承权。我听说，美国今天还有姓埃奇沃斯的，他们声称就是这一支血脉的延续。

天去爱尔兰,并不住在埃奇沃斯镇,但却称希望看到祖居之地能够重现"昔日"的快乐时光——虽然我并不知道这样的时代他是否认为曾经真正出现过。[1]

埃奇沃斯与近乎一个世纪前的许多名人都有重要关联——他是小说家玛利亚·埃奇沃斯(Maria Edgeworth)的侄子,[2]这位小说家出生于1767年,在18世纪已然名扬四海;他是诗人托马斯·洛威尔·贝多思(Thomas Lovell Beddoes)的第一个外甥,贝多思逝世于1847年。瓦尔特·斯科特爵士(Sir Walter Scott)在《威弗利》(*Waverley*)第一版发行时曾送了一本给埃奇沃斯的这位姑母,并在其中最后一章(后来的版本挪到了小说的序言里)中写道,正是她对爱尔兰品格的描述最先激励他在苏格兰进行一场类似的实验;简·奥斯汀(Jane Austen)曾送给她一本《爱玛》的第一版;麦考莱(Macaulay)送给她一本自己所写的《历史》(*History*),其中还提到过她。在她的晚年,她还曾在盖特科姆庄园会见过李嘉图。

F.Y.埃奇沃斯的父亲弗朗西斯·贝福特·埃奇沃斯(Francis Beaufort Edgeworth)生于1809年,在查特豪斯(Charterhouse)[3]和剑桥接受教育,他

---

[1] 他对那段岁月非但并不引以为傲,反而以之为羞耻。我曾想在《经济学刊》上为他80寿辰撰文庆祝,他却郑重地吩咐我不得提起此事,理由是他不喜欢和衰老与无能扯上关系。
华年易去,消融在日益逼近的衰颓之中,
纯真无邪的心灵,悄然滑向远方。

[2] 事实上,埃奇沃斯的父亲弗兰克是玛利亚好几个故事里的主人公。但是[根据T.莫兹莱(T.Mozley)《回忆录》(*Reminiscences*),第一卷第41页],"玛利亚·埃奇沃斯在真实的生活中对待弗兰克,一如弗兰克之对待玛利亚。弗兰克对玛利亚漠不关心,都到了在他面前最好不要提玛利亚的地步。"F.Y.埃奇沃斯回忆道,他的姑母玛利亚是"一位相貌平平、但面容和悦的老妇人"[《埃奇沃斯镇黑皮书》(*Black Book of Edgeworthtown*),第244页]。她去世时,埃奇沃斯才4岁。

[3] T.莫兹莱这样(《回忆录》,第41页)描写他道:"他身材矮小,蓝眼睛,金黄头发,面色苍白,说起话来语速平缓,胸中有物,善于表达,在查特豪斯的小圈子里颇受追捧。他想象力丰富,心肠极好,时常会沉浸于某种想法一段时间,帮你把它给实现……在学校,他研究永恒意志,这常常是通往迷茫之路的第一步。"

是斯特林（Sterling）那个圈子里的杰出分子。托马斯·卡莱尔（Thomas Carlyle）在《约翰·斯特林传》（*Life of John Sterling*）（第二部分第四章）中以3页的篇幅对他做了一番平实的描述，使他得以名留后世。卡莱尔写道："弗兰克身材矮小但很匀称，面孔方正而白皙（颇类其父），一双蓝色的小眼睛里闪烁着一种奇异的、冷冷的笑意；他的声音尖而利，透着一股犀利的执拗，可能还有点嘲讽的意味。这是一个冷静、独断、耽于玄思、严谨而缺乏艺术家气质的人。他精通柏拉图和康德，饱读哲学和文学书籍，他奉柏拉图和康德式的原则如同神明，此外不接受任何其他的宗教信仰。对于一切保守主义和迷信，他总是用那闪烁着冷冷的笑意的眼睛，用尖而利的声音，嗤之以鼻。不过，就其他方面来看，他可以说是一个绝对诚实可靠之人，勤奋有为，还有许多别的优良品质。"

托马斯·莫兹莱牧师在他的《回忆录》中用了一章的篇幅来描绘弗兰克·埃奇沃斯。他笔下的弗兰克与卡莱尔所说的"好心肠的小个子弗兰克"简直判若两人。"埃奇沃斯的声音悦耳动听，他举止文雅，风度翩翩……弗兰克·埃奇沃斯被各种相互冲突的思想体系撕扯着，还有就是被从童年起就存在着的相互矛盾的情感所折磨。他是一个极富同情心，最富有自我牺牲精神之人。"[1]在斯特林自己对弗兰克·埃奇沃斯的描述中，我们可以看到他的儿子的影子。"据我观之，埃奇沃斯过的还是那种纯粹观念式的生活。很显然，他对于从'知识'到'本质'（也即从认知到存在）的必要性一无所知……我认为，对于埃奇沃斯来说，到英国去是一件值得庆幸的事。要是在意大利，他大概永远也看不到还有与'玄思'和'观察'不同的存在，不可能对这个现实世界有任何的感受。而且，如果他不是到了英格兰来，他还是会仅止步在'灵智（Gnosis）'上面而已，这就好比一个手

1　《回忆录》，第一卷，第52页。

里攥着自己地契的穷光蛋,可是他拥有的地产不是被火山熔岩所掩盖,就是已经沉入了海底。"[1]

但是,斯特林的这位朋友只是塑造弗朗西斯·伊斯德罗·埃奇沃斯的一个方面的原因。弗朗西斯·贝福特·埃奇沃斯"娶了一位年轻的西班牙妻子,他们在伦敦邂逅,过程非常浪漫"。[2]埃奇沃斯的母亲就是一名西班牙人,名叫罗莎·弗洛伦蒂娜·伊洛斯(Rosa Florentina Eroles)。弗兰克·埃奇沃斯与他的外甥 T.L.贝多思结伴去德国学习哲学,为了能到大英博物馆阅览图书而中途在伦敦逗留,于是邂逅了伊洛斯小姐,她当时芳龄16,是一位来自加泰罗尼亚的政治避难者的女儿。弗兰克与她在三周内闪婚,然后携她一起奔赴佛罗伦萨,共同在那里生活了几年。F.Y.埃奇沃斯语言天赋甚高,他可以用法语、德语、西班牙语和意大利语阅读,他的这种爱尔兰—西班牙—法兰西[3]的混合血统对于其思想中表现突出的国际关怀想来是有影响的。

埃奇沃斯一生所及的外部边界很快就可以说完。其父弗兰克·埃奇沃斯想成为一所学校的校长,但未获成功,于是他便从佛罗伦萨重返埃奇沃斯镇专心经营家业。1845 年 2 月 8 日,埃奇沃斯即降生在埃奇沃斯镇的祖屋。幼年失怙,两岁时其父弗兰克·埃奇沃斯去世。他在家庭教师的管教下长大,直到 17 岁时离开埃奇沃斯镇前往都柏林三一学院求学。他记忆力超凡,头脑机敏,彼时已经以此闻名。他曾在临终前几周对牛津的表亲们

---

[1] 黑尔(Hare)所著《斯特林传》(*Sterling*),第 74 页。
[2] 参看前引卡莱尔书。
[3] 他的曾祖丹尼尔·奥古斯特·贝福特(Daniel Augustus Beaufort),是一名避难的法国胡格诺派教徒之子。与埃奇沃斯家族相联系的贝福特家族的族谱部分可以参看由 W.M.贝福特所著的《法国、荷兰、德国和英国的贝福特家族考》(*The Family of Beaufort in France, Holland, Germany, and England*),该书印行于 1886 年,仅在私人圈子内传阅。

说，[1]幼年研读过的那些诗歌，至今记忆犹新，弥尔顿、蒲伯、维吉尔和荷马的全部著作，他均能脱口而出。埃奇沃斯晚年仍能对这些古典名著随意挥洒，信手拈来。这个时代还能做到对古典名著如此熟稔的人，已经寥寥无几。[2]

他是作为马格达伦·霍尔（Magdalen Hall）奖学金获得者进入牛津就读的，后来又升入贝利奥尔学院，并在那里获得一等荣誉文学学士学位。关于他在结业考试中的那次"口试"，牛津大学还流传着一个常常为人所提起的传说。据说，在被问到一些深奥的问题时，埃奇沃斯反问道："需要我回答得短一点还是长一点？"然后就滔滔不绝地讲了半个小时，他的风采使他那原本只能获得二等荣誉的成绩一跃而成了一等荣誉。1877年，他被伦敦内殿（Inner Temple）法学协会招入律师界，在伦敦生活了一些年月，此时他是已经没落的爱尔兰庄园主比较小的儿子的最小的儿子，尚未从诸多天赋与兴趣中找寻到最终的方向，所以在这段漂在伦敦的日子里他的生活颇为窘迫。后来，他成为伦敦大学国王学院的逻辑学讲师，之后又成为政治经济学图克（Tooke）讲座教授。1891年，他接任索罗德·罗杰斯（Thorold Rogers）成为牛津大学政治经济学德拉蒙德（Drummond）讲座教授，并被选为万灵学院的研究员，余生一直生活于此。1922年，他从牛津的教授职位上荣休。1889年和1922年，他两次当选不列颠学会经济分会会长。他是皇家统计学会的前任会长，皇家经济学会的副会长以及不列颠科学院的研究员。最重要的是，他是《经济学刊》的第一位编辑，是它的设计者和缔造者。从1891年3月该杂志的创刊号开始，直到1926年2月13日他去世，他一直是这本杂志的编辑、编委会主席以及联合编辑。我与他同是这本杂志的编辑，在接到他去世的消息后，作为同事，我还收到了他关于编辑事务的最后一

---

1 即A.G.巴尔特夫人（Mrs. A.G.Bulter）和她的女儿C.V.巴尔特小姐（Miss C.V. Bulter），是她们提供给我了上述的这些细节，在此谨表谢忱。

2 正如玛利亚·埃奇沃斯所记述的那样，这一点与其祖父一样。

封信件。

在贝利奥尔学院时,埃奇沃斯一度非常推崇乔伊特(Jowett),乔伊特对政治经济学一直怀有着浓厚的兴趣,偶尔也曾教授这门课程,可能就是从他那里,埃奇沃斯感受到了这门学科的魅力。不过,我认为,对埃奇沃斯早期经济思想产生最重要影响的人物是杰文斯。他们二人在伦敦相识,埃奇沃斯在汉普斯泰德的居所离杰文斯的住宅不远。埃奇沃斯对马歇尔推崇备至,但他们相交比杰文斯稍晚。在 1881 年的《学术圈》(The Academy)上,马歇尔对埃奇沃斯的《数理心理学》(Mathematical Psychics)写了一篇评论——这是他一生中仅有的两篇书评之一,另外一篇是对杰文斯的《政治经济学理论》(Theory of Political Economy)所做的评论。这篇书评让他们结识,并发展为终生的私人友谊和智识上的伙伴关系。马歇尔夫人常常愉快地回忆起埃奇沃斯对剑桥的访问——尽管世界上再也没有比弗朗西斯·埃奇沃斯和阿尔弗雷德·马歇尔两个人的谈话方式彼此更加格格不入的了。

根据他出版的著作来判断,埃奇沃斯是经由数学和伦理学而登堂入室进入经济学领域,这与在他之前的马歇尔如出一辙。但除此之外,他们再无相似之处。马歇尔的兴趣集中于智识和道德,而埃奇沃斯的兴趣则在于智识和美学。埃奇沃斯希望建立一套具有智识取向和美学意味的**定理**,而马歇尔则想写出具有实践价值和道德意义的**箴言**。就技术训练、笔法灵动和立意坚实而言,马歇尔要胜过埃奇沃斯一筹——马歇尔是剑桥数学学位考试的第二名,而埃奇沃斯获得的是文学学士学位。尽管埃奇沃斯在使用数学工具上时常显得笨拙而不够得心应手,但无论是创造力、成就还是天然的兴趣,埃奇沃斯都是一个伟大得多的数学家。我想这一点是无可置疑的。40 年来,埃奇沃斯坚持在社会科学领域精准而广泛地应用准数学方法,在这个他自己戏称为"数学心理学"(Mathematical Psychics)的世界,成长为最杰出、最富有成就的大师级人物。

我们很难把埃奇沃斯的著作列一张完整的书目清单,[1]因为他的作品几乎全都发表在各类学术期刊上。我所知道的他的最早的著作是《伦理学的新旧方法》(*New and Old of Ethics*),由帕克与牛津出版公司(Parker and Co. of Oxford)于 1877 年印行,彼时他 32 岁。该书纸皮封面,共有 92 页。这本书的主要内容是对考察功利主义时所出现的大量问题进行的讨论,其形式是对西季威克的《伦理学方法》(*Methods of Ethics*)和巴拉特(Barratt)1877 年在《心智》(*Mind*)上对西季威克所做批评的评论。这部作品鲜明地展现了埃奇沃斯的独特风格,精于遣词造句,行文跌宕隐晦,目的游移多变,方向飘忽不定,其人之谦恭、谨慎、精明、机敏、博学与保守,于此展露无遗。一番微积分运算之后,继之以大段对希腊古典文学作品的引用,程度不够的读者一定会感到如坠五里云雾,很难搞清楚何以荷马的诗句竟能与抽象的数学符号融合一处。终于,经过漫漫旅途之后的航班抵达了终点,他最后得出结论道:

> 道德科学之前已经取得了巨大的成就,于此之上,复又在一位大师的引领之下,正在走向豁然开朗的新天地。不过,就在此时,一个掉队之人跌跌撞撞地逐渐追赶上来,来路曲折。这条曲折的道路就是本书所详细刻画的那种从未被使用过的方法;截至目前来看,这种运用数学对

---

[1] 《米制或概率与效用的测量方法》(*Metretike, or The Method of Measuring Probability and Utility*)(此书是埃奇沃斯发表于 1887 年的一部专著。——译者注)一书的附录里有一份清单,涵盖了埃奇沃斯 1877—1887 年间发表的 25 篇论文及著作。在我的《论概率》(*Treatise on Probability*)一书的参考书目里,我给出了发表于 1883—1921 年间的关于概率理论的 39 篇文章或专著,其中有一部分即与前面所提到的那份书单重叠。他的《政治经济学论文集》(*Papers Relating to Political Economy*)一书重印了 39 篇经济学论文及 75 篇评论。皇家统计学会出版的《埃奇沃斯对数理统计的贡献》(*Edgeworth's Contributions to Mathematical Statistics*)中有一篇 A.L.鲍利(A.L.Bowley)撰写的回忆录,该文最后附有一份包含 74 篇论文和 9 篇评论的缀有注释的书单。

快乐（pleasures）进行处理的方法必将走向真正的自然伦理学，而这也是冥冥之中已经预定下来的一条必然的道路。

另外一本薄薄的小书（150 页）是《数理心理学：论道德科学中数学的应用》(*Mathematical Psychics：An Essay on the Application of Mathematics to the Moral Sciences*)，该书问世于 1881 年。这是埃奇沃斯对经济学的第一个贡献，内中包含着他所做的一些最为杰出的工作。[1]在其生命的最后数月，他还心怀重印该书部分内容的意愿。[2]

埃奇沃斯在他关于伦理学的著作中尝试着将数学方法运用于功利主义。在《数理心理学》里，他对"**感觉，对快乐和痛苦的计算**"进一步深入。这部论著由两部分组成，"分别讨论在社会学中运用数学方法的原理和实践、缘起及成果，以及其可应用性和具体的应用情况。"第一部分篇幅很短，"试图阐明在没有**数值**数据的情况下实现数学推理的可能性"——在这篇论文写作的年代，这种做法极富创造力，也非常重要。"我们难以尽**数**生活中的恒河沙数，也无法**数清**爱之海洋中'无穷无尽的'微笑；但我们似乎可以观察到快乐单位的数量是**多**还是**少**，幸福的数值是**高**还是**低**；这就够了。"

第二部分包括了埃奇沃斯在数理经济学方面所做工作的基础部分，尤其是对自由市场上的契约以及它可能存在的各种不确定性所进行的分析。正是在这里，他那著名的"契约曲线"概念首次出现。

我曾流连于埃奇沃斯的这两本早期著作中，爱不释手。因为在这两本书，尤其是在他的《数理心理学》中，他整个的风格和独有的精神与技艺发挥得淋漓尽致。《数理心理学》曾因为过于新奇而饱受嘲讽。在后来的著作

---

[1] 同时，他还写了一篇题为《享乐主义的计算》（*Hedonical Calculus*）的论文，发表在 1879 年的《心智》杂志上，后该文收录于《数理心理学》中。
[2] 1932 年，伦敦经济学院系列丛书《珍本重印》（*Reprints of Scarce Tracts*）收录了这本书。

中，以我观之，埃奇沃斯再也没有如此充分地展露出他的天性。他开始介怀人们对他的那些诗性与学究气、科学与艺术性、智慧与渊博的学识奇怪而引人入胜的拼接所提出的批评了；他努力地掩饰他那出自天然的风格，但并没有取得成功，反而令最终呈现出来的作品风貌看起来躲躲闪闪、扭扭捏捏，犹抱琵琶半遮面，晦涩难懂。有关男女工资收入不平等的问题，他终生都怀有兴趣，并把这个主题作为其 1922 年英国科学促进会 F 分部主席就职演说的题目；但此时埃奇沃斯已届八十高龄，当我们在阅读下面他的这段讲话时，我们几可听到他诡秘的轻笑，除了他还有谁会这样来谈论该问题呢？

性别的尊卑同样建立在认定男性具有获取快乐的能力更高、其行动与思考的效率也更高这样的假设之上，总而言之：

女人低于男人，她的激情之于我的，

犹如月光之于日光，又如清水之于佳酿。

一般认为，女性在能力上的不足可以由她们在特定情感、某些方面的美和精巧加以补偿。正是由于这种天赋的美感，现代女性才得以分享到更多的财富、更多的奢华和更多的青睐。但风流倜傥"这种源于古代骑士制度的混合情感"中还有许多别的元素。温文尔雅的休谟把它解释为对弱者的关怀，而热情似火的卢梭则认为这是天性使然⋯⋯总的来看，对于女人本性的诸般看法，无论是否正确，都体现了在功利主义原则的演绎推理和现代女性的柔弱与特权之间所达成的美妙的平衡。1

之后，埃奇沃斯提出了数学在道德科学上的第二次伟大的应用，也即将之运用于"信念之上，对概率进行计算，"这项工作后来成为他最喜欢的研

---

1 《数理心理学》，第 78 页。

究。1883年和1884年，他为《哲学杂志》(*Philosophical Magazine*)、《心智》杂志和《赫默塞纳》(*Hermathena*) 撰写了七篇有关概率和误差法则的文章。而这些只是他后来关于这一问题所写的一系列作品中的第一批，这个系列中的最后一篇文章对误差的一般法则进行了更为精深的讨论，直到他去世的当天，才在《统计学杂志》(*Statistical Journal*) 上发表。

关于概率问题，埃奇沃斯最重要的作品是他在1884年在《心智》杂志上发表的《机运的哲学》(*The Philosophy of Chance*) 一文以及发表在《不列颠百科全书》(*Encyclopaedia Britannica*)（1911年修订版）上的"概率"(*Probability*) 词条。埃奇沃斯一开始是支持概率的频率理论的，他把概念的基础建立在自然而非逻辑之上，这与他支持功利主义伦理学如出一辙。但对这两项研究，他都还是心存疑虑，并且随着时间的推移，这种疑虑非但没有减轻，还越来越深了。尽管如此，在这两项研究中，他并没有推翻最初的假设而代之以其他，如此造成的结果是，他对这些理论的哲学基础越来越持怀疑的态度；不过，建立在这样的哲学基础上的实际应用却非常成功，对此他抱持着一种实用主义的态度。其结果是，他的兴趣点逐渐从概率转向统计理论，从功利主义转向经济学的边际理论。我曾经常追问埃奇沃斯对下面这个问题的意见，即如果频率理论降为一条逻辑法则，那么，现代统计学和相关性理论还能走多远？ 他总是这样回答说，频率理论的崩溃将会使统计学理论得到普遍应用，他认为，虽然如此，海量统计数据确可满足统计理论得以有效的各种条件，而无论这些条件是什么。我希望这是真的。对于一个主要兴趣在于统计学研究的人来说，采取这样的态度是合情合理的。但这种态度也传递出这样的信息，即埃奇沃斯并不情愿对其早期富有思辨性的作品进行修订或继续这些研究。对于他自己的经济学研究，他也抱持着同样的态度。他与古典学派的大多数其他的经济学家一样，都不愿意重新思考如果功利主义伦理学和功利主义心理学崩溃的话，那么，边际理论的诸种初始假设在多大程度上还成立，因为边际理论正是源自功利主义伦理学和心理学，该理论的创立者是真心接受这一理论基础的,某种意义上而言,现在的人们已经不再接受了。穆勒,杰文斯,上世纪70年代的马歇尔,以及70年代末、80年代初的埃奇沃斯[1]都信奉功利主义心理学,并在这一信仰之上构建起边际理论的基础。晚年的马歇尔和晚年的埃奇沃斯以及年轻一代中的许多人对此已然心存质疑,不再完全相信它。但是,虽然对理论所得以构建的本源基础缺乏彻底的审视,我们却仍然对其上层建筑深信不疑。

这样一来,随着时间的推移,与其对概率论的贡献相比,他对统计学方法的研究变得越来越重要。自1885年起,他陆续发表了一些内容颇为广泛的文章,尤以他在《统计学刊》(*Statistical Journal*)1885年发行的50周年纪念专刊上发表的《统计学的方法》,和1910年发表在《国际统计学会通讯》(*Bulletin of the International Statistical Institute*)的《概率计算在统计学上的应用》这两篇为最。这两篇文章非常重要,具有极高的价值,它们使英国学生得以了解由莱克西斯(Lexis)创立的德国学派的研究工作,并从一开始就能够对那些英国统计学家关于相关性的研究加以支持、批评或赞扬。他的建设性研究,尤其是他晚年的那些工作,集中于对他自己的"误差的一般性法则"的精益求精而颇为艰深的讨论上。我认为,埃奇沃斯之所以在这里采取独特的处理模式,部分乃是因为它所需要用到的假设最少,这样他就可以在更具有普遍意义的假说下得出结论,而不是把结论建立在其他统计学公式上。通过这种方式,他可以弥补他在现代统计理论逻辑基础方面的不足,这种逻辑基础与那种实用主义基础是截然不同的。

大约与他在撰写关于概率和误差法则的第一批论文的同时,也即在1883年,在他38岁之际,埃奇沃斯开始接触他研究的第五个课题——指数(Index Numbers),或以数学方法对经济价值的测量之应用。对这个课题的

---

[1] 对于自己早年信奉功利主义,埃奇沃斯是对其父反对玛利亚·埃奇沃斯在这些问题上的哲学态度的矫正。莫兹莱(前引书)记述道:弗兰克·埃奇沃斯"很早就对功利主义的空洞无物、冷漠无情和死气沉沉表现出强烈的反感。"

研究，为他一生的研究范围画上了句点。[1]这五项对数理心理学的应用包括：对效用或伦理价值的度量，经济均衡的代数或几何方法，对信念或概率的测量，对证据或统计的度量，对经济价值的测量或指数。这五项研究以及对它们的扩展、推论和阐释，构成了埃奇沃斯一生的工作。如果埃奇沃斯是那种长于撰写著作的人，那么，毫无疑问，在1900—1914年间，他可以写出五部以"数理心理学"为题的专著来。但事实并非如此。他在1877年和1881年出版了两部专著之后，又在1887年发表了第三部专著《米制或概率与效用的测量方法》。此书令人感到失望，可读性不大（据我了解，埃奇沃斯本人也同意这一判断）。在此之后，他也并未从专著写作回到论文写作，而是走了与马歇尔完全相反的道路，他开始沉湎于各种短文、小品、杂论的写作以及编辑事务当中。40年间，他以自己横溢的才华所迸溅出来的智慧的火花，照亮（同时也使之晦涩）了《统计学刊》和《经济学刊》的每一页。

我曾有一次问他为什么不试着写一部鸿篇巨制出来，他轻轻一笑，以其一贯的风格回答我说，浩繁之事，譬如撰写巨著或缔结婚姻，对他从来就没有吸引力。也许，他把这样的事情都看作是些徒然消耗心力却又得不偿失的吧，抑或这些事情超出了他的能力，也超出了他为自己划定的事业范围。这样的解释已然足够，奥卡姆的剃刀也不允许我再多言于此。但这其中也许还应存着一分乐于奉献的动机才是。

作为一门科学或研究，数理心理学并未能实现其最初设定的目标。我想，在上世纪70和80年代，人们认为它具有光明的研究前景合情合理。当年轻的埃奇沃斯选择它时，他可能期望自己能够做出可与那个时代物理学的辉煌发现相媲美的贡献来。但是，正如我在写到马歇尔逐渐对数理经济学改

---

[1] 我是指埃奇沃斯给《统计学刊》（1883）撰写的第一篇文章《判定黄金价值变化的方法》(The Method of ascertaining a Change in the Value of Gold)。接下来就是1887年、1888年和1889年提交给英国科学促进会的著名的备忘录，其中有一些后来重印于其《文选》(Collected Papers)第一卷中。

变态度时所做的评论之言，这一理想非但没有实现，而且已濒于破灭。像原子理论之于物理学那样的璀璨学说，并未在心理学领域出现。我们随处可见各类有机整体问题、离散问题和不连续问题——整体并不等于局部之和，数量上的比较归于无效，蝴蝶效应[1]往往而在，我们所做的均匀而一致的连续性假设无法让人感到满意。如此一来，数理心理学的结论就是从其他理论中引申而来的，而非构成其他理论基础的指数，这些指数并不是测量出来的，充其量只是对测量结果的初步近似；而且这些指数还常常出错，其近似不可能精确，所以，以这些指数及其近似所表达的东西，也就深可质疑。没有谁比埃奇沃斯更清楚这一切的了。在他一生的智力生涯中，他始终感到其所从事的学术之根基一直在不断地松动。他天性谨慎，追求完美，充满怀疑精神，再加上这些困惑，如此一来，我们也就不奇怪何以建立一个庞大而沉重的上层建筑不可能吸引得了他了。埃奇沃斯知道，他的脚下是薄薄的冰面，而他正是在这样的冰面上溜冰；岁月逐年而去，命运却跟他开了一个恶毒的玩笑，他越来越喜爱溜冰这项运动，同时也越来越对脚下的冰面心存疑虑。他就像为躲开魔鬼的目光而移开自己的视线之人，想通过隐晦、含蓄的措辞，而躲开命运的监察，他把波涛汹涌、危机四伏的黑海当成好客之海，把并不友善的真理之卫士当作好心之人。埃奇沃斯很少直面他的读者和那些想与他对话之人，他言辞闪烁，模棱两可，顾左右而言他，就好像总想趁人不注意而赶快溜走，却又被其他行人给拦住一般。

在他的《米制》一书于1887年问世之后，除了欧战期间所做的四次演

---

[1] 英文原文直译就是：小的变化会带来巨大的影响。这里，我们采取意译。"蝴蝶效应"（The Butterfly Effect）是指在一个动力系统中，初始条件下微小的变化能带动整个系统的长期的巨大的连锁反应。这是一种混沌现象。任何事物发展均存在定数与变数，事物在发展过程中其发展轨迹有规律可循，同时也存在不可测的"变数"，往往还会适得其反，一个微小的变化能影响事物的发展，说明事物的发展具有复杂性。因此，用"蝴蝶效应"作为这句英文的翻译，应该贴合凯恩斯的本意。——译者注

讲而集成的小册子之外,埃奇沃斯再未出版过单行本著作。[1]直到1925年才由他亲自编选,以皇家经济学会之名,出版了他那厚厚三大本的《经济论文选粹》(*Collected Economic Papers*)。这部书集中保存了埃奇沃斯对经济学这一学科的贡献,方便读者一窥其思想之全貌,除了上文所提到的《数理心理学》的一些章节之外,这些论文也都是埃奇沃斯本人希望留存后世的。

《经济论文选粹》的出版,对他是一个极大的慰藉。他性格谦冲,甘于淡泊,总是不会主动去做这样出风头的事情。但既然有人愿意为此事费心尽力,他也就顺水推舟,开始忙于遴选论文,应付出版事宜。该书出版之后,好评如潮,取得了巨大成功,世界各国的学术期刊纷纷发表评论,赞扬之声不绝于耳,就好像这位与世隔绝的作者刚刚被发现一样。我想,埃奇沃斯一定被自己所享有的如此之高的国际声誉给惊住了,当然,这也给他带来了极大的欣喜。

虽然他还在持续地写作学术论文,但其一生的最后35年时光,绝大部分都倾注在《经济学刊》的编辑工作上。人们从他那崇高的声誉出发,会把他想象成一位不谙世事、拙于俗务,在象牙塔中沉溺于玄思的人物。但是,作为与他在《经济学刊》共事15年之久的同事,我得说,这与事实的情形恰恰相反。作为一名编辑,他在实际事务中表现出了卓越的天赋。他工作守时,精通事务,在所有日常工作方面都值得信赖。他总是发现不了自己文章中的排印错误,[2]但对别人的文章却目光锐利。对于辨别什么是好的"校样",他

---

[1] 这四篇演讲是《论政治经济学与战争之关系》(*On the Relations of Political Economy to War*)、《战争的成本》(*The Cost of War*)、《战时的通货与金融》(*Currency and Finance in Time of War*)和《征收资本税》(*A Levy on Capital*),均不在其最好的作品之列。

[2] 他的文章向来难读,又常常充斥着排字错误,尤其是在那些符号部分,更糟糕。

天赋异禀（这同样不适用于他自己所写的东西），而且无有不中。他常常运用自己的编辑权利，苛刻地要求来稿简洁有力，[1]并总是凭借自己的影响力，支持那些有意义的选题，反对冗长的讨论方法论之类的文章（在他看来，德国的学术期刊深受此害）。我常常发现，自己为捍卫一些分量颇重的文章而不得不与他的苛刻斗争。是他，建立起了《经济学刊》这本杂志的国际声望，他为了把这种声望保持下去而殚精竭虑。我敢肯定，英国经济学家中没有谁比他更加精通外文的了，而且他与世界各国的经济学家都有着广泛的交往。埃奇沃斯热情好客，国外的经济学家无论是否知名，很少有到了伦敦而没有受到埃奇沃斯款待的。对于经济学在全世界的孤立状态，他感触极深，热衷于鼓励任何才智之士从事这门学科的研究，并以爱尔兰和西班牙传统中特有的优雅待之。他心胸宽大，毫无成见，虽然自己已然是德高望重之人，但对于晚生后进，提携奖掖，不遗余力，甚而有逾越常礼之嫌。他所有那些特立独行和古怪离奇之处，只是在自己的写作中才有所体现，而他那卓越的干才、对世务的精通，都奉献给了《经济学刊》这本杂志。

每一个认识埃奇沃斯的人，都会对他留有深刻的印象。但是，向那些不熟悉埃奇沃斯的人描摹他的性格却非易事。他宅心仁厚，富于热情，谦冲内敛，性情诙谐；对于人性，自有一种凌厉而直指人心的本领。同时，他也矜持自制，傲骨嶙峋，颇有城府，细腻敏感，拘泥于礼节，刻意于修饰；对于外部世界的压力，绝不屈服和让步。马歇尔在谈到埃奇沃斯的家世时常常会这样讲："弗朗西斯是个迷人的家伙，但对伊斯德罗你可得小心对待。"

埃奇沃斯体格健壮，精力非凡。年过70，仍然坚持登山；兴致若来，清晨之时也在冰冷的水中畅游，不知疲倦地在牛津的牧场上远足。他永远在工作，在阅读，在校改清样，在"查证参考文献"（出于对权威的尊重，他不愿

---

[1] 他发明了一种文章篇幅报酬递减定律，并颇以为重要。他认为，一篇文章如果超过10页，边际报酬率就会下降，若是超过20页，边际报酬率就会下降为零。

意以自己之口而表达任何东西，这花费了他大量的时间和精力），抑或在纸上推演他所深爱的深奥的定理（根据玛利亚·埃奇沃斯的记载，弗朗西斯的祖父也爱做这样的事），要么就是在写信，总之，他一直是只管勤勤恳恳地耕耘，而不问收获。到了晚年，要想与他进行连贯的讨论，已然不易——随着年龄的增长，他的身体状况每况愈下，注意力很难集中，让人颇不好受。但在写作方面，即便过了80岁，他也未尝在智力上表现出丝毫的减退；他是在工作中去世的，真是得其所哉！

埃奇沃斯终生未婚；这倒不是他不解风情。是他那难以共处的个性，而非他所持的对生活的观念，阻碍了他与别人形成真正的亲密关系。他没有享受到本应享受到的那么多幸福。不过，从诸多方面来看，他的个性更适宜于这种单身生活。他生活简朴，对于身外之物以极简为上；他不想为家室所累；对于个人享受，他丝毫不以为意。他的生活就是游走于教师休息室、图书馆和俱乐部之间，或者说，他的生活全然取决于在这些地方所获得的亲善之感。他身无长物——几乎没有什么家具，也没有什么器具，甚至连书也没有（他更喜欢到附近的公共图书馆阅读），他没有像样的笔记本，文具和邮票也没有。红丝带和胶水是仅有的我能想起来的属于他私人的东西。但他很注重仪表，总是穿戴讲究，很有自己的风格。他的长相更近于西班牙人而非埃奇沃斯家人。他前额宽阔，鼻子修长，面呈橄榄色，短髭在唇，显然经过精心修剪，双手非常有力，他相貌高贵，但他的衣着和与生俱来的某种别别扭扭的气质掩盖住了这一点。他在牛津万灵学院的住所很简朴。在伦敦时他住在弗农山5号，里面是两个空荡荡的房间，耸立在汉普斯特德（Hampstead）的悬崖上，俯瞰位于下面平原之上的城市，可以尽收眼底。这座房子是他50多年前在这里租了一周之后就买下来的。每年夏天，他会去爱尔兰圣乔治俱乐部住上几天。至于日常的饮食，他都是到万灵学院的配膳室和餐厅，或者在雅典娜神庙（Athenaeum）、萨维尔（Savile）或阿尔比马里（Albemarle）餐馆解决；阅读则是到大英博物馆、都柏林的三一学院以及皇家统计学会的图书馆去。

传说他在埃奇沃斯镇度过其孩提时代时,常常爬到苍鹭的窝里去阅读荷马的作品。这样看来,他总是居于尘嚣之外耽于玄想,而不太关心尘世上的诸多俗务,可谓所来有自。

F.P.拉姆齐

(1903—1930)

I. 作为经济学家的拉姆齐

剑桥大学国王学院研究员、曾经的温彻斯特学院和三一学院学者、麦格达伦学院院长之子、弗兰克·拉姆齐（Frank Ramsey），英年早逝，年仅26岁。这个人的离去，是经济学纯理论——尽管他的主要兴趣在哲学和数理逻辑上——的重大损失。在他很小的时候，我想大概是他16岁时，他早慧的头脑就对经济问题发生了强烈的兴趣。从他大学时代起，生活在剑桥的经济学家已经习惯在他那批判性和逻辑天赋的利刃之上试验他们的理论。如果他任由爱好驱使而走一条更容易些的道路，我不确定他是不是不再坚持那折磨人的思想和心理学基础的训练过程，而改换成这门道德科学中那条我们最感到适宜的分支道路上来。在思想和心理学基础训练中，心智试图捉住自己的尾巴，而在那条我们最感适宜的分支道路上，理论与事实、直观想象与实际判断以一种对人类智力而言舒适的方式混合在一起。

当他真从他已经习惯的怪石嶙峋的高山下到平地时，他仍然可以毫不费力地生活在一种比大多数经济学家敢于呼吸的、更为稀薄的大气中，用一种我们所习惯的举重若轻的优雅，操起我们学科的技术工具，克服着种种更为艰难的问题。但他在身后仅留给我们（不包括他的哲学论文）两个关于他实力的见证——他于 1927 年 3 月发表在《经济学刊》的《对税收理论的一个贡献》（*A Contribution to the Theory of Taxation*）以及于 1928 年 12 月发表在同一份杂志上的《一个关于储蓄的数理理论》（*A Mathematical Theory of Saving*）。其中后一篇我认为是对数理经济学最令人瞩目的贡献之一，这篇文章无论其题目的内在重要性和困难程度，其所运用的技术方法的力度和美感，还是读者所能感知得到的作者头脑借以驾驭该主题的表述上的清晰和纯粹，均可谓独步一时。对于一位经济学家来说，这篇文章是出了名的难读，但欣赏它把科学和审美结合得多么完美却不会有什么困难。

因此，对于他的朋友而言，这个人的离去，是那个个人品质和智识力量结合得天衣无缝的人的逝去，"死去何所道，托体同山阿。"留给他们的，将是长长的怀念。他体型笨重，咯咯地笑起来，一派天然，他的感觉和反应都迅捷无比，这其中有时候半是机警，偶尔还表现出近乎冷酷的率真，他心地诚恳，人也很谦逊，在他那饱满天庭下的智力机器里满贮着令人惊异的高效，他的脸上常挂着笑意，而现在这一切都离我们远去了。天妒英才，他的生命原本可以攀登到无与伦比的高山之巅，取得事业和生活的大丰收，但这一切都戛然而止了。

1930 年 3 月

11. 作为哲学家的拉姆齐

逻辑，就像抒情诗，不是中年人的工作，这本书中[1]有我们这一代人最聪慧的头脑之一所给出的一些最佳的阐释，作者去世时年仅 26 岁，惜哉！ 对于那些以现代方式思考基础问题的人们而言，我认为没有哪一本书能够与它等量齐观。这本书有许多地方都是尝试性的，尚未盖棺论定，而且也没有得

---

[1] 《数学基础》（*The Foundations of Mathematics*），F.P.拉姆齐著，卡甘·保罗（Kegan Paul）出版社 1931 年版。

到作者最后的校改，但对于一个作者给出最终完成的作品这种表面形式不过是一种纯粹的自我欺骗的主题来说，上述这些缺点殊不足道。

看过弗兰克·拉姆齐发表的所有逻辑论文，我们就能非常清楚地察觉到他所采取的思维方向。一个年轻人，如何在前辈们被压得喘不过气来的地方从事探索性的研究，然后在不到一周的时间里就能够充分消化他之前的工作，轻而易举即可领会任何人哪怕耗费 10 年光阴都难以理解的问题，并在此基础上予以推进，拉姆齐就是这样的典范。我们几乎不得不相信，拉姆齐 1903 年到 1904 年在麦格达伦附近的育婴室就已经无意识地汲取了任何人在三一学院的所思所写。1903 年，拉姆齐出生，这一年伯特兰·罗素（Bertrand Russell）的《数学原理》（*Principles of Mathematics*）出版，这本书给形式逻辑带来了新生，似乎在这个学科范围内建立了一个新的王国。这本书提出了若干悬而未决的基本问题，其后 7 年里，罗素和怀特海（Whitehead）更多地专注在他们合作的《数学原理》（*Principia Mathematica*）中所展示的数学与形式逻辑之间真实联系的技术问题，而非强调他们所赖以建立其逻辑大厦的基础问题。而与此同时，路德维希·维特根斯坦（Ludwig Wittgenstein）因其渴望与罗素交谈而被吸引到剑桥，维特根斯坦全身心地投入到逻辑分析的基础问题上来。他的《逻辑哲学引论》（*Tractatus Logico-Philosophicus*）主要写于战前，但直到 1922 年方才出版，此时弗兰克·拉姆齐正式登场，时年 19 岁，帮助准备此书英文版的面世，并向世界解释这本书那晦涩难懂的内容。今天，罗素认识到，生命的每个阶段都有其适宜的业余爱好，而逻辑的基本训练并不适于年至花甲之人。维特根斯坦在怀疑，他的下一部书是否能赶在时间的车马把他带到距离花甲之年更近之前完成，而拉姆齐，唉！ 就像一个年轻的地主到了他的土地进入丰收期的时候，却天不假年，英年早逝。

这本书的第一部分是由以前发表过的论文组成，包括对罗素和维特根斯坦的著作中遗留下来的基本问题所做的研究。拉姆齐花费了很大的气力把它们给解决了，而且处理得优雅而清晰，可能还非常成功。第二部分此前并未发表过，处理的是概率及相关主题，起首就是对我 1921 年出版的《论概率》(*Treatise on Probability*) 一书的批评。最后一部分也未曾发表过，因为它不够完整，而且也不甚令人满意。但它又最有意义，这种有意义不仅体现在它自身，也体现在作者于第一部分抛出的提示和对前人的工作所做的形式与客观上的处理方面的不断求索，在细节上向我们表明心智可以达到多么辽远的境界！　罗素的工作传递出来的第一印象，就是形式逻辑的领域被大大扩展开来。在罗素、维特根斯坦和拉姆齐的手中，形式化的处理日臻完善，但也逐渐使它变得内容空洞，简化再简化之后，只剩下了干枯的骨架。直到最后，它看起来不仅排除了所有的经验，也排除了合理思想的大部分原理，这些原理原本是广为接受的逻辑原理。维特根斯坦的解决方案是把所有其他的东西视为不可言说之物，对个人来说这诚然具有巨大价值，但却不能给予真切的讨论。拉姆齐的反应是向着他自己所描述的一类实效主义（pragmatism）推进，对罗素的进路有所同情，但对维特根斯坦的进路则颇为反感。"实效主义的本质，"他说，"我认为是这样的，一个句子的意义应参考其所将导致的行为予以定义，或者更含混地说，应由其可能的原因和效果予以定义。对此我很确定，没有比这更有把握的了。"

　　这样，他就被推向思考与"形式逻辑"截然不同的"人类逻辑"（human logic）上来。形式逻辑只关心一**致**思考的规则。但除此之外，我们还有某些"有用的心智习惯"，用来处理我们的洞察力、记忆力以及其他途径所提供的材料，从而达到或走向真理；对此类习惯进行的分析也是逻辑之一种。把这些观念运用于概率逻辑是非常富有成果的。有关概率问题，他不同意我所提出来的处理办法，拉姆齐认为，概率牵涉的不是命题之间的客观联系，而是（某种意义上的）信念程度，他成功地表明，概率运算意味着一套规则，这套规则可以确保我们所拥有的信念之程度体系乃是一个一**致性**的体系。这样一来，概率运算就属于形式逻辑。但我们信念程度的基础——或他们过去常称呼的所谓**先验概率**——是我们人类全套装备的一部分,可能只是由自然选择赋予我们的,类似于我们的洞察力和记忆力而非形式逻辑。到这里,我向拉姆齐让步——我认为他是对的。但在尝试着区分信念的"理性"程度与一般的信念上,我认为,他还没有取得太大的成功。仅仅说它是一种有用的心智习惯,尚不足以对归纳原理穷形尽相。不过,在尝试着一方面区分"人类"逻辑和形式逻辑,另一方面辨别"人类"逻辑和描述性心理学上,当形式逻辑得到良好的整理,其高度受限的范围得到适当的界定时,拉姆齐可能业已给出下一个研究领域的途径。

拉姆齐更容易让人想起休谟而非任何其他人,在他的常识和某类对整个事务讲求实际的实用性方面,尤其如此。读者会发现,有很多段落散发着他的心智之独有的风格,这种风格的表达——虽然未被他纳入哲学的诸种目标之内——令人赏心悦目。

1931 年 10 月

III. 短文撷英

拉姆齐的大部分著作都发表于其身后出版的文集《数学基础》以及《经济学刊》和《不列颠百科全书》上,非常具有技术性。不过,他生前未予发表,也从未为了发表而润色过的笔记,被汇总在《数学基础》的末尾处[1],其中不乏警句和零散的小品,我在下文从中挑选出一些,以飨读者。挑选的标准,是它们或许能传达出我在前文所称的"他的心智之独有的风格";虽然对于那些未能切身体会和感知其智力成果与人格的人来说,总是无法面面俱到,但还是能够打破那种单一的印象,并告诉我们,何以布莱特威特先生(Mr.Braithwaite)会公允地写道,他的去世剥夺了剑桥在智识上的主要荣

---

[1] 此书由卡甘·保罗出版公司于 1931 年出版,编者是 R.B.布莱特威特先生。出版者和编者惠允我在这里复印若干段落,对此我深表谢忱。

光之一。让我再引述高尔斯华绥·洛维斯·狄金森（Goldsworthy Lowes Dickinson）为弗兰克·拉姆齐和C.P.桑格尔（C.P.Sanger）（桑格尔是温彻斯特学院和三一学院的另外一位学者，几乎与拉姆齐同时去世，死时方在盛年）所写的一段话：

> 不能因为是一个剑桥人，我就对他们刮目相看，而且我也不打算这样做。不过，我想，确实有那么一类人，他们像所有美好的事物一样，寥若晨星，似乎以某种特有的方式与我的母校相联结。此刻浮现在我心头的，是像莱斯利·斯蒂芬（Leslie Stephen）[梅瑞狄斯（Meredith）[1] 笔下的弗农·韦特福德（Vernon Whitford）的原型]、亨利·西季威克（Henry Sidgwick）、梅特兰（Maitland）以及赍志而殁的弗兰克·拉姆齐和桑格尔这些人。他们是这样一类人：不世俗也不故作神圣，无野心也毫不怠惰，满怀热忱而不多愁善感。无论外界对他们做或好或歹的评说，他们只是循着他们看到的光明去追逐真理；能有所怀疑而不至麻木；满足于认识可以认识的事物，对于不可认识之物亦能持保留意见。这个世界不是由他们所驱动，因为行动的源泉深深地根植于无知和疯狂。但是，他们是暴风雨中的灯塔，世界需要他们，而且现在比以往任何时候都更加需要他们。愿他们的后继者永续不绝！

1. 哲学

哲学一定有某种用处，我们必须认真对待它；它必须能够澄清我们的思想，从而澄清我们的行动。否则，它就是一种我们不得不予以检视的意向，是一种要看看是不是这样的探问；也就是说，哲学的主要命题是，哲学是无意义的。然后，我们必须再次认真对待这种无意义，而不是像维特根斯坦那

---

[1] 英国作家爱德华·罗伯特·鲍尔·莱顿（Edward Robert Bulwer-Lytton）的笔名。——译者注

样，假装它是一种重要的无意义!

在哲学中，我们处理的是我们在科学和日常生活中所给出的命题，试图以一种逻辑体系把它们用原初的术语和定义等展示出来。本质上说，哲学是一套定义系统，或者就像常说的那样，是一种关于定义如何做出的描述体系。

我认为没有必要像摩尔（Moore）那样说，定义解释的是迄今为止我们的命题所意味的东西，而应该说它们表明我们意欲在未来如何使用它们。摩尔会说，这没什么两样，哲学不会改变任何人对"这是一张桌子"的理解。对我而言，它可能会；因为意义主要是潜隐的，因此一种改变可能仅仅被在稀少而关键的时刻得到彰显。而且，有时哲学应该分辨和区别之前模糊而混淆的观念，显然这仅仅意味着确定我们的未来。不过，很清楚的是，定义将至少给我们未来的意义，而非仅给出获得某种结构的美好方式。

我过去常常为极端繁复的经院哲学所给出的哲学性质而苦恼。我无法理解我们如何理解某个词汇，不能认识到这个词汇的既有定义是否正确。我没有认识到，关于理解的整个看法所具有的模糊性，它牵涉到大量的行为表现，这些行为表现可能无法、但却要求被保存。同义反复的逻辑问题，恒等式中的数学，定义中的哲学；所有这些都微不足道，却又是澄清和组织我们思想的重大工作的全部。[1]

2. 哲学思考

似乎对我来说，在澄清我们思想的过程中，我们会遇到我们无法通过定义其意义这种显而易见的方式来予以阐明的术语和句子。例如，理论术语我们无法定义，但我们可以解释它们所被使用的方式，在这种解释中，我们被迫着不仅要去看我们正在谈论的对象，还要看我们自己的心智状态。

---

[1] 《数学基础》，第263、264页。在这些引文中，各处只有很少的省略，我没有在每一个地方予以标识。我希望这样可以让读者们去阅读原文的全貌。

现在，这意味着我们无法在没有弄清楚意义的情况下搞清楚这些术语和句子，我们似乎进入了一个我们无法理解的情境之中，例如，关于时间和外太空，在首先没有理解意义的情况下，我们在说些什么，然而，不首先确切地理解世界和可能我们也牵涉其间的外太空，我们是无法理解意义的。因此，我们不可能把我们的哲学纳入一个朝向某一目标行进的有序过程中，但却不得不把我们的问题作为一个整体来看待，跳到一个同时解决的方案上去；这将具有一种假说的性质，因为我们应该不把它作为直接推论的结果来加以接受，而是作为满足我们若干条件的我们所能想到的唯一的一个结果来加以接受。

当然，我们不应该严格地谈及推理，但在哲学中有一种类似"线性推断"(linear inference) 的过程，在这个过程里，事物连绵不断地变得清晰起来；基于上述原因，既然我们无法将这一点贯彻到底，那么，我们处在科学家的一般性情况下，不得不满意于点滴的改良；我们可以将若干事物变得更加清楚，但我们无法将一切事物都变得清晰起来。

我发现，除非在一个非常有限的领域内，否则这种自我意识在哲学中是无可回避的。我们被驱使到推究哲理上来，乃是因为我们不能清楚地了解我们之所指；这个问题总是"我通过 x 表示什么意思？"而只有在非常偶然的情况下，我们才能不反思意义而解决这个问题。但处理意义这种必要性还不仅仅是一种障碍，它无疑还是通往真理的根本线索。如果我们忽略了它，我们可能会掉进孩子们在下面这个对话中所出现的荒唐境地："说早餐。""不会。""你不会说什么？""不会说早餐。"

对于我们的哲学来说，主要的危险除了懒散和含混之外就是经院哲学，这种哲学的本质是把模糊的东西当作好像是精确的一样，并且试图把它填到一个确切的逻辑范畴中去。下面这个维特根斯坦的观点是典型的经院哲学的体现，即认为我们所有的日常命题都是全然有序的，不合逻辑地思考绝无可能。(后面这句话就像说打破桥牌规则是不可能的，因为如果你打破了这些规则,你就不是在玩桥牌,而是像 C 夫人所说的,你是在玩非桥牌。)[1]

3. 有什么要讨论吗?

科学、历史和政治,除了专家外是不适宜讨论的。其他人只是处于需要更多信息的状况,直到他们已然获得了所有可以获得的信息,否则除了根据权威性而接受那些更有资格之人的意见之外无法做任何事。然后是哲学;对于门外汉来说,哲学也已经变得非常技术性。在这种不利条件之外,最伟大的现代哲学的结论是,没有哲学这样一门学科;它是一种活动,而非一种学说;它的目标不是回答问题,而仅是疗愈头痛。可以这样认为,除了这种其核心为逻辑的技术性哲学之外,有一类大众哲学,处理的是人与自然的关系以及道德的意义之类的问题。但是,认真对待这类主题的任何企图,都会把它们还原为或是科学问题,或是技术性哲学问题,又或者是更直接地导致我们察觉它们无意义……

我认为,即使有,我们也极少讨论基本的心理学问题,但更经常的是简单比较我们的若干经验,这不是一种讨论的方式。我认为,我们很少意识到我们的辩论有多么经常地采取以下的形式:

A:"今天下午我去了格兰彻斯特(Grantchester)。"

B:"不,我没有去。"

我们经常做的另外一件事就是,讨论哪些人们或行为我们感到可敬或可鄙。例如,当我们讨论感情专一时,A 说如果他不专一他会有负罪感,B 说他至少不会有负罪感。但是,这样的聊天虽然可以打发时间,但却不是在讨论任何东西,而只是对意见进行比较而已。

另一方面,真正的心理学是一门这样的科学,关于它我们大部分人还知之甚少,以至于很难让我们去以身相试一种判断。

最后,是美学,也包括文学。它们通常远比其他东西更能让我们感到兴

---

[1] 同前引书,第 267—269 页。

奋；但我们却不会对它们真正进行深入讨论。我们的论证也很脆弱，仍然处于"赶肥牛者自身也很肥"这个阶段，对于美学真正涵盖的心理学问题，我们几乎没有什么可说的，例如，为什么颜色的某些组合会给我们如此独特的感觉。我们真正喜欢做的事情是再次对我们的经验进行比较；在这种情况下，一种习惯特别有利，因为评论家能够对其他人指出这样一些东西，如果他们参与其中，他们就会获得他们所珍视的感受，否则即无法取得。我们不会，也不能讨论一件艺术品是否比另一件艺术品更好；我们只能比较它带给我们的感受。

我的结论是，实在没什么要讨论的；而这一结论与我关于普通的交谈也会取得的感受一致。它是一种相对较新的现象，源于两个原因，这两个原因贯穿了19世纪逐渐在发挥着作用。一个是科学的进展，另一个是宗教的衰落，这导致所有古老的一般性问题要么变得富有技术性，要么显得荒谬不堪。我们每一个人都不得不在这个文明发展的过程中重复着自身。例如，我作为大一学生很喜欢交谈和论证，胜过世界上的任何其他事情；但我逐渐认为它越来越不重要，因为除了购物和人们的私人生活之外，似乎从来都没有什么可谈的，而购物和人们的私人生活也都不适合一般性的交谈……

如果我要写一本《世界观》（*Weltanschauung*），我不会称它为"我信仰什么"，而是称它为"我感受什么"。这与维特根斯坦的观点是联系在一起的，他认为，哲学不会给予我们信仰，而仅能减轻我们智力上的不适感。而且，如果我和罗素的讲演[1]争吵起来，那将不会是针对他信仰什么，而是针对它关于罗素感受到什么的明示。没有人可以真正地和一个人的感受争吵；我们只是有着自己不同的感受而已，也可能把自己的感受看作更加可敬，或者对幸福人生更具有指导意义罢了。从这个立场看，它不关乎事实，而关乎感受，我将通过关于总体事物的一些评论进行总结，或者我宁肯说，这不是关

---

1 《我的信仰》。（这是罗素著名的演讲。——译者注）

于事物而是关于一般生活所做的总结。

我似乎与我的一些朋友不同。不同之处就在于,我从不认为物理上的尺度有什么重要性。宇宙浩渺,在它面前,我丝毫不觉卑微。星辰可能很广大,但它们不能思考,不能爱;这些品质留给我的印象,要远超过物理尺度所带给我们的震撼。我不会因体重超过 17 块石头而获得荣誉。

我的世界图景是用透视法绘制,而不是按照比例给出的模型。其中最醒目处都被人类所占据,日月星辰加在一起只有 3 个便士的硬币那么大。我并不怎么相信天文学,除了把它作为人类、可能还有动物的感觉过程的一部分而做的复杂描述之外。我不但把我的透视法应用于空间,也应用于时间。在时间上,世界会冷却,万物会死亡;但那是离我们很遥远的时间,以复利计算的贴现值几乎为零。现在之所以不是一无所值,乃是因为未来不会是空空如也。人性,填满了我的图景的最醒目位置,我觉得它很有趣,总体上也非常值得崇仰。我发现,至少是现在,这个世界还是一个令人感到愉快和兴奋的所在。你也许会觉得它令人沮丧;那我为你感到遗憾,你可以鄙视我。但我有我的理由,而你没有;如果你的感受以某种方式与事实相符,而按照这种方式我的感受却不会与之相符,那么,你将只是有个理由鄙视我而已。这个事实本身无所谓好坏;它只是让我感到兴奋,却让你感到沮丧。另一方面,我有理由为你感到惋惜,因为兴奋比沮丧更让人感到愉快,而且还不仅仅是更加愉快,对于一个人所有的活动而言,它都是更好的。

1925 年 2 月 28 日[1]

---

[1] 同前引书,第 289—292 页。

附录：我早年的信仰

译者按： 凯恩斯的这篇自传性的文章写于他的晚年。1938年秋天，在一小群亲密的老友之间，也即在忆往昔俱乐部（Memoir Club）的一次聚会上，凯恩斯宣读了这篇文章。后来，凯恩斯的朋友大卫·加内特（David Garnett）按照凯恩斯生前的意愿，把它与另外一篇在1921年同样于该俱乐部宣读的文章《梅尔基奥博士：一个被打败的敌人》（*Dr Melchior: A Defeated Enemy*）辑录在一起，1949年以《两篇回忆录》（*Two Memoirs*）为名出版。

鉴于这篇文章对于我们了解凯恩斯的信仰，尤其是他早年的信仰有着巨大的意义，同时，在这部凯恩斯为他所认为的属于"洛克学统"的英国先贤树碑立传的著作里，理应有一篇关于凯恩斯本人的传记文章，而这篇文章又是由他本人所写，因此，把它列入本书附录介绍给中国的读者，就再合适不过了。

凯恩斯在本书绪言中这样称赞他笔下的人物："这些伟大的先贤，即便不是绝顶智慧，也是最挚诚之人；即便不是极端俊雅之士，也最称得上温柔敦厚；即便称不上最为实干，也都是悲悯满怀、先忧后乐的无双国士；即便不是天赋异禀，也都是在人类心智的诸多领域之内取得最为坚实而卓著的成就之人。"把这些赞誉之词用在本书的作者凯恩斯勋爵身上，也丝毫没有过誉之嫌！

1914 年我与 D.H.劳伦斯（D.H.Lawrence）[1]会面的场景至今仍历历在目（伯尼[2]似乎认为是 1915 年，但我的记忆表明可能要更早一些），这次会面他在信里谈到过，这封信就是忆往昔俱乐部上次聚会时伯尼引用过的那一封。不过很不幸，关于那次会面，我虽然还依稀保留着一些印象，却无论如何也想不起其间的哪怕只言片语来。

那是伯蒂·罗素（Bertie Russell）[3]搞的一个早餐会，地点就在他位于内维尔庭院（Nevile's Court）的房间里。当时只有我们三个人。我猜想劳伦斯可能一直和伯蒂待在一起，之前一晚可能还有过其他见面或聚会，通过这些聚会，劳伦斯对剑桥有了正面的接触。也许他并不怎么把这当作乐事吧。[4]在我的记忆中，他外表看起来忧郁、沉闷，整个早上除了模模糊糊表达些敏感的异议之外，话说得极少。谈话大部分在我和伯蒂之间进行，而至于我们都说了些什么，我现在是完全没有任何印象了。不过，如果只有我和伯蒂，我们的谈话当然不会是这一类。谈话内容总是**围绕**着劳伦斯，有意让他也参与进来，但基本上不大成功。我们把沙发并拢，围坐在壁炉边。劳伦斯坐在右

---

[1] D.H.劳伦斯（1885—1930），英国当代小说家、散文家、诗人，是 20 世纪英国最独特和最有争议的作家，被称为"英国文学史上最伟大的人物之一"。在近 20 年的创作生涯中，劳伦斯为世人留下了十多部小说、三本游记、三本短篇小说集、数本诗集、散文集、书信集。——译者注

[2] 这里的伯尼和下文的伯蒂都是凯恩斯对伯特兰·罗素的爱称。——译者注

[3] 即伯特兰·罗素（Bertrand Russell，1872—1970），20 世纪英国哲学家、数理逻辑学家、历史学家，无神论或者不可知论者，也是 20 世纪西方最著名、影响最大的学者及和平主义社会活动家之一，罗素也被认为是与弗雷格、维特根斯坦和怀特海一同创建了分析哲学。他与怀特海合著的《数学原理》对逻辑学、数学、集合论、语言学和分析哲学有着巨大影响。1950 年，罗素获得诺贝尔文学奖，以表彰其"多样且重要的作品，持续不断的追求人道主义理想和思想自由"。他的代表作品有《幸福之路》《西方哲学史》《数学原理》《物的分析》等。——译者注

[4] G.E.摩尔（G.E.Moore）教授告诉我，那晚在大厅里他坐在劳伦斯旁边，也找不到什么可以和他说的，但后来劳伦斯被介绍给了数学家哈代（Hardy）教授，二人倒是有一场很长且很友好的探讨。从介绍劳伦斯给哈代的情况看，那个晚上是很成功的。（这段话是后来编辑此文的凯恩斯好友大卫·加内特所添加的一个脚注。——译者注）

手边，蜷缩在沙发里，低着头。伯蒂站在壁炉边，我想我大概也不时会起身站到壁炉旁，和伯蒂一样。我深感这场聚会真是让人感到失败，我们很难进行沟通，不过除此之外它也没有留给我其他特别的印象。两个老友一心想拉一位访客一起聊天，生恐把他晾在了一旁，这种场景你们都了解。我们以前从未谋面，之后也没有再见到过。多年以后在他出版了的书信集的一封信中这样记录：我是布鲁姆斯伯里圈子中唯一支持他的成员，因为我预订了他的《查泰莱夫人的情人》(*Lady Chatterley*) [1]。

这就是我对此全部的**记忆**。不过，从伯尼所讲的故事中我可以做出一些推断。就伯尼所描述的劳伦斯的生活经历而言，我认为，他受到了两大情感焦虑的诱因所影响。其中之一集中在奥特琳（Ottoline）身上。奥特琳一贯的作风是与不止一个圈子保持着交往。除了伯蒂，剑桥和布鲁姆斯伯里的圈子也正准备接纳她。劳伦斯、格特勒（Gertler）、加林顿（Carrington）都穿梭在她的石榴裙边。劳伦斯对于其他几个人颇为嫉妒；而剑桥的唯理主义和犬儒主义彼时正如日中天，自然对他也就颇为冷淡。我想，是伯蒂让他形成了对剑桥的初感。剑桥高高在上，令人倾倒，而又拒他于千里之外。这是他另外一个情感焦虑的根源。显然剑桥自有一种文化底蕴，独树一格，同样很明显的是，对他来说，这种底蕴令他感到不安而且难以企及——既拒人于千里之外，又令人无限倾倒。现在伯尼径自走入了他的生活，既非奥特琳的引荐，又非剑桥和布鲁姆斯伯里圈子的介绍；他显然非常喜欢伯尼；而当他看到**伯尼**正在为剑桥所吸引时，他显得妒火更胜，就像他妒忌奥特琳的新欢们一样。而抛开妒忌之外，劳伦斯与战前剑桥的对立情绪也严重得让人无法想象。

不过，当我们把这一切都摆在面前时，劳伦斯的感受当中有没有真实和

---

[1] 《查泰莱夫人的情人》是劳伦斯的最后一部长篇小说，出版于1928年，因大量情爱描写，在英美及中国被长期禁止发行。——译者注

正确的成分呢？大体上还是有的。他的那些反应虽然并不全面，而且有失公允，但它们通常也非毫无根据。我曾说过，对于那次谈话的内容我已经忘却。但可以想见，他的态度非常容易被击破——虽然不像弗兰克·比瑞尔（Frankie Berrell）[1]的态度那样容易，却都完全站不住脚。尽管就其表面价值而言，接受它或评价它都显得愚不可及，但在这种态度背后，他应对生活的方式是不是缺少了什么重要的东西呢？劳伦斯没有注意到生活中那些宝贵的东西——他对生活的粗暴理解不能不说是一大**缺憾**。伯尼的回忆勾起了我的回忆，使我重新回想起大战前十多年中我们的心灵史；如果这些回忆不会让俱乐部诸人过于震惊的话，那么，我愿意在这篇给俱乐部内刊的稿件中，回顾一下我们在心灵或精神而非肉体上曾经走过的历程，尝试着表达和回忆对一个白纸一般的心灵留下了怎样的印记，搞清楚所有这一切又是从何而来，以及我们是否仍然保持着年轻时的信仰。

我是在 1902 年的米迦勒节[2]这一天来到剑桥的。第一学年结束时，摩尔[3]的《伦理学原理》（*Principia Ethica*）出版了。我很少听说现在这一代还有人去读它，然而它对**我们**显然影响至深。这种影响以及围绕它所展开的讨论曾支配着一切，或许至今仍然如此。我们所处的时代，一个人的信仰会影响一个人的行为，这是年轻人的特性，人到中年则容易忘却。彼时我们形成的情感习惯，痕迹依然可辨，至今犹在。正是那些情感上的习惯，影响了我们中的大多数人，得以使这个俱乐部凝成一个集体，把我们与其他世人截然分

---

[1] 即弗朗西斯·弗里德里克·洛克尔·比瑞尔（Francis Frederick Locker Birrell，1889—1935），英国作家和书商。他受教于伊顿公学和剑桥大学国王学院，在剑桥期间与布鲁姆斯伯里群体关系密切，是利顿·斯特拉齐和大卫·加内特的好友。——译者注

[2] 米迦勒节（Michaelmas），意为天使长圣米迦勒的庆日，根据西方基督教的教会年历，这一天是 9 月 29 日。——译者注

[3] 即乔治·爱德华·摩尔（George Edward Moore，1873—1958），英国哲学家，与伯特兰·罗素一起被认为是分析哲学的主要创始人，代表作即《伦理学原理》（1903 年）。——译者注

开。尽管我们这些人性格各异,但对我们来说,这种影响却是共同的——摩尔本人是一名虔诚的清教徒,斯特拉齐[1](这就是他当时的名字)是一名伏尔泰主义者,伍尔夫[2](Woolf)是一名拉比,我自己是一名非国教教徒,谢泼德(Sheppard)则是一名国教教徒,而且(现在已经成为)一名牧师,克利夫[3]是一个快乐可亲的家伙,西德尼-特纳(Sydney-Turner)是一个无为主义者,霍特里(Hawtrey)是一个教条主义者,等等。而就在那些刚刚加入进来的人中,麦卡锡(MacCarthy)和安斯沃斯(Ainsworth)与摩尔有着深厚的私人情谊,受摩尔的影响最深。福斯特(Forster)那个时候我们见到的不多;那时他已经成了离群之马了。只是对我们这些在1903年很活跃的人来说,摩尔的影响完全取代了麦克塔格特(McTaggart)、狄金森(Dickinson)和罗素。这种影响不仅具有压倒性,而且完全是斯特拉齐过去常说的"不幸"的对立面。这一切是多么的令人兴奋啊,这是又一次文艺复兴的开始,这是一个新的人间天堂,我们是新天命的预言者,我们什么都不怕。可能正是因为我们在这种氛围中长大,所以,即便是在最为落魄失意的时候,我们也从来没有失掉活力,这种品质似乎在年青一代身上是看不到的。他们至多不过是对某些人物浮光掠影般地稍加效仿,非但完全不能超越,就连那些人物在心中的幻象也都逐渐淡化,以至湮灭。

---

[1] 即利顿·斯特拉齐(Lytton Strachey,1880—1932),也译为斯特拉彻或斯特雷奇,英国作家和文艺批评家,布鲁姆斯伯里群体成员,著有《维多利亚名人传》等。——译者注

[2] 联系上下文,此处应该是伦纳德·西德尼·伍尔夫(Leonard Sidney Woolf,1880—1969),英国政治理论家、作家、出版商。其妻子弗吉尼亚·伍尔夫(Virginia Woolf,1882—1941)是英国著名作家,被誉为20世纪现实主义和女性主义的先锋,著有《达洛维夫人》《到灯塔去》等。他们夫妇二人都是布鲁姆斯伯里群体成员。——译者注

[3] 即克利夫·贝尔(Clive Bell,1881—1964),英国形式主义美学家,当代西方形式主义艺术的理论代言人。早年在剑桥大学攻读历史学,后来对绘画产生强烈兴趣,并与女画家丝蒂芬结婚,布鲁姆斯伯里群体成员。主要著作有:《艺术》《自塞尚以来的绘画》《法国绘画简介》《19世纪绘画的里程碑》《欣赏绘画》等。——译者注

我们从摩尔那里获得的并不都是他所给予我们的。他一只脚踏在新天堂的门槛上，另一只脚则深陷在西季威克和边沁的功利主义计算以及正统行为的一般准则里。《伦理学原理》中有一章，我们是不屑一顾的。可以这么说，我们接受了摩尔的宗教信仰，但却抛弃了他的道德信条。实际上，在我们眼中，正是他的宗教信仰最大的优点之一，使道德信条不再必要——"宗教信仰"指向人本身以及终极目标，而"道德信条"则指向外部世界和中间物。一个人如果心怀宗教信仰，却又不奉守道德信条，这样会产生什么样的后果，我在后面再回来说明。

即使我们这个俱乐部的新成员知道宗教信仰为何物，（他们真的知道吗？）在这里，对它的大致轮廓尝试着做一番回顾，对我们每个人都将不无裨益。除却心灵的状态（states of mind）——当然是我们自己以及其他人的，但主要是我们自己的——其他一切均无关紧要。这些心灵状态与行动、成就、结果都没有什么关系。它们超越时间，它们是深沉的凝思和热切的交流，它们无"先"无"后"。按照有机统一的原理，它们的价值存在于事物的总体状态之中，对各个部分进行分析毫无用处。例如，一个人处于恋爱中的心灵状态，其价值（value）不仅取决于他自己的感情的性质，还取决于在他的对象心中的价值（worth），以及对象感情的性质和他们相互之间的爱慕之意。但是，如果我没有记错的话，它不取决于，或者不十分取决于一年后发生了什么或双方对它的感受如何，在我看来这才是一种理智的态度，虽然我本人始终支持有机统一的原理。深沉的凝思和热切的交流，它的适宜对象是被爱的人，是美与真，生活的首要目标就是爱，就是审美体验的创造和享受，以及对知识的追寻。在这一切当中，爱最是长久。但在受到摩尔影响的早些时候，公众对爱的态度以及对与爱有关的行为总体上是严肃的和柏拉图式的。我们中有人可能认为，肉体的欢愉会破坏和减损作为一个整体的心灵状态。我记不起是哪一天，斯特拉齐发布敕令说，使用那些关于性的拉丁语的专门语汇无可厚非，避开它们才是个严重的错误，甚至含混地使用它们都是软弱的表现，而使用其他的同义词则属于粗俗不堪。虽然记不起是哪一天，但我肯定这是后来的事。在1903年，那些词语甚至都没有作为专用的语汇普遍出现在正式的讨论里。

我们的宗教信仰紧紧追随着英国的清教传统，它主要与我们自己的灵魂救赎有关。神性只存在于一个封闭的圈子内。在"善心"（being good）和"善行"（doing good）之间，并没有非常紧密的联系；我们有这样一种感觉，在实践中，存在着某种后者干扰前者的风险。然而，一种适宜的宗教，它不同于现代旨在提供"社会服务"的伪宗教（pseudo-religions），总是具有那样的特性；或许，我们的宗教信仰是完全超然的——它对财富、权力、声名或成功毫不在意，视之如粪土。

我们如何才能知晓哪种心灵状态是好的呢？ 这是一个关于直接省察的问题，是一个关于直接的、不可分析的直觉的问题，对这种直觉进行论证，既徒劳，也不可能。在那种情况下，一旦发生意见分歧，又该如何断定孰是孰非呢？ 这里有两种可能的解释。一种解释是，双方真正讨论的可能不是同一件事情，也就是说，双方的直觉指向的并不恰好是同一对象，根据有机统一原理，对象上的失之毫厘就可能会造成结果上的谬以千里。另一种解释是，有些人的判断力更加敏锐，正如有的人能分辨出葡萄酒的产地，而其他人却做不到这一点一样。就我的记忆所及，总体上来说是这种解释更加盛行些。实际上，在观点的论争上，胜利者总是属于那个表达最清晰、对自己充满自信，而又最能完美无瑕地运用语音语调的人。当时，摩尔是这方面的大师——每当听到别人的发言，他总露出怀疑的神情——"你真的是**这样**想的吗？"他的表情就仿佛听到了什么愚蠢的事情，他的嘴大张着，使劲地摇着头，以致头发都跟着剧烈地抖动起来。"什么！"他大声叫道，对你侧目而视，就好像不是你疯了就是他疯了一样，搞得你无言以对。斯特拉齐的办法则大不一样：他总是不动声色，就好像他的观点毋庸置疑，根本无须多言，这种保持沉默的办法也很有效果，对那些他认为不可理喻的事情可以应付裕如。伍尔夫很善于表达否定，但他更擅长的莫过于让你感到，与其同他争论，还不如自己说服你自己。狄金森则晓得如何耸耸肩膀，然后不服气地走开，不过总是悻悻然地走开的。至于谢泼德和我，我们只能像摇摆不定的可怜虫，不过，是那种最终受到鼓励，讲起来滔滔不绝的可怜虫，可见，可怜虫至少有权利摇来摆去。但毕竟，我们之间的差别都只是细节上的差别而已。一般来说，我们肯定都知道什么是好的心灵状态，也都知道它们存在于与爱的对象、与美和真的交流之中。

我曾称这种信念是一种宗教信仰，而它确实与新柏拉图主义（neo-platonism）[1]存在着某种关联。但在当时，我们对这种想法却非常愤怒。我们把这一切都看成是具有完全的合理性和科学性的。像其他科学分支一样，它无非是逻辑和理性分析对表现为感觉数据的材料所做的应用。我们对善的理解，恰如我们对绿的理解，而且我们可以用适于后者的逻辑和分析方法来对待前者。实际上，我们是把一种关于经验性质的教条态度与过于学究气的处理方法结合了起来。罗素的《数学原理》（*Principles of Mathematics*）和《伦理学原理》同年问世；从精神上说，前者为处理后者提供的材料给出了一种解决方法。让我给你们列出几个我们以前经常讨论的诸如此类的例子吧。

如果 A 爱上了 B，而且认为 B 也同样爱上了他，然而，事实上 B 并没有爱上他，而是爱上了 C，很显然，如果 A 没有会错意，事情就好办多了。既然会错了意，那么，是让 A 发现自己的错误好，还是一直蒙在鼓里好呢？ 是 A 这样蒙在鼓里爱着 B 好，还是压根就没有爱上 B 好呢？ 由于 A 的眼力不足以看透 B 的复杂内心，那么，如果 A 爱上了 B，是不是全部或部分地破坏

---

[1] 新柏拉图主义是公元 3 世纪由亚历山大城的普罗提诺发展出的哲学派别，是古希腊文化末期最重要的哲学流派，对基督教神学产生了重大影响。该流派主要基于柏拉图的学说，再加上斯多葛学派、亚里士多德的思想融合为一个体系，但在许多地方进行了新的诠释。新柏拉图主义主张所有存在皆来自一源，借此个别灵魂能神秘地重返为一；亦强调存在层级的多重性，只能被感官所感知的物体世界处于最低层级。——译者注

掉了Ａ的心灵状态的价值呢？假如时光逆转，我们的生活体验顺序完全颠倒过来，这会不会影响我们的心灵连续状态的价值呢？如果把我们每个人享有的心灵状态汇集起来，然后重新分配，这又会不会影响它们的价值呢？有些好的心灵状态却有着坏的结果，有些坏的心灵状态却有着好的结果，我们又该如何将好的心灵状态的价值与坏的心灵状态的价值进行比较呢？在对这些结果进行评价时，我们是该按照它们最终呈现的实际价值，还是该按照它们在当时的可能价值进行呢？如果按照它们在当时的可能价值来评价，那么，我们又该在进行这些计算之前收集多少关于可能结果的证据呢？关于美，是否存在独立的客观评判标准呢？也就是说，根据定义，一件美的事物，对它进行思索是否有益？或者说，是否存在一件真实客观的"美"的属性，就像"绿"和"善"一样？而知识，同样也是一个问题。是不是所有的真理都一样值得追求和思考呢？——比如说，数清楚一滩海沙的颗粒数有意义吗？我们极力否认这样的观点，即有用的知识比无用的知识更可取。但是，我们却又轻率地以为，存在一种一度称之为"有趣"的内在品质——尽管这可能与"绿""善""美"这几个概念很不相干——而我们准备认同的是，"有趣"的知识可能比"无趣"的知识更值得追寻。如果"重要"明显不意味着"有用"，那么，"重要"就成了另外一个有竞争意义的修饰语。或者，让我们回到那个我们最喜爱的话题上来，短暂而热烈的爱是否好过更持久却更平淡的爱？我们倾向于认为答案是肯定的。但是，现如今我所说的这一切，已经足以让我们明白：我们曾沉迷其中的测度问题是何其的困难！

这都是受了摩尔的方法的影响，根据他的方法，你可以通过使用精准的语言和提出确切的问题而令基本上模糊的概念变得清楚起来。这是借助于完善的语法工具和清晰的语汇发现问题的一种方法。"你**到底**是什么意思？"这是最常挂在我们嘴边的一句话。反复询问之下，如果你还是没能确切地表达任何事物，那么，你就会受到强烈的怀疑，会被认为言之无物。这是辩证法中的一种严格的训练；但实际上它是一种斗争。在这种斗争中，人格的力量真是比思维的精妙在价值上大得多。在他那部伟大著作的序言里,通过许许多多的斜体字,了解他的读者仿佛真的可以听出他那一如维多利亚女王一样热烈的说话方式。摩尔一开篇就指出,伦理学上充满困难和争论的一个主要原因就是"不首先去精确发现你所希望回答的是**什么**问题,就试图作答……一旦我们认识了这两类问题的真正意义,恰恰是哪种理由适宜作为它们的任一特殊答案的证明或反证,也就清楚了。"所以,我们先来花点时间搞清楚我们所问的到底是什么问题,只要我们能问出准确的问题,那么,每个人都会知道答案。实际上摩尔就是这样做的。在他那篇《理想》(*Ideal*)的著名章节中,他这样写道:

> 的确,一旦问题的意义得到清晰的理解,那么回答这一问题的要点似乎就显而易见了,这听起来颇似老生常谈。我们所知道或能够想象的最为有价值的事物,是某些意识状态,可以大致将其描述为人类交往之快乐或美的对象之享受。任何一个向自己提出过此问题的人,也许决不会怀疑:个人对艺术或自然中美的事物的热爱和欣赏,就其本身而言是善的;如果我们严密地思考一下,哪些事物**纯粹因其本身的缘故**是值得拥有的,那么任何人似乎也不可能认为:除了包括在这两大项目之内的事物,其他事物也**几乎**具有它们那样巨大的价值。[1]

然后就是快乐(pleasure)问题。当时间慢慢来到了20世纪的10年代,我想,我们对于快乐有些犹疑了。但是,在我们的全盛时期,快乐根本不成其为问题。我会朦胧地强烈认为,如果两种心灵状态在所有其他方面都相同,只是一个人快乐而另一个人痛苦,那么,关于前者**或许**也就有些可说

---

[1] 这篇文章中有关《伦理学原理》的引文翻译,一部分参考了上海人民出版社2005年出版的、由长河先生翻译的《伦理学原理》的相关译文,一部分参考了2018年商务印书馆出版的、由陈德中先生翻译的《伦理学原理》的相关译文,谨表谢忱。——译者注

的，但有机统一原理不允许我这样做。当时普遍的观点是（虽然不完全来自《伦理学原理》），快乐与要讨论的问题无关，而且总体而言，快乐的心灵状态总会令人怀疑是否缺少深沉而又浓郁的激情。

在那个时候，X 还没有对女人产生兴趣，伍尔夫也还没有喜欢上搞恶作剧，他们都不像现在这样快快乐乐。他们两个总是待在黑黢黢的房间里，面对面坐在壁炉旁的柳条椅中，默然无言。只有在低声说着所有好的心灵状态都极其痛苦，而所有痛苦的心灵状态都极其美好时，他们才会停下来不抽烟斗。斯特拉齐也支持他们——只有在他的第二个童年里，利顿才开始享受快乐——虽然他并不像他们两个人那样总是郁郁寡欢，而只是时不时地感到忧伤。但谢泼德和我却总是沉溺于快乐（cheerfulness），为此颇受羞辱。有一天晚上，我们变得不服管教、胆大妄为起来，坚持认为快乐本身无可厚非，这真是可怕的一幕。结果，他们做出结论：与三一学院的简朴肃穆相反，这种低级趣味正是国王学院独有的特征。

苏格拉底（Socrates）[1]曾劝导普罗塔修斯（Protarchus）[2]说，纯粹的享乐主义是荒谬而无意义的。摩尔本人则把快乐看作是其他美好事物状态的点缀。但摩尔痛恨恶（evil），他在他的宗教信仰中为不可宽恕的惩罚觅得一席之地。"不仅事物状态的快乐程度并**不**与其内在价值成比例，甚至可能确实会增加其恶……对一个具有恶的心灵状态之人施加痛苦，如果这种痛苦并不太强烈，就可能造成这样一种事物状态，它**整体说来**比这种恶的心灵状态不受惩罚的情况要好些。至于这种事物状态是否能构成一**实在的善**，这是另一个问题。"[3]请注意"如果这种痛苦并不太强烈"这个限定条件。我们的理想

---

[1] 苏格拉底（公元前 470—前 399），古希腊哲学家，与追随者柏拉图及柏拉图的学生亚里士多德并称为希腊三圣贤，被认为是西方哲学的奠基者。——译者注

[2] 普罗塔修斯是柏拉图所著《菲力帕斯篇》中与苏格拉底对话的人物之一，他提倡身体的快乐（pleasure，享乐主义），苏格拉底则提出了更高的快乐（例如心灵上的愉悦感）和更低的快乐。——译者注

[3] 这一段参考了长河先生的相关译文。——译者注

(Ideal)是拥有一个仁慈的上帝。

我们就是在这样的环境中长大的——专注于柏拉图的本质上的善,凌驾于圣托马斯(St. Thomas)[1]的经院哲学,受教于远离世俗名利场上成功与快乐的加尔文教派[2],还压抑着像维特(Werther)[3]一样的所有忧伤。但这并不妨碍我们常带欢声笑语,我们洋溢着自信,满怀优越感,鄙视群氓。但这种心灵状态并不是一个成年人的良知所能始终维持下去的。当麦卡锡来度周末的时候,他就会温情脉脉地微笑着邀请摩尔到钢琴边来演唱他的德国浪漫曲,我们一起感受这美好的心灵状态。或者鼓动鲍勃·特里维(Bob Trevy)做一次断断续续的演讲,在演讲里滑稽而狂乱地模仿一些人物,妙趣横生之中,你完全没办法判定哪些是鲍勃自己的表演,哪些是他在模仿别人。

回首往事,似乎在我看来,我们的信仰是非常有利于我们的成长的。尽管今天人们已经可以心平气和地怀着良知而不再算计和衡量,不再把确切地了解我们的所知所感作为职责,但我仍然认为我们的信仰更接近于真理,它把那些无关的问题抛在一边,它也不包含任何的羞耻心理。它所带来的纯净而美妙的氛围远远胜过弗洛伊德和马克思。因而,它仍然是我内心的信仰。上个星期,我又重读了摩尔《理想》的那著名一章。他试图确定生活中的行为品质和生活的总体模式,而这些都被人们统统抛诸脑后了。他沉浸于一

---

[1] 即圣托马斯·阿奎那(St. Thomas Aquinas,约1225—1274),是欧洲中世纪经院哲学家和神学家,自然神学最早的提倡者之一,撰写的最知名著作是《神学大全》。——译者注

[2] 即加尔文宗(Calvinists)亦称"长老会""归正宗""加尔文派",是基督教的新教三个原始宗派之一。加尔文宗宣称人因信仰得救,《圣经》是信仰的唯一泉源。主张上帝预定说,认为人的得救与否,皆由上帝预定,与各人本身是否努力无关。——译者注

[3] 维特,德国著名作家、诗人歌德《少年维特的烦恼》一书的主人公。维特出生于一个较富裕的中产阶级家庭,受过良好的教育,能诗善画,热爱自然,多情善感。偶然结识并爱上了一个名叫绿蒂的姑娘,而姑娘已同别人订婚。爱情上的挫折使维特悲痛欲绝。之后,维特又因同封建社会格格不入,感到前途无望而自杀。——译者注

种永恒的、难以自抑的喜悦之中。他把自己的独特情感转化为抽象语言的方式是多么富有魅力，多么令人惊喜啊。你是否还记得那个段落呢？ 如果一个人更注重精神品质，那么当他爱一个人的时候，是否应该看重美貌（good-looking）呢？ 他的结论是，美貌要略胜"精神品质"一筹。这个段落如此曼妙，我且毕恭毕敬地引述于下：

> 我认为，或许我们可以承认，在这种钟爱最有价值的地方，对这种精神品质的欣赏就必定构成钟爱的很大的一个部分，这一部分的出现，使得整体要比它没有出现时更有价值。但是这一欣赏凭其自身是否能够具有，它在其中与对所讨论的精神品质恰当的**有形**表达的欣赏结合在一起的整体所具有的价值，这一点非常可疑。可以确定，在所有实际的有价值的钟爱情形中，身体对特征的表达，无论是见之于仪表，见之于言辞，还是见之于行为，的确都构成了所钟爱的对象的一部分，而且包含了这些表达的事实，看来也增加了整体状态的价值。的确，如果不伴之以**任何**有形的表达，很难想象**单**是精神品质本身会是什么样子；而且，就我们所能够成功地做出的这种抽象而言，所考虑的整体当然没有什么价值。我因而得出结论说，可赞美的精神品质的可赞美性，主要是由于这种赞美所属的整体胜过不具有这种赞美的整体，而不在于这种精神品质本身所具有的任何巨大的内在价值。这种精神价值所具有的价值，是否与仅对有形美的鉴赏确实具有的价值一样大，也即对具有极大内在价值的东西的欣赏，是否与对纯粹的美的东西的欣赏一样有价值，这一点甚至都是可疑的。
>
> 不过，如果我们进一步考量可赞美的精神品质本身的性质，就可以看出，对其恰当的鉴赏，就会以另外一种方式涉及对于纯粹物质之美的参照。如果我们前面的结论是正确的，那么，可赞美的精神品质确实很大程度上在于对于美的对象的有情感的欣赏。因此，对于它们的欣赏根

本上在于对这种欣赏之欣赏。对于人的大部分有价值的欣赏，似乎就在于对他们对别人的鉴赏之鉴赏，这一点是对的。但是即便是在这里，也涉及对物质之美的参照，这**不但**是就上一例子中被欣赏的东西也许是对纯粹美的东西的欣赏而言，**而且**是就对人的大部分有价值的欣赏似乎包括对其有形表达的欣赏而言。因此，尽管我们承认，欣赏一个人对另一个人的态度，或者比如说对于爱之爱，是我们知道的最有价值的善，但是，只有在把前者首先理解为在不同程度上直接**包括**后者时，我们才可以承认这一点。[1]

与摩尔关于"理想"（Ideal）的那一章比起来，《新约全书》不过是给政治家们阅读的一本手册而已。自柏拉图以降，我不知道还有什么文字能与这一章相提并论。它甚至要胜过柏拉图，因为它从不耽于**玄想**。它传达出了摩尔思想中的美感，以及他的识见的纯粹和饱含的激情，和他的从不耽于玄想及从不流于斧凿。摩尔曾做过这样一个梦，在梦中他分不清命题和桌子的区别。但即使在他清醒的时候，他也无法把爱、美与真，同家具区分开。在他看来，它们同样轮廓分明，同样稳固、坚实、客观，它们的存在如同常识一般。

没有理由放弃《伦理学原理》中那些基本的直觉，尽管与内容丰富多彩的经验事实相比，它们显得过于简单，范围也过于狭窄。但它们提供了一种与外部事件全然无关的经验上的理由，这已经变成了一种分外的安慰，虽然，对我们这些人乃至所有人来说，今天都已经不能安然地生活在个人主义之中，但这种个人主义却正是爱德华治下早期所取得的杰出成就。

我与 D. H. 劳伦斯还是相去甚远，当他说我们已经"不中用了"时，对

---

[1] 关于此段引文，译者对比了上海人民出版社长河先生的有关译文，以及商务印书馆陈德中先生的相关译文，斟酌损益，而且陈先生的译文中似乎也可以看到他至少也是阅读过长河先生的译文的，所以，最后以陈德中先生的译文为主要参考对象译出。——译者注

于他原可以给出的理由，也与我关山远隔。即使是现在，我也还是不准备讨论这个主题。首先，我必须解释一下我们的信仰当中的其他层面。到目前为止，我们讨论的是个人对自己以及对他人的态度，那么我们对外部世界的态度又是如何呢？又当如何理解我们与外部世界的关系呢？

摩尔著作的重要目的之一，就是区分作为心灵状态属性的善（goodness）和作为行为属性的正确（rightness）。关于行为的一般法则，他也有所论述。在他关于正确行为的叙述中，对概率的思考所起到的巨大作用对我来说的确非常重要，是这些思考促使我把我许多年里所有的闲暇时间都用于研究这一课题。我的写作受到了来自摩尔的《伦理学原理》和罗素的《数学原理》两方面的影响。[1]然而对于我们中的绝大部分人来说，正如我前面所说的，我们还没有注意此书在这方面的特点，也还没有对它尽量加以运用。我们沉醉于那些华而不实的眼前时光里，却还没有开始玩这种关于结果的游戏。我们生活在柏拉图《对话集》（*Dialogues*）的世界中，还没有到达他的《理想国》（*Republic*），更不用说他的《法律篇》（*Laws*）了。[2]

这带我们向前迈进了一大步。因为我们已把享乐主义抛出窗外，又放弃了摩尔那些很成问题的利益计算，从而完全回到了当下的现实体验中来。社

1　这里的写作是指作者当时在写的一本数学论著，即后来出版的《论概率》一书。——译者注

2　《对话集》是柏拉图代表作之一，是柏拉图对话系列的统称，包括《申辩》《克力同》《游叙弗伦》《拉齐斯》《吕西斯》《查米迪斯篇》等10余部著作。《理想国》是柏拉图创作的哲学对话体著作，也是他最重要的著作之一，主要论述了柏拉图心中理想国的构建、治理和正义，涉及面广，思想博大精深。《法律篇》是柏拉图最长的著作，约30万字，是柏拉图晚期的作品，柏拉图在74岁高龄时才着手写《法律篇》第一卷。柏拉图在去世时并没有留下一部完整的稿子，至多只是有一个初稿。现在人们看到的《法律篇》是柏拉图死后由他的学生奥巴斯的腓力浦整理后出版的。《法律篇》大致全面地反映了古希腊，特别是雅典的城邦的建立、地理位置、政府结构、选举制度等情况。对话内容涉及法律、宗教、教育、历史、哲学、艺术、伦理、外交、贸易、家庭、婚姻、技艺、公民生活等。前三卷主要讨论立法的宗旨和立法者必须具有的素养和条件。第四卷到第十二卷分别论述各种法律和法律制度。——译者注

会行为本身即是目标,而不仅仅是在我们理想之外的令人忧伤的责任。不仅仅社会行为是如此,生活中的一切行为:权力、政治、成功、财富、野心都是如此,另外还有经济动机和经济标准,尽管这在我们的哲学中并不像那位至少会为鸟儿募捐的圣方济各(St. Francis of Assisi)[1]看待得那样突出。因此,我们成了这一代人中最早,也许是唯一的摆脱了边沁传统的人。实际上,起码就我自己来说,我当然没有把外部世界抛到九霄云外。我只不过是在反思早些年里,当我们认为凝思和交流的人生应当排斥其他一切目的时,我们的理想(Ideal)到底是什么。在这篇回忆录中,我并不准备解释为什么摆脱了边沁传统就是一大进步。不过,我的确认为,正是边沁主义传统在蚕食着现代文明,它应当对现今的道德败坏负责。我们过去总是把基督徒看作我们的敌人,因为他们似乎就是传统、保守和哄骗的代表。实际上,是把经济标准奉为圭臬的边沁的功利主义计算在破坏着大众的理想品质。

不仅如此,正是逃离了边沁的传统,再加上我们哲学中始终奉行不渝的个人主义,使我们所有这些人都避免了从边沁主义的矫枉过正到荒谬的马克思主义。实际上,我们没能保护我们的后辈们,也没能使他们满意,因为我们完全没有提出能与这种虚假的经济信仰相抗衡的东西。不过,我们自己——不知道我可不可以说"所有"我们这些人——还都能免于这种病毒的侵害。我们有我们最后的避难所,正如罗马教皇有他的最后避难所一样。

这就是我们所从中得到的一切。但摩尔不仅仅在第五章《关于行为的伦理学》中讨论了行为的义务,即应当通过因果联系在未来的多个世代中创造

---

[1] 圣方济各(San Francesco di Assisi,1182—1226,又称亚西西的圣方济各或圣法兰西斯)天主教方济各会和方济女修会的创始人。圣方济各出生于富裕家庭,二十几岁之后,他放弃了财产和家庭,过着清贫生活,进行隐修,后开始讲道,并到各地传教。他穿着粗布衣服,赤脚来到耶路撒冷,而且照《圣经》的说法连拐杖也没有,四处呼吁大家要反省悔过。很快,城内有名望的人士伯纳多·昆特瓦雷把所有财产都贡献出去来跟随他,而在一年内有11个跟随者陆续加入。这就是天主教方济各会的起源。——译者注

出最大可能的善（这部分的讨论充满了谬误），而且还指出了个人遵循普遍原则的义务。我们完全否认个人有遵循普遍原则的义务，我们主张根据事情的是非曲直加以实事求是地分析。智慧、经验和自制力正可以胜任这一切。这是我们的信仰的重要组成部分，我们毫不动摇地维护着它，在外部世界看来，这正是我们最明显和最危险的特征。我们拒斥那些传统的道德、保守的观念和陈腐的智慧。严格意义上说，我们是非道德分子（immoralists）。考察其后果就应该考虑其价值所在。我们不承认有什么道德义务或内在约束，我们也不准备顺从或遵守什么。在天堂面前，我们自己对自己进行审判。我逐渐意识到，这也许更像是俄国式的特点，总之英国不是这样的。这产生了一种虽然有所隐藏却普遍存在的自我怀疑，怀疑我们的动机和行为。这种怀疑在某种程度上依旧存在，而且仍将继续存在下去。它笼罩着我们与外部世界相关的生活。现在，我认为，这种怀疑是有正当理由的。然而，就我自己来说，要改变就为时太晚了。我一直是，并将永远是，一个非道德分子。

然而，我并不认为我们的行为准则是惊世骇俗的。不过，即使当我们完全正确之时，也往往会令人震惊。正如我现在所认为的那样，其中至关重要的一点在于，这样一种看法的基础是薄弱的，它建立在一种"先验的"人性论的基础之上，它对其他人以及我们自己的人性所持有的看法，是一个灾难性的错误。

我说过，我们是最先摆脱边沁主义的人。但我们却是 18 世纪另一项异端邪说的坚定继承者和拥护者。我们是最后的乌托邦论者，或者是人们有时称作的社会向善论者。我们相信，人类的道德水准将会不断进步，因为人类已经拥有了一批值得信赖的、理性的和正直的人们，他们在真理和客观标准的引导下，能够摆脱那些传统的、保守的观念和陈腐的行为准则，并且自此以后，形成他们自己的信念、纯洁的动机以及关于善的可以信赖的直觉。"**人的本性还算好的**"（human nature is reasonable）这一观点在 1903 年之后就绵延不绝。它存在于自利（self-interest）——这被称为合理的自利——的伦理学之中，正像它存在于康德和边沁的指向普遍的善的一般伦理学之中一样。正是由于自利是"合理的"(rational)，所以才可以认为个人主义体系和利他主义体系在现实中的结果是相同的。

简言之，我们反对各种版本的原罪说，我们对人的内心存在罪恶之源的愚蠢说法嗤之以鼻。我们也并不认为文明是建立在个人和少数人意志之上的摇摇欲坠的大厦，而只能凭借那些用欺骗的计谋来设计、以诡诈的手段来维持的律条和习俗支撑下去。我们对传统的智慧和习俗的桎梏心存大不敬。正如劳伦斯所观察到的，以及如路德维希（Ludwig）所说的，我们不尊敬任何事和任何人。我们也不准备尊重那些为制定生活秩序（正如今天所表现出来的）做出杰出贡献以及精心维护这一秩序的前辈们。柏拉图在他的《法律篇》中说道：最好的一套法律就是禁止年轻人询问法律的是非，而老年人却可以在年轻人不在场的时候把他们发现的法律中的缺陷，通报给统治者或其他老年人。这是一句空洞的名言，我们从中找不到任何的意义。作为我们的普遍心灵状态的原因和结果，我们大大地误解了人性，包括我们自己的本性。我们所认为的理性（rationality）往往流于肤浅，不仅仅在判断上是这样，在情感上也同样如此。我们不仅仅在智识上是前弗洛伊德主义者（pre-Freudian），而且丧失了前人具有的某些东西。我现在仍然无可救药地相信别人（当然也相信自己）的感情与行为的合理性。有一个微小但却鲜明的例子可以说明这种"正常"（normal）思想的荒谬性，那就是"**抗议**"的冲动——给《泰晤士报》写一封信，在吉尔德大厅（Guildhall）召集一次会议，或者当我预想为"正常"的事情未能实现时捐助某个基金。我表现得就像真的有什么权威或标准存在，只要我喊得足够大声就能成功地得到满足一样——这可能是某种相信祈祷功效的信念所传下来的遗迹。

我曾说过，关于人性的这种伪理性观点（pseudo-rational view）往往会使我们的判断和情感流于浅薄。在我看来，摩尔关于"理想"的那一章罗列了有价值的各种感情。把理性归入人性，不仅没有丰富人性，在现在的我看来,反而还破坏了人性。它忽视了某些强有力而有价值的情感源泉。人性中某些自发的、不理性的冲动往往具有某种价值,从而使我们的完美的体系出现了缺口。甚至某些与罪恶相关的情感都有一定的价值。除了那些自发喷涌的,甚至是邪恶的冲动所产生的价值之外,还有许多不为我们所了解的、有价值的凝思与交流的对象。我们所了解的是仅限于那些从生活秩序或生活模式的一致性,以及情感中激发出来的对象。我们一定还记得佩里(Paley)的名言:"虽然我们常常谈及知觉存在的一致性,并把幸福、苦难、欲望、利益和情感都归结于此,但实际上,除了**个体**之外,别无他物存在或感知"。然而,我们使个人主义走得太远了。

当时间指向1914年的时候,我们关于人心的观点之浅薄或者说错误就愈加明显了,而且还正在偏离原初的教义所具有的纯粹性。我们对一对情人的短暂相会所给予的关注,与曾一度被拒绝的快乐完全掺杂在了一起。生活的模式有时不过是一系列短暂而浅尝辄止的"奸情"。我们对于生活和各种事务的评论睿智而有趣,但又极易被击破——正像罗素、我和劳伦斯之间的谈话一样——因为其中没有包含关于人的本性的确切诊断。伯蒂把各种根本不可能相容的观点兼收并蓄。他一方面认为人类事务的发展进程是不理性的,另一方面又认为解决办法既简单又容易,因为我们只需遵循心中的理性就够了。讨论这些方面的实际事务是件令人厌烦透顶的事。而如果把如此之多的更为深邃也更为盲目的激情,无论好坏尽数忽略,那么,对人心的讨论就很少再让人感到有趣。实际上,如果我们在时间的过程中考察生活模式,并且不再把它看作一系列独立的、不连续的瞬间,那么唯一起作用的就是人的心灵状态。然而,心灵状态体现价值的方式,以及心灵状态的对象都是各种各样、丰富多彩,且超乎我们的想象的。我想起,在过去,我们通过不合理地扩大审美鉴赏的领域(比如说,在悲剧情绪这一名义下,我们会研究它的各种分支),并且把那些真正的人类经验归为审美经验,通过这种错误的归类而使之变得贫乏,绕开了经验的多样性。

因此，如果我完全忽略我们的优点——我们的魅力、我们的智力、我们的超脱和我们的热情——那么，我可以把我们看作水蜘蛛，它在水面上优雅地掠过，像空气一样轻盈适意，没有激起任何的漩涡，也没有触动水下的潜流。而在劳伦斯那无知、嫉妒、暴躁而恶意的眼光注视下，我们这些人的品质又是多么令人生厌啊；在熔岩的外壳上跳跃的理性主义，忽视了粗俗激情的存在与价值，既放荡不羁又大逆不道，与伯尼的朴实相比显得故作聪明，把奥特琳的知性**高雅**看作糖衣下的毒药。所有这些，对我们这群可怜又愚蠢、还满怀善意的人来说，是多么不公平啊！但那就是为什么当劳伦斯1914年说我们已经"不中用了"的时候，我说或许内中别有款曲的原因所在。

1938年9月9日

译者跋

约翰·梅纳德·凯恩斯是20世纪当之无愧的伟大经济学家和重要思想家，其经济思想对今天世界各国的经济政策制定仍然有着相当的影响。

凯恩斯生前一共出版过9部著作，分别是：《印度的通货与金融》、《凡尔赛和约的经济后果》、《论概率》、《条约的修正》、《货币改革略论》、《货币论》（上、下册）、《劝说集》、《传记文集》以及《就业、利息与货币通论》。此外，他还出版过6本小册子作品。译者在研习经济思想史时，发现凯恩斯著作的汉译本虽然很多，但多是对其中某些名著如《就业、利息与货币通论》和《货币论》的重译，而诸如《货币改革略论》和《论概率》等这类反映其思想渊源与流变的重要著作，却付诸阙如。经过几年的阅读和准备之后，译者这才起心动念，打算在前人译本的基础上，提供一套较为完备的凯恩斯生前著作的中文译本。

凯恩斯先生是一代英文大家，译者虽然不辞辛劳，心里存着追慕远哲、裨益来者的决心，但是才疏学浅，译文中的错讹之处必多。祈望海内外学人，对于译文能够多所教诲，译者先在这里表达一下不胜感激之情。

李井奎
写于浙江财经大学·钱塘之滨

图书在版编目(CIP)数据

传记文集/(英)约翰·梅纳德·凯恩斯(John Maynard Keynes)著;李井奎译.—上海:复旦大学出版社,2022.10
(约翰·梅纳德·凯恩斯文集)
书名原文:Essays in Biography
ISBN 978-7-309-15296-8

Ⅰ.①传… Ⅱ.①约… ②李… Ⅲ.①凯恩斯(Keynes, J. M. 1883-1946)-文集 Ⅳ.①F091.348-53

中国版本图书馆 CIP 数据核字(2020)第 154543 号

本书据 Macmillan and Co., Limited 出版公司 1933 年版 *Essays in Biography* 译出。
中文简体翻译版由译者授权复旦大学出版社有限公司出版发行,版权所有,未经出版者预先书面许可,不得以任何方式复制或发行本书的任何部分内容。

传记文集
[英]约翰·梅纳德·凯恩斯(John Maynard Keynes) 著
李井奎 译
责任编辑/谷 雨
装帧设计/胡 枫

复旦大学出版社有限公司出版发行
上海市国权路 579 号 邮编:200433
网址:fupnet@fudanpress.com http://www.fudanpress.com
门市零售:86-21-65102580 团体订购:86-21-65104505
出版部电话:86-21-65642845
上海盛通时代印刷有限公司

开本 787×960 1/16 印张 15.75 字数 216 千
2022 年 10 月第 1 版
2022 年 10 月第 1 版第 1 次印刷

ISBN 978-7-309-15296-8/F·2737
定价:98.00 元

如有印装质量问题,请向复旦大学出版社有限公司出版部调换。
版权所有 侵权必究